Hans Platzgumer

大
博
打

GROSSES
SPIEL

Roman

Paul Zsolnay Verlag

Mit freundlicher Unterstützung
des Landes Vorarlberg und des Landes Tirol

1. Auflage 2023
ISBN 978-3-552-07357-9
© 2023 Paul Zsolnay Verlag Ges. m. b. H., Wien
Satz: Nadine Clemens, München
Autorenfoto: © Peter-Andreas Hassiepen, München
Umschlag: Anzinger und Rasp, München
Motiv: © Alison Headley
Druck und Bindung: CPI books GmbH, Leck
Printed in Germany

大
博
打

GROSSES
SPIEL

Selbst Himmel und Erde können
nichts Dauerndes schaffen,
um wie viel weniger der Mensch.

LAOTSE, »DAO DE JING«, CA 400 V. CHR.

DER
CHRYSANTHEMEN-
THRON

Nicht in Kaiserjahren wird heute gerechnet, sondern nach dem gregorianischen Kalender. Es ist fünf Uhr morgens. 20. August 1945. Die Sonne ist eben erst aufgegangen, irgendwo im Osten, man sieht sie nicht. Es ist ein bewölkter Tag, ziemlich warm, sechzehn Grad. Auch mitten in der Nacht ist es nicht viel kälter gewesen hier in Shinkyô.

»An mein Volk: Das Erdbeben hat uns erschüttert und verängstigt. Die Verluste sind groß. Der Wiederaufbau unserer Kultur und unseres Landes hängt nun an der Moral des gesamten Volkes. Unabhängig von gesellschaftlichem Rang oder Stellung müssen wir uns gegenseitig helfen. Ich werde mit eurer Hilfe und zu euren Gunsten über Japan herrschen. Ihr sollt euch aber bitte auch bemühen.«

Nein, der Kaiser übertrieb nicht, wenn er sagte, dass uns das Kantô-Beben erschüttert, verängstigt hat. Am 1. September 1923 bebte die Erde unter unseren Füßen. Das zwölfte Jahr Taishô, Samstag, Mittagszeit. Ohne Vorwarnung wird unsere strahlende Hauptstadt angegriffen. In den Küchen der Häuser und auf den Straßen und Plätzen bereiten die Menschen gerade das Mittagessen über offenen Feuerstellen zu. Der Boden unter ihnen klafft auf und reißt die Wände ein. Die unzähligen aus Holz errichteten Gebäude Tôkyôs entzünden sich. Minuten später fahren Böen in die Brandherde hinein und tragen die Glut überallhin. Die Stadt geht in Flammen auf. Feuerwalzen verschlingen ein Viertel nach dem anderen. Stadtteile, die von Erdrutschen und Flutwellen verschont bleiben, brennen nieder. Binnen weniger Stunden liegt die Welt, wie wir sie kannten, das Herz Nippons, in Trümmern. Beißender Rauch steht über den Weiten der Kantô-Ebene. Hunderttausend verkohlte Leichen säumen die Straßen, auf denen noch in den Morgenstunden dieses Tages die Bewohner Tôkyôs, Kawasakis und Yokohamas unbekümmert ihrer Wege gegangen sind.

22 Jahre später habe ich nun mein Todes-Haiku auf eine Papierserviette geschrieben.

Großes Spiel,
alles verloren
und ganz nackt.

»Japan ist zerstört«, sagte ich gestern in einer kurzen Ansprache zu den wenigen Mitarbeitern, die mit mir noch auf dem Gelände verblieben waren.

Vielleicht hörten sie mir gar nicht richtig zu oder gingen davon aus, dass ich, angesichts unserer hoffnungslosen Lage, den Verstand verloren hätte. Niemand widersprach, niemand stimmte zu. Nur betretenes Schweigen.

Beim Erdbeben hatten wir, die wir dafür verantwortlich waren, die Ordnung aufrechtzuerhalten, mit kaltem Kalkül reagiert. Als hätten wir die Katastrophe erwartet. Die Feuer loderten noch, und wir erkannten die Chance, die in der Zerstörung lag. Im Schatten des Zusammenbruchs hatten die Polizeieinheiten endlich freie Hand. Einem Armeeoffizier wie mir dienten die Rauchsäulen am Himmel als Deckmantel. Jahrelang hatten sich Aufrührer im ganzen Land – allen voran Sakae Ôsugi – zur Aufgabe gemacht, die Regierung zu stürzen. Nun war ihnen das Erdbeben dazwischengekommen. Ein Revolutionär nach dem anderen würde in einem namenlosen Kerker verschwinden, auch Ôsugi. Es lag an mir, Japan von ihm zu befreien. Dieser Auftrag duldete keinen Aufschub. Es war der Höhepunkt meiner Karriere. Ich war bereits zum Hauptoffizier der Armeepolizei aufgestiegen, auf meiner Polizeiuniform hatten sich Medaillen, Stecknadeln, Ehrungen, Auszeichnungen angesammelt. Nun würde ich mir endgültig die Anerkennung meiner Vorgesetzten sichern. »Militäroffizier Masahiko Amakasu«, würden sie sagen und das Haupt zu meinen Ehren senken, »Sie haben dem japanischen Volk einen unschätzbaren Dienst erwiesen.« Ich würde zum Stabsoffizier oder Generalmajor ernannt werden.

Der Moment war gekommen, Ôsugi endlich unschädlich zu machen. Auch Itô, seine Frau, konnte nicht verschont werden. Dass ich aber auch das Leben des sechsjährigen Munekazu Tachibana an sein Ende führen musste, das wurde mir zu spät bewusst. Über die Taishô-Jahre hinweg hatte sich alles hochgeschaukelt. Nun hatte ich handeln wollen, jetzt oder nie. Alles hatte auf diesen einen Moment hingezielt. Dort auf dem zertrümmerten Boden Tôkyôs entschied sich unser Schicksal, Ôsugis, Itôs, Munekazus, meines. Als Einziger habe ich überlebt. Bis heute. Doch aus den Scherben, in die Japan damals zerbrach, aus dem Ruß, der seinen Boden bedeckte, kam auch ich nie wieder hoch. Der Dreck klebt heute noch unter meinen Fingernägeln.

Gestern händigte ich die Samtsäckchen aus. Alle wussten,

dass ich Edelsteine gesammelt hatte. Alle wussten diese Säckchen zu schätzen. Und jetzt, da dieser bewölkte, ziemlich warme Tag anbricht, werde ich ein solches Säckchen öffnen. Auch Mine habe ich eines in unserer Wohnung hinterlegt.

Um diese Uhrzeit ist es vollkommen ruhig auf dem Produktionsgelände. Ein dämmriges, mattes Licht dringt durchs Fenster. Kein Mensch befindet sich in meiner Nähe. Niemand stört, niemand hindert mich.

Begonnen hat alles mit dem Taishô-Kaiser. Seine Inthronisierung brachte die Dinge ins Wanken, lange bevor der Boden unter unseren Füßen aufklaffte.

»Eure Herrschaft währe tausend Generationen, achttausend Generationen, bis ein Steinchen zum Felsen wird, auf dem das Moos sprießt!«

Fast auf den Tag genau zehn Jahre vor dem großen Beben stehe ich neben meinen Kameraden auf dem sengenden Vorplatz des kaiserlichen Palasts. Ich singe inbrünstig und drücke, wie alle es tun, die Hand aufs Herz. Ich spüre, wie es schlägt, wie all unsere Herzen gemeinsam schlagen, im Takt. Ich halte die Augen geschlossen. Noch heute hallen die Echos der kaiserlichen Hofkapelle in meinem Kopf. Die Kraft dieser feierlichen Fanfaren der Gagaku. Die Hymne meines Landes. Ein Leben lang sollte sie Rhythmus, Melodie und Leitfaden für mich sein.

Es ist der Geburtstag des Kaisers. Yoshihito, wie der Eigenname des Taishô-Kaisers lautet, ist 34 Jahre jung und seit etwas mehr als einem Jahr im Amt.

»Bürgerinnen und Bürger, Soldaten der kaiserlichen Armee«, verlautet der Sprecher auf dem Podest. »Die kaiserliche Majestät wird heute seinem Volke in würdevoller Weise eine

Botschaft zukommen lassen. Tragen Sie die heiligen Worte dieses feierlichen Tages für immer in Ihrem Herzen. Tragen Sie sie bis in die hintersten Winkel unseres unsterblichen Reichs hinaus!«

Sonntag, der 31. August 1913, kurz vor der größten Mittagshitze. Ich, Militärkadett Masahiko Amakasu, 22 Jahre alt, am Knie versehrt seit meinem Unfall, stehe so stramm wie möglich in meiner Uniform. Ich halte den Blick auf die Bühne und zugleich in die Zukunft gerichtet, auf die Dienstgrade der Armee, durch die ich mich trotz der Knieverletzung emporarbeiten würde. Seit Stunden exerziert die Kompanie auf dem überhitzten, staubigen Platz. Die Sonne brennt vom Himmel auf Tôkyô herab. Schweiß steht auf meiner Stirn. Mir schwindelt wie all den Kameraden auch. Kein Einziger aber würde es wagen, sich den Schweiß abzuwischen. Mit eiserner Miene stehen wir nebeneinander, die Schirmmützen ins Gesicht gezogen, unsere Lederstiefel zeichnen eine gerade Linie. Seit den frühen Morgenstunden sind wir vor der Bühne aufgereiht, die mit Chrysanthemen – den Blumen der kaiserlichen Familie – geschmückt, von samtenen Seilen umrandet und durch ein hölzernes Vordach abgeschattet ist. Im gleißenden Licht blicken wir, ohne zu blinzeln, zum Rednerpult. In Kürze wird der Kaiser erscheinen. Wir wissen, welch Ehre es ist, den Tennô, den Kaiser Japans, mit eigenen Augen zu sehen. Ganz geben wir uns diesem Augenblick hin.

Keiner wird die Stunde seiner Thronfolge stärker gefürchtet haben als Yoshihito selbst. Bis er im Alter von 32 Jahren Kaiser werden musste, hatte er in seinem Leben noch keine einzige nennenswerte Tat vollbracht. Drei Jahrzehnte lang hatte er mit gesundheitlichen Problemen zu kämpfen gehabt und nie in seiner Rolle als Kronprinz genügen können. Wie sollte er es schaffen, künftig als Kaiser die Ehre seiner Familie aufrechtzuerhalten, den Respekt des Regierungsstabs, die Sympathien des gesamten Landes zu gewinnen? Der Ausblick auf dieses bevorstehende Leben und Scheitern als Herrscher muss ihn in Panik versetzt haben. Niemand setzte Vertrauen in ihn, er selbst wohl am allerwenigsten.

Am liebsten hätte sich Yoshihito ins hinterste Zimmer des kaiserlichen Palasts zurückgezogen. Dort war er allein mit sich und seiner ausufernden Sammlung chinesischer und japanischer Gedichtbände. Er studierte sie Tag und Nacht. Wann immer Yoshihito Zeit und Muße fand, versuchte er auch selbst zu dichten. Das Verlangen, sich seine ungeerdeten Gedanken in Versform von der Seele zu schreiben, war stärker als alles andere. Wäre es nach Yoshihito gegangen, hätte sein Leben der Poesie gegolten. Doch dieses feine Baumeln seiner Seele musste ein Ende finden. Ein Kaiser hatte anderes zu erfüllen, als sich Versmaßen hinzugeben, die er mit schwelgenden Inhalten versah. Eine ausschließlich dem Thron und Volk dienende Zukunft baute sich vor Yoshihito auf.

Es ist mehr als bloß jugendliche Ungeduld, die mich überkommt, als der Kaiser zum angekündigten Zeitpunkt seines Auftritts um Punkt elf Uhr noch nicht auf dem Podium zu sehen ist. Pünktlichkeit ist eine der höchsten Tugenden. In der seit zweieinhalb Jahrtausenden andauernden heiligen Thronfolge hat sich kein japanischer Kaiser jemals verspätet. Der Taishô-Tennô ist der 123. Kaiser einer ununterbrochen herrschenden Dynastie. Von ihm wird dasselbe Verantwortungsbewusstsein erwartet wie von seinen Vorgängern. Aufgrund seiner angeborenen Göttlichkeit – er ist der erste männliche

Abkömmling des Meiji-Kaisers – wurde Yoshihito für den Thron auserkoren. Nun steht die Bühne, die für ihn vorbereitet ist, seit einer Minute leer, und ich merke, wie sich auch in den Reihen um mich herum Verwunderung ausbreitet. Ich weiß: Kein Irdischer hat das Recht, den Tennô in Zweifel zu ziehen. Gottgleich ist der Kaiser. Was immer geschieht, wir dürfen uns kein Urteil über ihn anmaßen. Doch innerlich ringe ich mit mir.

Bislang ist es mir gelungen, den Gerüchten keinen Glauben zu schenken, die in einigen Regimentern bereits die Runde machen. Womöglich befinde sich der neue Kaiser weder in der körperlichen noch geistigen Verfassung, heißt es, um unser Land mit der Herrlichkeit weiterzuführen, die seine Vorgänger ausstrahlten. Von Unzulänglichkeit wird gemunkelt. Von Yoshihitos weichem Gemüt. Ich wollte nie ein Wort darüber hören. In diesem feierlichen Moment erneuere ich den Schwur, den alle geleistet haben, niemals die Loyalität zum Kaiser in Frage zu stellen. Jeder von uns Infanteristen, die wir in kerzengeraden Kolonnen in der flimmernden Luft vor dem Palast stehen, würde, ohne mit der Wimper zu zucken, sein Leben für ihn geben. Und trotzdem, während wir warten, den Kaiser erwarten, eine Minute länger als gedacht, zwei Minuten, drei, da erfasst mich eine düstere Ahnung. Unerträglich dehnt sich die Zeit. Beinahe vier Minuten nach elf ist es bereits, und noch immer ist der Kaiser nicht zu sehen!

Natürlich hatte Yoshihito in Gakushûin studiert. Alle Mitglieder der Kaiserfamilie wurden dorthin geschickt. Die Ausbildung hatte zum Ziel, diesen Jungen, den der große Meiji-Tennô Mutsuhito mit seiner Lieblingskonkubine gezeugt hatte, zu seinem würdigen Nachfolger zu formen. Sofort nach der Geburt war das Kind der Mutter entrissen und niemals wieder mit ihr in Kontakt gebracht worden. Yoshihito war der Sohn des Kaisers, nicht der der Liebesgespielin, weder Bastard noch gewöhnliches Kind, sondern dazu auserkoren, der zukünftige Kaiser zu sein. Der Titel Prinz Haru war ihm gegeben worden. Er hatte ein wahrer Herrscher zu werden, wie seine Vorfahren es gewesen waren. Der Hof setzte alles daran, wieder und wieder. Die Kaiserfamilie versuchte alles Menschenmögliche. Doch es genügte nicht. Yoshihito wuchs heran, aber in seine Rolle nicht hinein. Als hätte er es nicht ernst genommen, sein Leben, seinen Auftrag. Wie er auch als Erwachsener nichts ernst zu nehmen schien, an Rednerpulten Zeit verplemperte oder wie ein Tagträumer auf dem Thron lümmelte, so verhielt es sich mit ihm bereits als Kind.

Um 11 Uhr 5 werde ich endlich erlöst. Yoshihito erscheint in seiner kaiserlichen Uniform auf dem Podest. Wir Kadetten halten die Luft an und salutieren. Vergessen sind die Verunsicherung und all die Zweifel, die aufgekommen waren. Augenblicklich werden wir von militärischem Gehorsam erfasst. Wir bilden einen gemeinsamen Körper, eine kaiserliche Armee. Wir sind Bestandteile des seit jeher funktionierenden Apparats. Jeder Rekrut kennt seine Aufgabe. Jedes Glied in der Kette weiß, was zu tun ist. Jede Bewegung, jede Geste drückt die Bewunderung aus, die wir für das Vaterland empfinden. Ein Schauer fährt mir den Rücken hinab angesichts der vollendeten Synchronisation, mit der wir die Finger an die Schläfe führen, die Augen zusammenkneifen und in ein und derselben Sekunde die Hacken unserer Stiefel gegeneinanderschlagen. Es ist ein erhebendes Gefühl, Baustein dieser Herrlichkeit zu sein, Teil dieses Schauspiels, dieses Ausdrucks größtmöglicher Macht. Tief versteckt in mir aber habe ich zum ersten Mal eine Verwirrung erfahren. Ein Urvertrauen ist mit der Verspätung des Kaisers erschüttert worden. Der Schliff, die Präzision, die Vollkommenheit, die seit Anbeginn der Zeit Japan auszeichnen, sind ein Stück weit abhandengekommen. Mein Leben ist diesem Land und seinem Kaiser gewidmet. Doch mit dem jetzigen Auftauchen Yoshihitos auf dem Podest – es ist das erste und letzte Mal, dass ich ihn leibhaftig zu Gesicht bekomme – muss ich erkennen, dass die Bedenken, die ihm vorauseilten, eine Berechtigung zu haben scheinen.

Nicht würdevoll durchschreitet der Kaiser die festliche Bühne, er nähert sich dem Rednerpult eher mit wackeligen Beinen, als wäre er durch Krankheit oder Nervosität geschwächt. Gefolgsleute begleiten ihn, umringen ihn zu allen Seiten. Inmitten dieser Begleiter ist der gottgleiche Kaiser eine zarte Figur. Bei allem zeremoniellen Prunk, mit dem er umgeben und geschmückt ist; bei aller Hingabe, mit der er sich bewegt; den dutzenden Abzeichen und Medaillen zum Trotz, die seine Uniform verzieren und im Licht des Sommertages glänzen; fast unscheinbar wirkt Yoshihito. Als himmlische Erscheinung haben wir erwartet, ihn zu Gesicht zu bekommen, nun aber macht es den Eindruck, als würde er sich in seiner am königlichen Hof geschneiderten Festtagsuniform verstecken. Eine bis ins kleinste Detail prächtig ausgearbeitete Kleidung. Doch der mit sechs goldenen Bändern, einer mächtigen Brosche und einem weißen Federnstrauß geschmückte Hut wirkt zu groß für seinen Kopf. Auch die steife Jacke und die Hose, selbst die weißen Lederhandschuhe füllt der Kaiser nicht aus. Während die Augen seiner Streitkräfte auf ihn gerichtet sind und Yoshihito das Rednerpult ansteuert, zieht er sich wie ein Meer zur Ebbe in sich selbst zurück. Als würde die

Last all der Dekoration, die seine Uniform übersät, ihn erdrü-
cken. Der Behang aus Schnallen, Spangen, Broschen, Brust-
sternen, Emblemen, Verdienstzeichen, Quasten, Moiré-Bän-
dern, Ärmelschleifen und geschwungenen Ordensketten. Die
Schulterstücke und Gürtel. Die silbernen Tressen, Borten und
vergoldeten Manschetten. Der blitzende Säbel, den er an der
Hüfte trägt. Unsicher müht sich der Kaiser an das Pult heran,
als wäre jeder Schritt eine Zumutung.

Irgendwann ist er am vorderen Bühnenrand angekommen.
Jetzt wird der Kaiser die Stimme erheben und zu uns sprechen. Doch bevor Yoshihito das Papier entrollt, von dem er
seine Ansprache abzulesen hat, verschnauft er. Wieder verstreichen Minuten. Yoshihito steht tatenlos am Rednerpult,
geistesabwesend blickt er ins Leere. Die Papierrolle in seiner
Hand scheint er völlig zu vergessen. Ich bin versucht, den Kameraden, der in meiner Reihe neben mir steht, heimlich anzu-
stupsen, ob er diesen seltsam ereignislosen Auftritt des Kaisers ähnlich wie ich erlebt. Doch ich beherrsche mich und lasse mir nicht anmerken, wie erstaunt ich bin.

Yoshihitos Lehrer stellten Rückstände in allen Disziplinen
fest. Je mehr Leistungen sie von dem jungen Thronfolger einforderten, desto mehr versperrte er sich. Krank lag er im Bett,
fiebernd, wochenlang abgesondert von der Welt. War er zurück auf der Schulbank, verweigerte er, was an ihn herangetragen wurde – wenn auch nicht mit Absicht. Denn bei klarem
Bewusstsein schien Yoshihito seit seiner Geburt nie gewesen
zu sein, und eine Hirnhautentzündung im Kindesalter hatte
ihn zusätzlich und dauerhaft geschwächt. Versuchte man ihm
ohne Druck die nötige Ernsthaftigkeit nahezulegen, verpuffte
dieses Unterfangen im Nichts. Zwang man ihn dazu, seinen

Mann zu stehen, zerbrach er unter den Erwartungen. Wie man auch versuchte, ihr Herr zu werden, Yoshihitos Lernschwäche offenbarte sich in allen Bereichen. Es würde nicht lang dauern, da verzweifelte nicht bloß die Kaiserfamilie an dem unvermögenden Thronfolger, sondern auch seine Untergebenen, das Militär. Auch dem Volk und den politischen Feinden würde die mentale und körperliche Schwäche dieses Führers auf Dauer kaum zu verheimlichen sein.

In denselben Jahren wuchs in Shibata, nahe Fukushima, Sakae Ôsugi heran. Niemand in Tôkyô wusste von ihm. Niemand dachte daran, dass dieser Balg eines Tages ein landesweit bekannter Staatsfeind sein und danach streben würde, die Schwachstellen auszunutzen, die durch den unzulänglich besetzten Thron entstehen mussten. Dissidenten wie er würden sich formieren. Sie führten im Sinn, das Land von Grund auf umzukrempeln, und ein närrischer Kaiser, wie Yoshihito es sein würde, bereitete ihnen den Boden.

Noch aber waren sowohl Ôsugi wie auch Yoshihito jung, formbar, wie man hoffte. Noch saß Yoshihitos Vater auf dem Thron und regierte ein rechtschaffenes Land mit unumstößlichen Traditionen. Der fünf Jahre nach Yoshihito und sechs Jahre vor mir geborene Ôsugi war ein unbekanntes Gesicht im tief verschneiten Norden, fern der Hauptstadt, ohne Stellenwert, ein Punkt in der Ewigkeit. Und im kaiserlichen Palast vertraute man darauf, dass sich die Unzulänglichkeiten des jungen Thronfolgers geben würden, wenn Yoshihito im Erwachsenenalter endlich zu sich finden würde.

Doch was sich in der Jugend nicht formt, fügt sich auch später nicht zusammen. Im Grunde zeigt der Mensch bereits in frühen Jahren, wozu er fähig ist und wozu nicht. Zu dieser

Überzeugung bin ich gekommen. Was Yoshihito von Anfang an war, ein weltentrückter Zärtling, er würde es bis an sein Lebensende bleiben. Auch ich selbst hielt fast ein Leben lang an früh gewonnenen Idealen fest. Trotz allem, was geschah. Nun sitze ich im Ledersessel in Shinkyô, und auf dem Schreibtisch vor mir liegt die beschriebene Papierserviette. Ähnlich Ôsugi. Bis zu allerletzt war die ihm eigene, destruktive Energie nicht zu bändigen. Wir hätten ihn in den Tod foltern können, nie hätte er die Überzeugungen verraten, die er sich in der Jugend angeeignet hatte.

So verhielt es sich auch mit seinem Stottern. Wie Ôsugi die krankhafte Lust am gesellschaftlichen Umbruch nie aufgeben konnte, so begleitete ihn das Stottern bis in den Tod. *So weit zurück ich mich erinnere*, schrieb er in seinen Memoiren, *immer stotterte ich.*

Ôsugi war – zu Recht – überzeugt davon, dass ihn wegen seiner politischen Gesinnung ein früher Tod ereilen würde. Deshalb begann er ab dem dreißigsten Lebensjahr, eine Autobiografie zu verfassen. Er konnte sich mündlich nur schlecht artikulieren, also schrieb er auf, was ihm wesentlich erschien. Unzählige Texte brachte er zu Papier, nie aber stellte er fertig, was er schrieb. Seine politischen und theoretischen Schriften blieben Stückwerk, auch die biografischen Aufzeichnungen vollendete er nicht. Das passte zu ihm. Ôsugi hatte keine Angst vor offenen Enden. Er sah die politische Arbeit als endlosen Prozess. Alles musste unaufhörlich nachjustiert und an die Gegebenheiten angepasst werden. Alles eine immerwährende Abfolge kleiner Schritte, die sich mitunter auch im Kreis drehen konnten und logischerweise über die eigene Existenz hinausgehen würden. Als er schließlich an sein Ende kam, hatte Ôsugi viel und doch nichts erreicht. Vielleicht lässt sich das über uns alle am Ende unseres Lebens sagen? Ôsugis Texte blieben skizzenhaft. Viele der Episoden, die er teils zusammenhanglos aus seinem Leben erzählte, waren mir jedoch nützlich, als ich seine Verfolgung aufnahm. Über sie bekam ich einen Eindruck von der Persönlichkeit dieses Mannes, der mir – ich gebe es zu – bei allem Ärger, den er mir bereitete, auch imponierte.

Mutter schlug mich mit der Bambusrute, wenn ich stotterte, aber das machte es nicht besser. Auch in der Schule wurde ich von den Lehrern jeden Tag für mein respektloses Stottern bestraft, als würde ich es absichtlich tun. Überhaupt wurde ich durchgehend diszipliniert für Dinge, die ich getan oder nicht getan hatte. Wenn Mutter mich nicht schlug, schrie sie mich an. Sie hatte eine furchtbar laute Stimme, und wenn sie mich züchtigte, steigerte sich ihr Stimmvolumen sogar.

»Schon wieder stotterst du!«, schrie sie auf mich ein.

Sie war stets von großer Ungeduld erfasst, und mein »D-d-d-d...« verstärkte ihren Jähzorn. Mit nackten Händen schlug sie mir auf beide Ohren, sodass ich eine Weile nichts mehr als einen penetranten Summton hörte.

»Du stotterst, du stotterst, du stotterst!«, brüllte sie über diesen hinweg. »Bring mir den Besenstiel!«

Mir blieb keine Wahl, als zu gehorchen und ihr das Werkzeug zu bringen, mit dem sie auf meinen Rücken, mein Hinterteil und auch meine ausgestreckten Arme einschlagen würde. Dass ich selbst ihr das Instrument reichte, mit dem sie mich quälte, erhöhte ihre Rage noch. Wie dumm von mir! Was für ein missratender Wurm ich war! Jedes Wort, das ich nicht richtig artikulierte, versuchte sie aus mir Kreatur hinauszuprügeln. Sie war die Frau eines Armeesoldaten. Sie kannte es nicht anders. Und ich war der

Sohn eines Armeesoldaten. Die Schläge waren Teil meines Lebens. Ich würde sie ertragen, ohne auch nur eine Träne zu vergießen oder auch nur einmal um Erbarmen zu betteln.

Mein Vater wiederum schlug mich weder, weil ich stotterte, noch sonst aus einem Grund. Er war nur sonntags zu Hause, und an diesem Tag erwartete er eine ruhige, friedliche Familie und eine gute Schale Reis. Kein Streit, keine Schreie, keine Schläge waren erlaubt. Selbst meine Mutter musste ihre Stimme zügeln. Es fiel ihr schwer. Der Sonntag musste für sie der anstrengendste Tag der Woche gewesen sein. Sie zog sich zurück und gab sich ganz der Hausarbeit hin. War der Reis, den sie auftischte, etwas zu wenig gekocht, entschuldigte sie sich unaufhörlich.

»Ich weiß nicht, wie mir das passieren konnte«, jammerte sie.

»Nein, nein, er ist gut«, sagte Vater. »Er schmeckt vorzüglich, nicht wahr, Sakae?«

»Hai!«, antwortete ich und nickte und schaufelte meine Schale leer.

Montagfrüh, noch bevor der Morgen graute, würde Vater wieder in die Kaserne einrücken und Mutter erneut das Regiment in unserem Haus übernehmen.

Je älter und widerwilliger ich wurde, desto schärfer wurden Mutters Strafmaßnahmen. Eines Tages fesselten sie und die Dienstmagd mich an Händen und Füßen und stellten mich an die Wand. Dann schlugen beide Frauen mit Bambusruten und Händen schimpfend auf mich ein, weil ich mich zuvor, in Mutters Abwesenheit, der Magd gegenüber nicht respektvoll genug benommen hatte. Ich ließ es über mich ergehen. Kaum Schmerzen oder Wut verspürte ich, später ein wenig Genugtuung, als die beiden nach keiner Viertelstunde von mir abließen und jammerten, dass ihnen die Finger wehtaten.

Trotz alldem mochte ich meine Mutter. Durch sie lernte ich, Schmerzen und Qualen zu ertragen, was mir in meinem späteren Leben sehr nützlich wurde. Ich vermisste Mutter und ihre Eigenarten sogar, als ich zur Kadettenschule in Nagoya einrückte. Das Leben dort war härter als zu Hause und ebenso die Strafen, die ich für mein Stottern aufgebrummt bekam. Dort versuchte man es mir durch Zwangsarbeiten, Einzelhaft oder Essensrationierungen auszutreiben. Auch das war eine gute Vorbereitung auf meine Zukunft mit all den Inhaftierungen.

Hauptmann Kitagawa hatte es besonders auf mich abgesehen. Wann immer der Mond in seiner abnehmenden Phase – »kagen« – war, würde er mich im Klassenzimmer aufstehen lassen.

»Ôsugi!«, brüllte er, und ich wusste, welche Frage kommen würde: »In welcher Phase befindet sich der Mond gerade?«

Silben mit K und T sind am schwierigsten auszusprechen, das weiß jeder Stotterer. Besonders wenn einem »ka« ein »ge« folgte und vor versammelter Klasse Druck aufgebaut wurde, war es mir praktisch unmöglich, ein derartiges Wort über die Lippen zu bringen. Mir blieb nur eine mögliche Antwort:

»Der Mond befindet sich nicht in seiner zunehmenden Phase, Herr Hauptmann.«

»In welcher Phase befindet er sich dann?«

»Er befindet sich nicht in seiner zunehmenden Phase, Herr Hauptmann.«

»Wie nennen wir die Phase, in der er sich befindet, Ôsugi?«

»Es ist nicht seine zunehmende Phase, Herr Hauptmann.«

Es dauerte nicht lang, bis ihm die Geduld riss. Er schlug mit dem Stock mit voller Wucht auf meinen Rücken und brüllte: »Es reicht, Ôsugi! 24 Stunden Einzelhaft, dann kommen Sie vielleicht auf bessere Ideen. Melden Sie sich unverzüglich beim diensthabenden Offizier. Abtreten!«

*Die gesamte Klasse salutierte, als er mit diesem Befehl wutent-
brannt das Klassenzimmer verließ. Niemand wagte es, mich an-
zublicken. Mein Rücken brannte.*

*Hauptmann Kitagawa war deutlich kräftiger als meine Mut-
ter. Er bereitete mich vorzüglich auf mein zukünftiges Leben vor.*

Ôsugis zukünftiges Leben, das er zu großen Teilen in staatlichen Haftanstalten verbringen sollte. Knapp sechs Jahre saß
er insgesamt hinter Gittern. Anstiftung zu öffentlichem Aufruhr. Verstöße gegen die Pressevorschriften oder das Versammlungsverbot. Gefährdung der öffentlichen Ordnung.
Verletzung des Friedens-Erhaltungs-Gesetzes. Behinderung
von Beamten. Wiederholte Rote-Flaggen-Vorkommnisse. Verbotene Zeitschriften, Flugblätter, unerlaubte Zeitungsartikel,
aufwieglerische Reden. Es blieb uns nichts übrig, als ihn wieder und wieder ins Gefängnis zu stecken.

Vorerst aber stehe ich als junger Militärkadett an jenem hitze-
schweren Sonntag im August 1913 auf dem Vorplatz des kaiserlichen Palasts und warte, bis der Kaiser auf dem Podest
endlich mit der Rede beginnt, die er zu Ehren seines 34. Ge-
burtstags zu halten gedenkt. Zögerlich findet er aus dem Loch
in der Zeit, in dem er sich verloren hat, zurück in die Wirklichkeit. Die Papierrolle hält er nach wie vor wie einen Fremdkörper in der Hand.

Nach einer Weile schafft es Yoshihito, seine Sinne zu sam-
meln. Kurz taumelt er, hält sich am Rednerpult fest, vielleicht
weil ihn ähnlich wie uns, die wir seit Stunden in der Hitze
stehen, ein Schwindel überkommt. Dann gelangt er zurück in
Raum und Zeit. Bedächtig entrollt Yoshihito das Papier. Räus-
pert sich. Jetzt wird unser Warten belohnt, hoffe ich. Endlich

wird Yoshihito das Wort an uns, das Heer ihm treu ergebener Soldaten, richten.

Doch anstatt zu reden bläst der Kaiser nur sachte in das Kohlemikrofon vor ihm, als würde er einen Kuss über den Vorplatz schicken. Er ist erstaunt über das unerwartete Geräusch aus den Lautsprechern. Damit hätte er nicht gerechnet, wie dieser Klang über unsere Köpfe und unser gebanntes Schweigen hinweggetragen wird. Erst weit hinten verliert er sich. Mehrfach wiederholt Yoshihito das effektvolle Hauchen. Testet die unterschiedlichen Möglichkeiten der Klangerzeugung. Haucht kurz und lang, hoch und tief, laut und leise ins Mikrofon, kann nicht genug davon bekommen. Verzückt und mit absonderlichen Gesten kommuniziert der Kaiser mit uns oder der Luft in einer universellen Sprache – womöglich jener der Liebe zur Natur und all ihren Geschöpfen. Niemand unterbricht ihn, niemand hält ihn davon ab, alle möglichen Geräusche durch die Lautsprecheranlage zu schicken. Yoshihito lächelt beglückt. Auch wir sind nahe daran zu lächeln. Es bedarf großer Selbstbeherrschung, ernst zu bleiben. Vielleicht ist es ein Test? Ein Spiel, das sich der Kaiser mit uns erlaubt?

Selbst als gebildete Japaner sind wir es gewohnt, den Reden und Schriften eines Kaisers nicht detailgetreu folgen zu können, denn die kaiserliche Familie pflegt eine derart gehobene Sprache, dass nur wenige Gelehrte in der Lage sind, sie zu verstehen. Wenn ein Kaiser zu seinem Volk spricht, kann dieses Volk das Gesagte höchstens symbolhaft deuten. Nur wenige Wörter des kaiserlichen Repertoires sind für gewöhnliche Menschen verständlich. Die niederen Gesellschaftsschichten besitzen kein nur annähernd ausreichendes Vokabular und Sprachbewusstsein, um die Wort- und Satzgebilde zu durchleuchten, mit denen sich ein Kaiser ausdrückt. Für sie ist es, als würde der Kaiser Japans seine Reden in einer Fremdsprache halten. Das aber spielt keine Rolle, es geht um die Geste. Der Kaiser lässt sich dazu herab, zu gegebenen Anlässen zu seinem Volk zu sprechen. Ob dieses ihn verstehen kann oder nicht, ist nebensächlich. Der Taishô-Kaiser vor uns vereitelt nun zu Beginn seiner Rede selbst uns akademisch geschulten Militärkadetten jede Chance, seinen Wörtern nachzuspüren. Statt zu reden, erfreut er sich daran, wie sein Atem, den er mit Grimassen und in unterschiedlichen Positionen ans Mikrofon führt, aus den Lautsprechern schallt. Sein Gebärden trifft uns unvorbereitet. Jeder Anwesende ist befremdet. Nicht ein Einziger aber verzieht das Gesicht oder wagt, auf das Tun des Kaisers zu reagieren. Denn würde er dabei ertappt werden, wie er den Mund zu einem verstohlenen Lächeln verzieht oder durch verminderte Körperspannung Ungeduld andeutet, ohne Zweifel würde er noch am selben Tag aus der Armee entlassen werden.

Im Alter von zwanzig Jahren war Yoshihito mit der fünf Jahre jüngeren Sadako Kujô verheiratet worden. Dieses Mädchen stammte aus aristokratischen Verhältnissen, aber ihr Vater, ein Mann des Ziviladels, hatte es einer Landfamilie zur Pflege gegeben. Sadako hatte eine naturverbundene Kindheit genossen und war als »wildes Mädchen« aufgewachsen. Im Gegensatz zur noblen Blässe der Adeligen war sie braungebrannt und kerngesund, als sie, dank der Beziehungen ihres Vaters, der am Herrenhaus des Reichstags tätig war, in Gakushûin eingeschult wurde. Yoshihito besuchte dasselbe Haus. Während er die Schulzeit leidend hinter sich brachte, machte nebenan im Mädchentrakt Sadako von sich reden, nicht nur wegen ihrer auffallend guten körperlichen Verfassung und dunklen Hautfarbe, auch weil sie außerordentliche Freude am Lernen zeigte. Besonders die naturwissenschaftlichen Fächer machten ihr Spaß.

»Die kleine Sadako scheint alles umarmen zu wollen, was sie noch nicht kennt«, berichtete ihr Biologieprofessor den Beratern der kaiserlichen Familie, als sich diese nach möglichen Ehefrauen für den Kronprinzen erkundigten. »Ihr Interesse an der Natur ist unbändig. Freiwillig nimmt sie sogar Zusatzarbeiten wie das Katalogisieren lokaler Schmetterlingsarten auf sich.«

Der Professor zeigte den Beratern Zeichnungen von Insekten und Blüten, die Sadako in ihrer Freizeit anfertigte. Doch nicht bloß Sadakos Eifer und ihre Naturverbundenheit gaben den Ausschlag, sie als Gattin auszuwählen, vor allem waren es die Sanftmut und unerschöpfliche Geduld, die der Professor hervorhob. Er beschrieb, wie uneigennützig sich Sadako um Mitschülerinnen kümmerte, die Probleme in der Schule hatten. Sie zeigte Verständnis für die Schwächen anderer und wurde nicht müde, ihre Umgebung zu unterstützen.

»Ohne Zweifel wird sie sich mit gleicher Ausdauer und Liebe um ihren Gatten kümmern.«

Irgendwann hält Yoshihito inne. Er blickt auf uns herab, als würde er uns erst jetzt zur Kenntnis nehmen. Er erinnert sich der Papierrolle in seiner Hand, wendet sich ihr zu und beginnt mit gebrechlicher Stimme wiederzugeben, was er darauf entdeckt.

»Chin spricht zu euch«, sagt er. »Mein Volk, mein Heer, meine Untergebenen, getreuer Körper unseres in die Unendlichkeit strahlenden Landes.«

Ob Yoshihito vom Manuskript abliest oder frei rezitiert, ist nicht ersichtlich. Rein akustisch können wir ohnehin kaum ausmachen, was er spricht. Nicht nur flüstert er beinahe, auch gehen sein Kopf und sein gesamter Körper, sobald Yoshihito zu sprechen beginnt, in ein Schwanken über, wodurch manches, was er von sich gibt, zwar ins Mikrofon trifft, das meiste aber daneben landet. Ganze Passagen dringen nicht durch, nur unzusammenhängende Fetzen von Yoshihitos vielleicht eine Viertelstunde dauernder Rede verstehen wir.

»Das Land erblüht wie eine Knospe im Frühjahr«, meine ich den Kaiser sagen zu hören, »wenn die Seele seines ehrerbietenden Volkes sich als im Vollbesitze ihrer Kräfte und strotzend von heiterer Vitalität erweist.«

Auch wenn ich wenig Ahnung habe, wovon der Kaiser spricht und warum er sich mitten in der größten Sommerhitze frühjährlicher Metaphern bedient, so fühle ich mich dennoch angesprochen. Meinen Kameraden ergeht es ebenso.

»Der Geist als innerster Zusammenhalt des auserwählten Volkes, seine Tugenden und kulturellen Errungenschaften müssen immerzu gehuldigt und gefördert werden. Ein Staat kommt nicht umhin, sowohl die kleinsten Einheiten seiner Bürger als auch die zwingenden Formationen seiner Heere, die der Verbreitung der japanischen Rasse verpflichteten Familienverbände einerseits, welche unsere Kultur als Erbgut durch die Generationen tragen, die redlichen Dorfgemeinschaften und tüchtigen Verwaltungsabteilungen andererseits, all die großen und minderen Gruppierungen und Truppen der dem Wohle der Gemeinschaft Verpflichteten wie auch, selbstredend, die übergeordneten Instrumente seiner Machtstruktur auf einem väterlichen Schoße zu vereinen, will er seine vervollkommneten Kräfte zu jedweder Stunde des leuchtenden

Tages oder der Schutz gebietenden Nacht in jedem Wimpernschlag und jeder Faser seines mannigfaltigen Gebildes und un-
verwerflichen Gemüts gebündelt wissen.«

Einige Wochen lang wurde Sadako beobachtet. Als sich all die
Empfehlungen bestätigten, besprachen die Anwälte des kaiserlichen Hofs mit ihrem Vater die Formalitäten. Sadako war
noch keine vierzehn Jahre alt, da wurde sie eines Tages nach
dem Unterricht ins Direktionszimmer Gakushûins bestellt.
Im Beisein ihres Vaters wurde ihr mitgeteilt, dass sie die Ehefrau des Kronprinzen werden solle. Sadako verstand es, ihre
Überraschung zu verbergen. Nichts als ein unscheinbares Lächeln huschte über ihre Lippen. Ob sie sich bewusst sei, was
dies bedeute?, wurde sie gefragt. Ob sie sich dieser Aufgabe
gewachsen fühle?

»Durchaus. Selbstverständlich. Ich werde mein Bestes geben«, sagte Sadako, und ihre Augen leuchteten.

Wochenlang diskutierten wir nächtens im Schlafsaal der Kaserne die Rede des Kaisers und versuchten im Nachhinein, das
bruchstückhaft Verstandene wie ein Legespiel zusammen-
zusetzen. »Tendenzen oberflächlicher, vergänglicher Pracht«,
meinte einer verstanden zu habe. »Manneszucht«, der andere.
Wieder ein anderer erinnerte: »Weisheit und Moral, unabhängig von gesellschaftlichem Rang.« Oder: »Die Wege gemein-
schaftlicher Harmonie, welche es zu erhellen gilt.« Auch die
Worte »Bescheidenheit« und »Mut« wurden mehrfach zitiert.
Dass der Kaiser sich bemühen wollte, ein redlicher Vater für
alle zu sein, meinte ich herausgehört zu haben und ebenso,
dass der Kaiser es als seine Pflicht verstünde, zum Wohl aller
Japaner das Zepter zu führen.

»Auch wir, jedes einzelne Glied im mächtigen Reich, dürften nicht aufhören, uns über die Grenzen der Belastbarkeit hinaus zu bemühen, hat er gesagt«, behauptete ein Kamerad.

Letztendlich konnte es jeder auslegen, wie er wollte, denn ab der Hälfte seiner Rede hatte Yoshihito den Kopf ganz dem Mikrofon abgewandt und nur mehr zur Seitenwand der Bühne nuschelnd weitergesprochen. Immer größere Lücken durchzogen seine Rede. Im Gebälk hatte er ein Schwalbennest entdeckt, das er nun genauer studierte als sein Lesemanuskript. Er fuhr zwar fort zu sprechen, aber was er sagte und ob es an uns oder an die Schwalben gerichtet war, war nicht länger auszumachen.

Unverhofft flatterte Minuten später ein junger Vogel aus dem Nest heraus und segelte durch den Dachstuhl. Das Tier ließ sich auf einem Balken nieder und setzte nach einer kurzen Pause seinen Flug fort. Mit vorsichtigen Schwüngen wagte es sich aus dem schützenden Schatten hinaus in die Weite des strahlenden Sommerhimmels. Diese junge Schwalbe versetzte Yoshihito in ein derartiges Entzücken, dass er immer mehr ins Stocken geriet und schließlich ganz verstummte. Seine Ansprache war beendet.

Es war Sadakos Aufgabe, den kränklichen Ehemann in allen Belangen zu unterstützen, ihn zu stärken, ihm Standfestigkeit, Selbstsicherheit und gesunde Söhne zu geben. Yoshihito sollte durch sie Bodenhaftung finden, aus den Lüften, durch die er bisweilen wie eine Himmelslaterne trieb, zurück auf den Boden der Realität gelangen. Sadako nahm ihre Rolle an. Mit Hingabe widmete sie sich ihrem Gatten, geduldig, aufopfernd, liebevoll, zärtlich. Sie nahm ihn in seinen Bedürfnissen ernst. Sie ließ ihn dichten, fantasieren, sprechen oder schweigen, so lange er wollte. Sie zeigte ihm Wertschätzung für alles, was er tat. Er durfte sich an ihren Brüsten ausweinen und sie beschnuppern, bestaunen, bewundern, berühren, wie es ihm beliebte.

Yoshihito verfiel Sadako und ihrer Natürlichkeit. In den Jahren seiner Thronanwärterschaft klammerte er sich richtiggehend an sie. Er hielt sich an Sadakos Hand fest, wie ein Kind die Hand seiner Mutter hält und sich weigert, sie jemals wieder loszulassen. Sein Leben lang würde Yoshihito keine andere Frau begehren und sich keinem Menschen je so öffnen wie ihr. Später als Kaiser entschied er sogar, was kein Tennô je vor ihm getan hatte, mit seiner Gattin ein monogames Leben zu führen – eine seiner vielen ungewöhnlichen Ideen.

Schweigend stand er noch eine Weile vor uns. Dann nickte der Kaiser. Ob er uns, den Schwalben, sich selbst oder seinen Gefolgsleuten zunickte, war nicht ersichtlich. Er drehte sich wortlos um und verließ den Schauplatz ähnlich fahrig, wie er aufgetreten war. Seine Entourage umringte ihn erneut und half ihm, von der Bühne zu steigen. Die kaiserliche Kapelle stimmte noch einmal die Nationalhymne an.

»Achttausend Generationen, bis ein Steinchen zum Felsen wird, auf dem das Moos sprießt«, sangen wir feierlich.

Danach wurde uns Befehl gegeben, den brütend heißen Vorplatz strammen Schrittes zu verlassen.

二、

TAISHÔ
ROMANTICA

Endlich war der Tag gekommen, da meine Zeit abgesessen war. Über ein Jahr in der Ichigaya-Haftanstalt in Tôkyô und danach noch die endlosen Monate in Chiba, wohin ich überstellt worden war. Es hatte sich auf meine Psyche ausgewirkt, auch wenn ich alles unternommen hatte, um meine Zeit hinter Gittern so sinnvoll wie möglich zu gestalten. Ich trottete dem Wärter, der mir mittlerweile vertrauter war als meine eigene Familie, durch den langen Flur des Gefängnistrakts hinterher, als hätte ich es nicht eilig. Er brachte mich an das große Tor des Gefangenenhauses.

»Auf Wiedersehen!«, sagte er mit ironischem Unterton und schob das Eisentor für mich auf.

Ich nickte ihm zu und trat zögerlich auf die Straße hinaus in die Freiheit.

Ein paar Genossen erwarteten mich. Auf der Heimfahrt wollte ich ihnen sogleich von meinen Erlebnissen in Haft erzählen, aber ich schaffte es kaum, fünf ordentliche Wörter über die Lippen zu bringen. Zwei Jahre lang hatte ich fast nicht gesprochen. So wie es mir zunehmend schwergefallen war, Tag und Nacht auseinanderzuhalten, war es immer schwieriger geworden zu unterscheiden, ob mir die vielen Gedanken, die ich verfolgte, bloß still durch den Kopf gingen, oder ob ich Fetzen von ihnen laut wiedergab. Mein

Stottern hatte sich durch all diese Verwirrung verschlimmert. Ich war mir dessen nicht bewusst gewesen, aber jetzt, da ich mich mit alten Freunden unterhalten wollte, bemerkte ich es. Mehr als Stottern war es nun, ich war in eine vollkommene Unfähigkeit zur Kommunikation gerutscht. Es dauerte einen Monat, bis ich durch beharrliche Übung und Konzentration der Sprachlosigkeit wieder einigermaßen Herr wurde. Einen Monat lang trug ich, zu Hause und unterwegs, Stift und Papier mit mir, um schriftlich mit meinen Mitmenschen zu kommunizieren. Stumm war ich geworden. Als ein Domori, ein Sprachbehinderter, hatte ich das Gefängnis betreten; hinter seinen Mauern war mir die Sprache ganz abhandengekommen.

Meine Freunde gewöhnten sich bald daran, dass ich während unserer holprigen Konversationen aufschrieb, was ich nicht über die Lippen brachte. Leute, die mich nicht kannten, gingen davon aus, dass ich auch taub sein musste. Sie schrieben auf, was sie mir sagen wollten. Zögerlich und ein wenig beschämt reichten sie mir die Zettel.

Unzählige Male habe ich Ôsugis biografische Schriften gelesen, wieder und wieder seinen Werdegang studiert. Wie konnte in einem intelligenten Menschen so viel Widerwille gegen seine Kultur entstehen?

Sakae Ôsugi, 1885 in Shikoku als erster Sohn eines hohen Militärs geboren. Zwei jüngere Brüder, drei Schwestern. In der Echigo-Provinz, wo der Schnee das Land begrub und die Zeit stillstand, verbrachte er seine Kindheit. Dorthin ins Nichts war sein Vater, ein berittener Militärleutnant und ein Stotterer wie Ôsugi selbst, versetzt geworden.

Hat die Schande des beim Militär gescheiterten Vaters den Trotz des Sohns hervorgebracht? Oder war die Tatsache, dass

Ôsugi im Alter von siebzehn Jahren selber unehrenhaft aus der Kadettenschule entlassen wurde, der Grund, warum er bei den Anarchisten landete? Ich stellte mir diese Fragen wieder und wieder. Ich versuchte, Ôsugis Psyche zu erforschen. Vielleicht verstrickte ich mich zu tief mit ihm? Wenn ich die Augen schloss, sah ich Ôsugi vor mir, seinen Kopf mit diesen übergroßen Augen, den schönen Kopf, die schönen Augen, seinen langen, athletischen, begehrenswerten Körper, dem die Frauen, eine nach der anderen, verfielen. Ôsugi wusste seine Attraktivität einzusetzen, seit seiner Jugend schon und immer schamloser, je mehr er ein Mann wurde. Ich verglich mich mit ihm und merkte, wie ich, sein Richter, ihm eigentlich unterlegen war. Die Natur verteilt so ungerecht. Die einen bekommen Größe, Kraft und Charisma. Die anderen bleiben klein und unscheinbar, ein Los, mit dem sie sich bis an ihr Lebensende abzufinden haben. Ôsugi war so viel mehr Männlichkeit gegeben als mir. Er hätte alles einfach haben können, was ich mir hart erarbeiten musste. Wie konnte er sein Glück einfach so wegwerfen, hinein ins Brachland revolutionärer Hirngespinste?

Unter Sadakos Einfluss hatte es den Anschein, als würde sich Yoshihito entwickeln und lernen, das ihm bevorstehende Kaiserleben zu meistern. Er schien zu sich zu finden, schien eine (wenn auch sonderbare) Persönlichkeit zu entfalten, schien in die Verantwortung hineinzuwachsen, die an ihn übergeben werden musste. Yoshihito flanierte in jener vielleicht unbeschwertesten Zeit seines Lebens durch den kaiserlichen Park und reckte sein Gesicht der Sonne entgegen, anstatt sich hinter zugezogenen Schiebewänden im Schreibzimmer zu verkriechen. Sein Vater führte die Regierungsgeschäfte. Auf Yoshihito lastete kein Druck, und die tägliche Überwältigung seiner Sinne – die Düfte, Winde, Geräusche und Bewegungen, all die Sensationen der Natur, denen er sich immerzu ausgesetzt sah – hatte er nicht alleine durchzustehen. Er konnte sich Sadakos Unterstützung und ihrer ungeteilten Aufmerksamkeit gewiss sein. Noch standen die Kinder, die vier Söhne, die er mit ihr zeugen würde, nicht zwischen ihnen und auch der Thron nicht mit seinen Pflichten und der mit ihm einhergehenden Entfremdung von allem, was Yoshihito lieb war. Das junge Paar wurde in Frieden gelassen. Man schirmte es von der Außenwelt ab, ließ ihm sein Glück.

Unter diesen Bedingungen geriet die Meningitis, an der Yoshihito als Kind erkrankt war und deren Folgen ihn sein ganzes Leben hindurch beeinflussten, mehr und mehr in Vergessenheit. Sein gesundheitlicher Zustand verbesserte sich. Die Kopfschmerzen wurden erträglicher. An Sadakos Seite unternahm Yoshihito stundenlange Spaziergänge, ließ sich von ihr so manches Wunder der Flora erklären und sog die Frühlingsluft in tiefen Zügen ein. Gemeinsam mit seiner Frau bewunderte er die Kirschblüten, und in Gesprächen, die sie unter Rücksichtnahme auf seine Labilität zu führen wusste, erlernte er, die Regeln zwischenmenschlicher Konversation besser zu meistern. Seine Angst verblasste in diesen frisch vermählten Jahren. Wenn auch mit schwächlicher Stimme und spürbarer Verzögerung, bald wusste Yoshihito besonnene Antworten zu geben, anstatt ängstlich auszuweichen, wenn die Gefolgschaft oder das Personal Fragen an ihn richteten. Anstelle der ständigen Überforderung, die seine kränkliche Jugend geprägt hatte, trat nun ein Selbstbewusstsein, das eines Kaisers würdig war. Hatte sein Geist früher nicht der Geschwindigkeit folgen können, mit der sich die Erde drehte, so wirkte Yoshihito inzwischen, wenn auch nach wie vor von kränkelnder Natur, wie ein Mann, ein Ehemann, ein Thronfolger, der lernte, mit beiden Beinen im Leben zu stehen. Er würde mehr als bloß ein Narr, ein Geck sein, hoffte man. Es schien nicht länger undenkbar, dass sich Yoshihito eines Tages als Führer eignete.

Von seinem Stottern ließ sich Ôsugi in seiner Berufung als Aktivist nicht aufhalten – so wie auch ich trotz physischer Benachteiligungen, trotz meiner unstattlichen Körpermaße oder schlechten Augen, sogar trotz meines hinkenden Beins die militärische Karriere vorantrieb. Wäre ich damals, 21 Jahre alt, im ersten Jahr Taishô, in der Kadettenschule nur nicht vom Pferd gestürzt ... Hätte dieses Ross sich nicht an einem plötzlichen Knall erschreckt, der aus einem Maschinenraum drang ... eine Fehlzündung in einer Werkstatt, an der ich in vorbildlicher Haltung vorbeiritt. Wäre dieses mir unbekannte Tier, das ich an jenem Tag zum ersten und letzten Mal ausritt, nicht auf einmal hochgefahren, hätte es nicht wild schnaubend die Vorderhufe in die Höhe und mich von seinem Rücken geworfen; mein Leben wäre anders verlaufen. Ich wäre wohl als Soldat in die großen Kriege gezogen, hätte gegen Chinesen, Koreaner, Russen, Amerikaner gekämpft. Vielleicht wäre ich an der Front gestorben? Schließlich trage ich das Erbe eines uralten Samurai-Geschlechts in mir. Über Generationen hinweg hat meine Sippe dem Kaiser gedient, immer gab es für uns nur diesen einen Sinn im Leben: dem Wohle Japans mit dem Schwert zu dienen und bereit zu sein, sich mit demselben Schwert gegebenenfalls selbst zu richten. Dies hätten mein Leben und mein Tod sein sollen. Stattdessen schlug ich hart, mit ausgedrehtem Knie, auf dem Lehmboden auf. Das verstörte Pferd zertrampelte mich im Stakkato seiner Hufe fast. Ich wälzte mich wie ein Feigling zur Seite und hörte, wie meine Knochen knackten. Mit den Knochen zersplitterten auch meine Träume.

Als Resultat seiner positiven körperlichen und geistigen Entwicklungen erfasste den Kronprinzen, als er mit der zunehmenden Altersschwäche seines Vaters immer unausweichlicher in seine Laufbahn gedrängt wurde, plötzlich eine innere Euphorie. Ein Hochmut, eine Welle des Größenwahns durchströmte ihn. Das kam unerwartet für jeden, der ihm nahestand, selbst wenn man die Launen kannte, deren Opfer Yoshihito sein Leben lang war. Ungefedert musste er die Höhen und Tiefen seiner Existenz hinnehmen. So schnell ein Wallen in ihm auftauchte, so schnell verflog es in der Regel wieder. Auch diesmal würde es so sein, er konnte nicht auf Dauer so übermütig bleiben.

Yoshihito aber geriet diesmal in einen länger anhaltenden Taumel. Anstatt sich vor seinen Pflichten zu verkriechen, wie man es von ihm gewohnt war, gebärdete er sich als künftiger Herrscher, mehr noch, als Reformator. In den kaiserlichen Gemächern saß zum Abendessen die Familie mit einigen Vertrauten beisammen, und Yoshihito verkündete, dass sich unter seinem Zepter alles ändern sollte. Ermuntert durch mehrere Schälchen Reiswein, die er zum Essen getrunken hatte, posaunte er eine Reihe dreister Ankündigungen hinaus.

»Ich werde ein Kaiser des Volkes werden! Die kleinen Menschen, die Kinder, die Frauen, die Ärmsten der Armen, sie werden mich lieben. Weil auch ich sie liebe.«

Die Anwesenden hätten sich am liebsten die Ohren zugehalten. Wo bleiben die Kopfschmerzen, die diesen Spinner zur

Räson bringen! Yoshihito war dermaßen überzeugt von seiner Gabe, die Zukunft neu zu schreiben, dass er von einem »Reich der Liebe« und von »gegenseitiger Anerkennung« zu sprechen fortfuhr.

»Alle Japaner, unabhängig ihres gesellschaftlichen Rangs, werden unter meiner Obhut zueinanderfinden«, schwärmte er.

Der zukünftige Kaiser stellte unsere seit Anbeginn der Zeiten vorgegebene Hierarchie in Frage. Statt klarer Ordnung schwebte ihm ein freundschaftliches, ungeregeltes Miteinander vor, und aus dem Ton seiner Stimme war ein umwälzerischer, erscheckender Tatendrang herauszuhören.

Auch Ôsugis Vater hatte bei einer Armeeparade sein Pferd nicht im Zaum halten können. Direkt vor den Augen des Kaisers war ihm der Gaul durchgegangen. Keine Woche später wurde er in die Provinz abgeschoben und kam nie auch nur in die Nähe jener Dienstgrade, die er angestrebt hatte.

Mir drohte Ähnliches. Nie wieder wuchs zusammen, was beim Sturz vom Ross zu Bruch gegangen war. Es fiel kaum auf, dass ich hinkte, trotzdem war ich Invalide. Nicht im Krieg, sondern in der Ausbildung zum Krieg war ich versehrt worden. Ich kämpfte mit allem, was mir blieb, gegen diesen Rückschlag an. Ich machte ihn an anderer Stelle wett. Im Dienst der Kempeitai, der Armeepolizei, die diskret zu agieren und die Ordnung zu sichern verstand, fand ich meinen neuen Lebenssinn. Mein Hinkebein hielt mich nicht davon ab, dem Kaiser zu dienen – so wie Ôsugi trotz seines Stotterns eine verschwörerische Rede nach der anderen verfasste. Ôsugi verfolgte seine Ziele mit gleicher Vehemenz wie ich die meinen – auch wenn ihm wie allen Anarchisten selten klar war, was genau er überhaupt wollte. Fantasiegebilden, Träumereien, hehren Wünschen gaben er und seine Kumpane sich hin. Sie schwenkten rote Fahnen, ohne jemals mit den Bolschewiken an einem Strang zu ziehen. Sie besuchten christliche Messen, weil sie sich Jesus Christus als Rebellen und Kommunisten vorstellten. Sie demonstrierten gegen staatliche Maßnahmen, egal, ob sie diese betrafen oder nicht, nur um sich solidarisch mit dem Volk zu zeigen. Sie trachteten danach, hinter Gitter gesteckt zu werden, und wir taten ihnen den Gefallen – auch wenn es auf Dauer nichts brachte. Keine Läuterung setzte ein. Die Aufwiegler deuteten ihre Haftzeiten als Manifestation der Ungerechtigkeit und spielten sich als Märtyrer auf. Von einem Gefängnis ins nächste wurden sie verfrachtet. Einer blieb bockiger als der andere. Auch Ôsugi. Standhaft bis in den Tod.

Wie konnte mich so etwas verwundern? Ich fühlte mich ja genauso meinen Idealen verpflichtet. Diese unendliche Sturheit auf beiden Seiten. Wohin sollte das führen? Was brachte es mir? Was brachte es Ôsugi? Nichts wurde durch all die Zeit, die er großteils in Einzelhaft verbrachte, besser, nichts änderte sich. Seine Respektlosigkeit fand kein Ende. Man hätte Ôsugi bei seinem ersten Ungehorsam gegen die Staatsgewalt erschießen lassen müssen.

Im Frühjahr 1906 waren tausende Demonstranten durch die Straßen gezogen und hatten gegen Fahrpreiserhöhungen von Tôkyôs Straßenbahnen protestiert. Sie hatten verbotene Fahnen getragen und Parolen wie »Anarchismus!« oder »Kommunismus!« gerufen. Ôsugi war unter ihnen, einer unter vielen. Noch war er keine bekannte Persönlichkeit. Noch wäre es ein Leichtes gewesen, ihn aus dem Verkehr zu ziehen. Wäre ich schon damals persönlich auf ihn angesetzt worden und wären mir die Mittel freigestellt gewesen, hätte ich womöglich seinen frühen Tod veranlasst? Es hätte uns spätere Komplikationen erspart.

Doch ich bin kein Mörder. Das war ich nie. Wollte es nie sein, nie werden. Nur die Umstände nach dem großen Kantô-Beben führten dazu, dass ich eine Linie übertrat. So abstoßend ich Ôsugis Aufbegehren fand, so unerklärlich mir seine Ablehnung der Erbmonarchie war, ich hatte es immer vermeiden wollen, unanständig zu handeln. Statt Ôsugi hinterrücks zu erschießen, wollte ich ihm auf Augenhöhe begegnen. Ich wollte mich mit ihm messen, auch wenn ich schmächtiger, jünger, vielleicht auch weniger intelligent war als er. Ich führte nie im Sinn, ihn zu töten, sondern wollte seine Einsicht erzwingen.

Unermüdlich studierte ich Ôsugis Akte. Ich lernte das Umfeld kennen, aus dem er gekommen war. Ich wollte, um ihm zuvorkommen zu können, alles über ihn in Erfahrung bringen, nicht nur, wie er sich kleidete, welche Bücher er las oder welche Frauen ihm gefielen, ich wollte verstehen, wie sein Denken von Grund auf funktionierte.

Im Lauf der Jahre fand ich alles über Ôsugi heraus. Als ich ihm in den Wirren des großen Bebens dann zum ersten Mal persönlich begegnete, kannte ich ihn wie einen Bruder. Ôsugi wiederum wusste nichts von mir. Als ich ihm an diesem 16. September 1923 in Shinjuku gegenübertrat, erkannte er meine Uniform, das war alles. Was für ein Mensch ich war und dass ich ihn vielleicht besser kannte, als er sich selbst, es interessierte ihn nicht. Ôsugi brachte mir nie den Respekt entgegen, den ich vor ihm hatte. Bis in seinen Tod hinein interessierte er sich nicht für mich.

Bereits als Schüler in Echigo war Ôsugi unberechenbar und gefährlich. Ein brutaler Schläger, großgewachsen, gnadenlos. Seine Mitschüler fürchteten ihn. Seine Feinde gingen ihm aus dem Weg. Katzen und Hunden jagte er nach. Bekam er sie zu fassen, schlug er sie mit einem Prügel langsam und mutwillig zu Tode.

Eines Tages aber überkommen Ôsugi zu Hause Gewissensbisse und Schuldgefühle. In seinem Zimmer fühlt er sich plötzlich so elend, dass er zu fiebern beginnt und tagelang im Bett bleibt. In seinen Träumen stirbt er wieder und wieder den grausamen Tod einer Katze. Er miaut und heult wie sie, laut und anhaltend, bis seine Mutter ans Bett eilt und ihn mit der flachen Hand aus dem Schlaf schlägt.

»Was ist los mit dir, Sohn?«

»Der G-G-Geist der Katze. Er ist in mich gef-f-fahren!«

Die Mutter schlägt weiter auf den Jungen ein. Sie will den Katzengeist aus ihm herausprügeln.

»Was machst du für Sachen, du Dummkopf! Wenn du nicht tapfer genug dafür bist, dann lass die Finger davon!«

Lange noch hält sich der Katzengeist in Ôsugi versteckt, vielleicht für immer. Ôsugi lernt mit dem Geist des getöteten Tiers zu leben. Nie wieder schlägt er auf harmlose, wehrlose Lebewesen ein. Sobald das Fieber ausgestanden ist, lernt er seine Energie in andere Kanäle umzuleiten.

Früh erlernt Ôsugi das Lesen und Schreiben. Katakana, Hiragana, Kanji meistert er während seiner Schulzeit, ausgefallene klassische chinesische Schriftzeichen verwendet er mit großer Selbstverständlichkeit, und auch für die lateinische und kyrillische Schrift zeigt er eine hohe Begabung. Als einer von wenigen Schülern schafft er es, sich die Sìshū anzueig-

nen, die vier kanonischen Bücher des Konfuzianismus – die
»Analekten«, »Das Große Lernen«, »Maß und Mitte« und auch
das »Buch des Mengzi« –, jahrtausendealte, ehrwürdige Über-
lieferungen.

Bald muss Ôsugi zu Hause der Mutter, die nur die einfache
Silbenschrift beherrscht, und seinen Geschwistern aus Büchern und Zeitungen vorlesen, öfter und länger, als ihm lieb
ist. Beim Vorlesen stottert er weniger, als wenn er frei sprechen muss. Später wird es ihm mit Fremdsprachen ähnlich
ergehen: Wenn er in anderen Sprachen spricht oder Texte
ohne direkte Emotion vom Blatt abliest, macht sich seine
Sprechstörung kaum bemerkbar. Dennoch will er die Freizeit
seiner Jugend nicht als Familienvorleser vergeuden. Wenn
ihm die Lust daran vergeht, beginnt er, Texte nach eigenem
Gutdünken abzukürzen, zu vereinfachen oder grundsätzlich
zu verändern. Was immer ihm zum Vortrag gereicht wird, er
erlaubt sich, es neu zu erfinden. Und er tut dies, ohne dass es
jemandem auffällt. Hin und wieder stottert Ôsugi ein wenig,
niemand aber kommt auf die Idee, dass dieses Stottern daher
rührt, dass er frei erdichtet, was er vorzulesen scheint. Nach
Lust und Laune gestaltet er die ihm gereichten Zeitungstex-
te und Buchpassagen neu. Respektlos stellt er sich über die
Wahrheit.

Bald dient das Geschriebene Ôsugi nur mehr als Ausgangspunkt seiner Ausführungen und als Anker, um Halt gegen die
Stotterei zu finden. Er übt sich im Manipulieren seines Publi-
kums. Mal gestaltet er die vorzutragenden Texte so, wie er es
gerne hätte, mal so, wie er sich vorstellt, dass seine Zuhörer es
wünschten. Von Tag zu Tag besser spielt Ôsugi mit ihrer Un-
wissenheit. Machtlos sind seine Mutter und die Geschwister
ihm ausgeliefert. Sie schenken ihm Glauben, sogar wenn er

sich weit von den tatsächlichen Inhalten entfernt. Es ist eine gespenstische Macht, die er mit einem Mal besitzt. Ôsugi erkennt, was ihm im späteren Leben zur Überzeugung wird: Mit dem Wort erreicht er mehr als mit physischer Gewalt. Auch wenn er großgewachsen ist, muskulös, kräftig, ein talentierter Jûdô-Kämpfer und zudem geschickt im Umgang mit dem Stock und anderen Waffen; das wichtigste Werkzeug, das er besitzt, ist das Wort. Es überzeugt, berührt, verführt, agitiert. Diese Erkenntnis formt den erwachenden Ôsugi und macht ihn so gefährlich. Er ist kein einfacher Schläger, der früher oder später an seine Grenzen stoßen würde, sondern ein Demagoge, der mit den Meinungen seiner Mitmenschen jongliert. Er beeinflusst sie, treibt sie in bestimmte Richtungen. Diese Lehre zieht Ôsugi aus seinen Vorleseerfahrungen im Familienkreis: Wenn er das geschriebene und vorgetragene Wort, seiner Sprechstörung zum Trotz, beherrscht, ist er dem Umfeld einen Schritt voraus. Diese Fähigkeit wird sich Ôsugi sein Leben lang zunutze machen.

Yoshihito hörte nicht auf, in der Vorstellung zu schwelgen, wie das Volk unter seiner Obhut zueinanderfinden würde. In seinem »Reich der Liebe« würden alle Japaner ebenbürtig sein. Er träumte von einer Gleichstellung der Menschen, es war ungeheuerlich. Die Kaiserfamilie wusste nicht mehr, wer ihnen lieber war: der alte, in sich versunkene, konfuse, schöngeistige Kronprinz oder dieser jetzt aufwallende, neumodische, realitätsferne Romantiker. Und Sadako, seine Ehefrau, die ihm beim Abendessen mit der Familie gegenübersaß, sie nickte beinahe unmerklich und blinzelte ein wenig. Milde, verschämt lächelte sie.

Es konnte nicht bloß am Reiswein liegen, von dem Yoshihito an diesem Abend zu viel getrunken hatte, dass er es wagte, derartige Parolen von sich zu geben. Womöglich war er auch in einen Zustand der Selbstüberschätzung geraten, weil ihm mittlerweile ein erster gesunder, kraftstrotzender Sohn, Hirohito, geboren worden war? Oder war Sadakos Einfluss auf ihn zu stark geworden?

Was immer den Ausschlag für seine Wandlung gegeben hatte, im kaiserlichen Palast wollte niemand allzu ernst nehmen, was Yoshihito von sich gab. Es lohnte sich nicht, darauf einzugehen. Yoshihitos vollmundigen Ankündigungen würden keine Taten folgen. So gut kannte man ihn. Das Feuer in ihm würde wieder verglimmen. Früher oder später würden die Schmerzen zurückkehren und ihm die neuartigen Ideen aus dem Kopf drängen. Die Dinge würden ihren göttlichen Lauf nehmen.

Vorerst aber hielt Yoshihito an seinem Vorhaben fest. In dieser optimistischsten Phase seiner Thronanwärterschaft gab er sich der Überzeugung hin, das Land in Zukunft nach anderen, selbst definierten Maßstäben zu führen. Gänzlich anders, als sein Vater und dessen Vorgänger es getan hatten, wollte er regieren. Er meinte, sich als fortschrittlicher, weltoffener Mensch präsentieren zu müssen. Immer wieder kamen ihm Wörter wie »Gleichheit« und »Gerechtigkeit« über die Lippen. Japan entsprach seiner Vorstellung nach nicht länger einem ewigem Reich der Traditionen, sondern wurde zum Experimentierfeld – gerade so, als plante er, mit einem Weltverbesserer wie Ôsugi gemeinsame Sache zu machen.

Es ist ein Glück, dass die beiden in parallelen Sphären lebten. Ein Glück, dass sich Ôsugi und Yoshihito nie begegneten.

Ôsugi war in jenen Tagen um die Jahrhundertwende ein nicht minder Suchender, nicht minder Getriebener: ein Pubertierender, der die Mittelschule einer nördlichen Präfektur besuchte.

Der Direktor dieser Schule in Echigo war Professor Miyoshi, der später Privatlehrer am kaiserlichen Hof wurde und dort Kinder wie die Söhne des Taishô-Tennôs unterrichtete. Von seinen Schülern in Echigo wurde er »Konfuzius« genannt, nicht nur weil er einen ähnlichen Bart wie Konfuzius trug, auch weil er keinen einzigen Satz von sich gab, ohne den chinesischen Lehrmeister zu zitieren. Alles Wissen der Welt war seiner Meinung nach in diesen jahrtausendealten ethischen Diskursen vereint. Mit feierlicher Miene trug er die »Analekten« vor, die Lehrgespräche, die Konfuzius mit seinen Schülern geführt hatte, und pochte auf die Moralvorstellungen, die sie vermittelten.

Im Ethikunterricht verlangte er von jedem Schüler, den Namen einer historischen Person zu nennen, die er besonders bewunderte.

Ôsugi erinnerte sich an ein Buch, das er kürzlich gelesen hatte, ein Essay über Nanshû Saigô. Unter diesem Namen hatte der letzte große Samurai, Takamori Saigô, Mitte des 19. Jahrhunderts seine Gedichte verfasst. Er war ein legendärer Krieger gewesen, der sich letztendlich gegen die zentrale Regierung gestellt hatte. In Shiroyama war er, nur mit Schwert, Pfeil und Bogen bewaffnet, bei der Schlacht gegen eine übermächtige, moderne Armee ums Leben gekommen. Ôsugi war wie seine Mitschüler davon überzeugt, dass sich Saigô im Augenblick der Niederlage auf dem Schlachtfeld selbst den Bauch aufgeschlitzt und *Seppuku* begangen hatte, den Freitod der Samurais.

»Nanshû Saigô«, nannte Ôsugi diesen Mann als sein persönliches Idol.

Professor Miyoshi lachte auf.

»Ja, Saigô, natürlich …«

Es dauerte eine Weile, bis sich der Professor fasste.

»Saigô war selbstverständlich einer der großen Männer unserer modernen Zeiten«, sagte er. »Wahrscheinlich sogar der größte Japaner der Moderne. Doch er war ein Rebell. Ein Rebell, der seinen Pfeil gegen den Kaiser richtete. Es spielt weder eine Rolle, unter welchen Umständen dies geschehen ist, noch, welch große Taten dieser Mann zuvor vollbracht hat. Ein solches Handeln ist unter keinen Umständen zu tolerieren und niemals zu verzeihen. Es ist ausgeschlossen, Saigô als Idol zu bewundern.«

Um das Thema zu erledigen, ging der Professor dazu über, die großartigen Leistungen des Konfuzius aufzuzählen, und schloss die Unterrichtsstunde mit der Anweisung, Konfuzius als einziges echtes Vorbild anzuerkennen.

Ôsugi verließ das Klassenzimmer mit einer kaum zu unterdrückenden Wut im Bauch. Wären ihm am Heimweg Katzen oder Hunde über den Weg gelaufen, hätte er wohl wieder nach ihnen getreten. Wie er das Buch über Saigô verstanden hatte, hatte sich dessen Auflehnung nicht direkt gegen den Kaiser, sondern gegen die Korruption innerhalb der Regierung gerichtet. Der Kaiser, wie Ôsugi es verstand, war eine Symbolfigur und durfte nicht als Vorwand für Unrecht und Unterdrückung dienen. Ôsugi fühlte eine furchtbare Ohnmacht in sich, weil es ihm nicht erlaubt war, das in der Schule oder sonst wo öffentlich zu sagen. Er fühlte sich geknebelt und begann, dieses System zu hassen, das seinem Verständnis nach in Japan herrschte. Noch aber durfte er den Hass nirgends zeigen. Er durfte Saigô nicht bewundern. Nur zu Hause in seinem Zimmer las er das Buch über ihn und seine Gedichte wieder und wieder. Und mit jedem Umblättern der Seiten stieg die Bewunderung, die er für diesen Rebellen verspürte.

Im Kaiserhaus gab der Thronanwärter als Nächstes bekannt, sich nach Reisen ins Ausland, wie sie vor ihm kein Prinz je unternommen hatte, zu sehnen. All seinen Vorgängern war Japan genug gewesen. Er aber trachtete danach, Europa kennenzulernen, und brachte seine Sehnsucht zu Papier. Neben japanischen Gedichten, Wakas, verfasste er schwülstige chinesische Kanshis, die dieses Verlangen nach einer anderen Welt zum Ausdruck brachten.

Der Frühlingswind weht, und liegend im südlichen Zimmer
    fliegen unverhofft meine Träume westwärts.
Wie herrlich die großen Paläste der Metropolen sind!
Überall Blumen und Vögel im Sonnenlicht.
London, Berlin, wohin ich auch wandle, ich sehe kulturelle
    und strukturelle Größe.

Selbstverständlich blieb Yoshihito der Wunsch, Europa zu bereisen, verwehrt. Anstatt die Zügel straffer zu ziehen, erlaubte das Kaiserhaus ihm aber, Korea zu besuchen – vielleicht in der Hoffnung, diese eine Reise würde sein Verlangen nach Fremdem stillen. Mit dem dortigen Kronprinzen – dem letzten, bevor das Land von uns besetzt wurde – wollte er in Austausch treten. Er sah in Sunjong, diesem ebenfalls schwächlichen Thronanwärter, wohl einen Leidensgenossen oder gab sich dem Irrglauben hin, von dem fünf Jahre älteren Koreaner etwas lernen zu können. Bei der Überfahrt auf dem kaiserlichen

Dampfer vergnügte sich Yoshihito kindlich am Wellenspiel des Japanischen Meeres und stellte fest, wie die frische Seeluft die Kopfschmerzen forttrug, die sich sonst in seinen Schädel hineinfraßen. Sadako stand an seiner Seite und blickte zufrieden über den weiten Wasserhimmel hinaus. In Seoul saß Yoshihito stundenlang mit seinem koreanischen Kollegen zusammen. Sie tranken Grüntee aus gerösteten koreanischen Teeblättern. Yoshihito begeisterte sich für diesen Geschmack.

»Auch in Japan sollten wir versuchen, die Teeblätter so zu dämpfen und zu rollen, wie ihr es macht. Dieses herbe, nussige Aroma. Einfach vorzüglich.«

Er offerierte seinem Gastgeber einen altehrwürdigen chinesischen Gedichtband. Die beiden Männer verneigten sich tief voreinander.

Sunjong wurde kurz darauf, nach der Annexion Koreas, bis an sein Lebensende unter Hausarrest gestellt. Yoshihito hatte seine Zeit vergeudet, indem er sich mit einem Verlierer abgegeben hatte.

Letztendlich war Yoshihitos Koreareise nur das Resultat einer seiner vergänglichen Launen gewesen. Eine der flüchtigen Ideen, die unentwegt durch ihn hindurchgeisterten und ihn daran hinderten, sich auf das zu konzentrieren, was einzig und allein sein Anliegen hätte sein müssen: Japan mit klarer Hand zu führen. Die Zeiten duldeten kein Zaudern. Allerorts formierte sich die Bedrohung der Monarchie. In Übersee war es zu erkennen, ein Umdenken, ein Freidenken baute sich am Horizont auf, auch hierzulande. Yoshihito erfasste den Ernst der Lage nicht. Wir, die Polizeieinheiten, hatten dies für ihn zu tun.

Der Schüler Ôsugi saß weiterhin in der Provinzstadt Shibata fest. Um seinen Horizont zu erweitern, verschlang er alle Bücher, die er an einem Ort wie diesem in die Hände bekam, waren sie über die Samurai oder die Naturwissenschaften, waren sie alte Sagen, Legenden, Wörterbücher oder Lexika. Alles schien ihm lesenswert. Mit einer Handvoll Schulkollegen gründete er einen Buchklub. Sie tauschten gegenseitig sämtliche Literatur aus, die sich auftreiben ließ. Rasch erschöpften sich die Möglichkeiten, aber Ôsugi stieß auf der Suche nach neuen Quellen auf eine kleine Buchhandlung, einen Laden namens *Nakamuras Banshodô*, in dem etwas weiter südlich gelegenen Örtchen Suibara. Buchhandlungen gab es in der Provinz praktisch keine. Doch per Zufall hatte Ôsugi den jungen Mann kennengelernt, der diese Einrichtung betrieb. Innerhalb kürzester Zeit wurde er dessen bester, wenn nicht einziger Kunde.

Der Laden war kein wirkliches Geschäft, vielmehr handelte es sich um eine Stellage in Nakamuras Wohnzimmer, wo er sämtliche Bücher stapelte und feilbot, die er ergattern konnte. Ôsugi besuchte diese von außen kaum erkennbare Buchhandlung so oft wie möglich. Wann immer er in die abgegriffenen Seiten der Sammlung hineinschnupperte, kam es ihm vor, als würde er etwas Verbotenes tun. Dabei handelte es sich bei den angebotenen Büchern nicht um politische Schriften, sondern um ein breitgefächertes Sammelsurium. Ungefiltert landete hier, was irgendwo gedruckt worden war und seinen Weg nach Suibara gefunden hatte. Hauptsächlich waren es Schriftstücke, die in der Schule nicht geführt wurden und unzensierte Inhalte versprachen, nicht jene Werke, die im Kanon mit Traditionen standen, sondern zusammengewürfelte Texte und Enzyklopädien, die eine Vielfalt und Meinungsfreiheit ausdrückten, die weit über das japanische Selbstverständnis hinausgingen.

Der junge Ôsugi konnte nun versuchen, sich nach freien Stücken ein Bild von der Welt zu machen. Widersprüchliche, unorthodoxe Aussagen, Fakten, Behauptungen taten sich vor seinen Augen auf, stachelten seine Neugier an. Sie entfachten in ihm ein Verlangen nach Eigenverantwortlichkeit. Ôsugis Suche nach neuartigen Lebensentwürfen und Gesellschaftssystemen, egal, ob sie in Einklang mit nationalen Interessen standen oder nicht, begann mit dem Stöbern in Nakamuras mehr privatem als öffentlichem Buchladen. Die Tür zu einer vermeintlich besseren Welt öffnete sich für Ôsugi. Eine Idee davon, wie sich das Zusammenleben der Menschen entwickeln könnte, wäre es nicht von außen reguliert und in althergebrachte Bahnen gelenkt, keimte in ihm auf.

Stundenlang, über Jahre hinweg, lag Ôsugi auf dem Boden in Nakamuras Wohnzimmer und saugte die Texte auf, die ihm dort per Zufall unterkamen. Manches interessierte ihn mehr, manches weniger, aber er ließ keine Zeile aus. Die meisten Bücher konnte er nicht erwerben, da ihm das Geld fehlte und er zu Hause nicht mit solch unsortierter Lektüre erwischt werden durfte. Also zahlte er eine Art Lesegebühr und ließ sich an Ort und Stelle in die Schriften und in den bittersüßen Freiheitsbegriff fallen, den sie verkörperten. Nichts galt es zu übersehen. Von der menschlichen Anatomie über Kochrezepte bis zur Französischen Revolution reichte das Spektrum. Ôsugi, niemand sonst, entschied, was er las. Nakamura hielt sich meist in anderen Zimmern auf, und selbst wenn er zum Lesen ins Wohnzimmer kam, redeten die beiden kaum miteinander. Die gedruckte Welt in ihren Händen war aufregender als das, was sie sich zu sagen hatten. Auch wollte Nakamura Ôsugis

Auswahl nicht beeinflussen. Er hielt sich mit Empfehlungen zurück. Ôsugi war es zum ersten Mal in seinem Leben erlaubt, sich eine eigene Meinung zu bilden. Niemand schrieb ihm vor, was er zu lesen und vom Gelesenen zu halten hatte. Niemand lehrte ihn, was lesenswert war oder nicht. In jenen Tagen, unbemerkt in der Echigo-Provinz, schärfte sich Ôsugis Intellekt und begann sein Drängen nach anarchistischer Entfaltung. Eine abenteuerliche Welt entrollte sich vor seinen Augen. Er entdeckte Ordnung und Unordnung, Recht und Unrecht, Macht und Widerstand, Aktion und Reaktion ohne Wertung oder Leitung nebeneinander. Aus den zufälligen Bausteinen, die er zwischen die Finger bekam, begann er sich seine Vorstellungen vom Dasein zusammenzubasteln. Ein eklektisches Wissen über alles bisher in der Welt Geschehene verknüpfte Ôsugi mit seinen persönlichen Visionen. Vielleicht war nichts für Ôsugis Werdegang so entscheidend wie diese wahllos zusammengetragene Büchersammlung, auf die er in Suibara in dieser Phase stieß.

Als ich viele Jahre später – ich war zum Hauptoffizier der Militärpolizei aufgestiegen und nach einer Stationierung in den koreanischen Gebieten wieder im Kernland eingeteilt – mit dem Fall Ôsugi beauftragt wurde und seine Beschattung aufnahm, bekam ich ein Foto vorgelegt, das ich seither immer bei mir getragen habe. Noch heute liegt es in meinem Büro hier in Shinkyô. Ich müsste nur aufstehen und es aus dem Ordner ziehen.

Ich weiß nicht genau, aus welchem Jahr das Foto stammt. Es zeigt Ôsugi mit ebenjenem entschiedenen Gesichtsausdruck, den er sich damals in Nakamuras Buchhandlung angeeignet haben musste. Er sitzt in einem öffentlichen Bus in

Tôkyô, neben ihm Itô, zwischen ihnen ihre erste gemeinsame Tochter. Die kleine Familie macht einen ordentlichen Eindruck. Als Betrachter des Bildes ist man verführt, Sympathie für die unschuldig wirkenden Personen zu hegen. Friedlich, scheint es, sind sie mit dem Bus unterwegs. Die Tochter lümmelt zwischen den Erwachsenen herum. Itô neben ihr wirkt müde, vielleicht von harter Arbeit oder langen Reisen. Sie ist ganz in Weiß gekleidet. Nachdenklich, mit Melancholie in den Augen, blickt sie nach vorn. Ôsugi zu ihrer Seite ist ebenfalls weiß angezogen. Er macht einen geradezu staatsmännischen Eindruck, trägt ein Leinensakko, die Krawatte ist ordentlich gebunden, obwohl jene Busfahrt heiß und stickig gewesen sein musste. Der Schnurrbart ist perfekt getrimmt. Die Haare tadellos, trotz aller Reisestrapazen. Man meint, einen gebildeten Ehrenmann zu sehen.

Ôsugis Nickelbrille ähnelt der meinen. Doch während mein etwas rundlicher Kopf hinter meiner Brille hervorzuquellen scheint, werden Ôsugis geradlinige Gesichtsformen durch seine Brille noch betont. Wie auf ein Ziel gerichtet wirkt alles an ihm. Ein Mann, der weiß, was zu tun ist und was sich gehört. Wie durch ein Periskop blickt er durch die Brillengläser. Sie sind Ausdruck des breiten Wissens, das er in sich versammelt hat. Während meine Brille lediglich einen Sehfehler behebt, bezeugt Ôsugis Brille sein unaufhörliches Studium komplexer Schriften.

Ich bin froh, mich nicht selbst auf diesem Foto neben Ôsugi sehen zu müssen. Ich würde niemandem auffallen. Die Blicke wären nur auf ihn gerichtet. Doch so groß, gefasst und klug er auf diesem Foto wirkt; im Gegensatz zu mir besitzt er keine Macht. Ich habe den gesamten Polizeiapparat hinter mir, Ôsugi ist praktisch auf sich allein gestellt. Auch bin ich unsichtbar für ihn. Er kennt mich nicht, nur ich kenne ihn. Sein Weiterleben hängt an Entscheidungen, die ich fälle. Und ich weiß mehr, als diese Fotografie auf den ersten Blick verrät. So anständig der Eindruck sein mag, den diese junge Familie hinterlässt, sie ist es nicht. Bei näherem Hinschauen offenbart sich das wahre Bild. Das Dunkle, Verschlagene, Hinterhältige in Ôsugi tritt hervor. Er blickt nicht besonnen, sondern mit der Ruhe eines Verbrechers, der sich in Sicherheit wiegt, durch die Scheiben des Busses hinaus in eine Zukunft, die er nach seinen Vorstellungen zu deformieren gedenkt.

Der zugleich herrschaftliche und destruktive Mensch auf diesem Foto forderte mich zum Kampf auf. Ganz Japan forderte er heraus. Ôsugi war ein Fanatiker, zu keinen Kompromissen bereit. Je länger ich das Bild betrachtete, desto mehr erkannte ich in ihm den Feind. Wann immer mich in den kommenden Jahren Zweifel überkamen, zog ich diese Fotografie hervor. Ich studierte Ôsugis kalte, weit auseinander stehende Augen und wusste, dass er so klein wie möglich gehalten werden musste.

Im Grunde hätte es kein Problem sein dürfen, dies zu tun. Ôsugi war ein schutzloser Chaot im Verbund mit chaotischen Kumpanen. Er hatte kaum Geld, kaum Einfluss, wenig Beziehungen. Ihm gegenüber stand die kaiserliche Militärpolizei, der ich diente. Mein Auftrag war, Ôsugi und sein Umfeld zu beobachten und einzugreifen, sobald es erforderlich wurde. Ich war mit Vollmachten ausgestattet. Seit 1882 herrschte das Taigyaku-Gesetz, das »Gesetz des großen Verrats«. Es besagte, dass die Todesstrafe auszusprechen war, sobald ein Mitglied der kaiserlichen Familie angegriffen wurde oder sich ein derartiger Angriff in Planung befand. Ohne Aufschub konnte ein des Hochverrats beschuldigter Täter erhängt werden. Dieses

Gesetz schützte die Monarchie, es rechtfertigte jeden Zugriff der Geheimpolizei. Ich durfte Ôsugi ohne nähere Gründe festnehmen und in die Haftanstalten nach Ichigaya, Chiba oder Sugamo bringen lassen. Er war mir ausgeliefert. Vielleicht, denke ich heute, war dieses Ungleichgewicht, dieses Zuviel an Macht, das ich besaß, letztendlich nicht gut für mich?

Seit ich dieses Foto in die Hände bekommen hatte, war ein Band zwischen Ôsugi und mir gespannt. Bis über seinen Tod hinaus blieb er ein unheilvoller Teil meines Lebens. Ich hasste, wofür Ôsugi stand, und doch konnte ich nicht von ihm lassen. Wie der Tod das Gegenstück des Lebens ist, wurde Ôsugi zu meinem Gegenstück. Ich ließ Kopien des Fotos anfertigen und trug eine bei mir, wohin ich auch ging. Ich betrachtete die drei Personen, die abgelichtet waren, wieder und wieder. Das schuldlose Kind. Die Frau, die sich zu tief in die Geschichte verstrickt hatte. Den diabolischen Mann, der plante, Anführer der Revolution zu werden. Hinter den dreien waren im Bus noch andere Menschen zu sehen. Darunter, als wäre es kein Zufall: Gaijins – Ausländer. Eine blonde Frau, ein europäischer, vielleicht amerikanischer Mann. Es war, als hätte Ôsugi intuitiv die Nähe fremder Kräfte gesucht. Das fremde war ihm wichtiger als das eigene Volk. Fremde Ideen waren ihm lieber als jene, die unsere Kultur seit abertausenden Jahren geformt hatten.

Ein stickig heißer Dienstag im Sommer 1912 markierte den Schicksalstag des Kronprinzen. Nun wurde der weltverlorene und übermutig gewordene, nie wirklich zum Mann gereifte Thronfolger zum neuen Kaiser ernannt. Mit diesem 30. Juli begann die Taishô-Ära. Seine himmlische Majestät, der große Meiji-Tennô, der 45 Jahre lang auf dem Thron gesessen und verstanden hatte, das Reich mit rigider Hand zu führen, war gestorben. Jetzt musste der älteste Sohn das Amt übernehmen. Yoshihito wurde als gottgleich eingestuft. Von der obersten Gottheit Amaterasu, die Licht und Sonne und Ursprung des japanischen Kaiserhauses war, von ihr selbst wurde er ins Göttliche erhoben. Für uns Sterbliche war er, wie immer er sich gebärdete, nicht länger zu hinterfragen.

Nicht nur die Göttlichkeit, auch die Verantwortung wurde auf Yoshihito übertragen. Der Zeitpunkt war gekommen, das Erbe zu schultern. Yoshihitos Leistungen würden an den Errungenschaften des Vorgängers gemessen werden. Auf seine schwächliche Konstitution wurde nicht länger Rücksicht genommen. Die Hirnhautentzündung lag Jahrzehnte zurück, jetzt galten keine Ausreden mehr. Auch wenn Yoshihito seidene Gewänder oder gehärtete Uniformen trug, von nun an stand er nackt vor allen. Alle Blicke waren auf ihn gerichtet.

Auf den Bildern, die in den Zeitungen von seiner Amtseinführung veröffentlicht wurden, machte Yoshihito einen etwas schiefen Eindruck. Er stand nicht kerzengerade, sondern lehnte ein wenig zur Seite. Seine Augen waren weder geöffnet noch geschlossen. Weder ernst noch lächelnd wirkte sein Gesichtsausdruck. Yoshihito schien seinem Los ausweichen zu wollen. Oder ging ihm im Moment der Aufnahme gerade etwas völlig anderes durch den Kopf? Beobachtete er verstohlen eine Mücke, eine Fliege oder ein wenig Blütenstaub, vielleicht Lindenpollen, die neben der Kamera durch die Luft segelten? Ich bildete mir ein, in seiner Haltung seine übliche Abwesenheit und ein leichtes Zittern, das hinzugekommen war, zu erkennen.

Die feierlichen Fanfaren der Gagaku schallten über alle Skepsis hinweg. »Achttausend Generationen, bis ein Steinchen zum Felsen wird, auf dem das Moos sprießt«, sang Japan feierlich.

Yoshihito sollte nun das Zepter ergreifen, um die Truppen und Verbände dorthin zu dirigieren, wo sie gebraucht wurden, um Nippons Macht beständig auszuweiten. Das Kaiserreich dehnte sich von Jahr zu Jahr aus. Gegen China, gegen Russland waren große Kriege gewonnen worden. Korea, Taiwan, Liaodong waren eingenommen. Immer weiter erstreckten sich unsere Territorialgebiete über den asiatischen Kontinent. Yoshihito war nun Kaiser dieser Weltmacht, der alleinige Herrscher, er war der mächtigste Mann im Land. Es lag an ihm, die Herrlichkeit fortzuführen. Es war an der Zeit zu beweisen, dass er, allen Zweiflern zum Trotz, dazu in der Lage war.

Yoshihito reagierte auf diesen Druck mit einem Zusammenbruch. Eine spontane Erschöpfung zuerst, danach ein schleichender innerlicher Zerfall. Das Zittern, das ich auf dem Foto zu erkennen meinte, muss Vorzeichen des Kollapses gewesen sein, der Yoshihito niederstreckte, sobald er von der Zeremonie zurück in den kaiserlichen Palast kam. Ärzte wurden gerufen, Kräutersalben angerührt, Tee wurde gekocht. Noch vor seiner ersten Amtshandlung wurde dem frisch gekrönten Kaiser Bettruhe verordnet. Die Schiebewände aus Holz und grob geschöpftem Papier, die seinen Schlafraum abteilten, wurden zugeschoben. Pflegepersonal tupfte die sorgenfaltige Stirn des Kaisers mit feuchten Tüchern ab. Vier Tage und Nächte lang verharrte Yoshihito in seinem Bett.

Sadako saß, sofern es die Ärzte erlaubten, still an seinem Futon und tätschelte seine Hand.

»Chin ist müde«, gab Yoshihito von sich, wenn er es schaffte, überhaupt etwas zu sagen.

Seit seiner Amtseinführung durfte Yoshihito ausschließlich die dritte Person und dieses »Chin« verwenden, das dem Kaiser vorbehaltene Wort für »ich«, wenn er von sich sprach.

»Heika wird sich bald erholen«, versicherte ihm Sadako.

Sie richtete sich an die Pflegerinnen, die ebenfalls um den Futon versammelt waren.

»Es stimmt doch, was ich sage?«

Kurz nickten die Frauen zustimmend, ohne zur Kaiserin aufzuschauen. Schweigend und reglos blieben sie auf dem Boden sitzen. Es machte den Anschein, als wären sie nicht anwesend, und dennoch waren sie immer da, immer zur Stelle.

Ein Kaiserpaar hatte praktisch keine Gelegenheit, sich unter vier Augen zu unterhalten. Und selbst wenn sie einmal unter sich waren, war »Heika« der einzig erlaubte Ausdruck, mit dem Sadako ihren Gatten ansprechen durfte, nun, da er Kaiser von Japan geworden war.

»Heika wird sich bald erholen«, wiederholte sie.

In ihrem Inneren aber wusste sie, dass es gelogen war.

三、

DER MEISTER
AUS ECHIGO

Ich, Militäroffizier Masahiko Amakasu, als der ich mich gewissermaßen immer noch bezeichnen will, auch wenn mein Büro hier in Shinkyô keinem Armeekorps mehr dient, ich war und bin ein Mann von Ehre und Redlichkeit. Ich ließ mich nie von kurzweiligen Stürmen mitreißen, die mal hier, mal dort über das Land fegten, besonders in der Taishô-Ära. Unter Yoshihito wurde Japan ein Ort der Unordnung. Demokratische Ideen, humanistische Forderungen, Bürgerrechtsbewegungen, Emanzipationsbestrebungen, westlich geprägte Literatur und Malerei, das Christentum, alles brach hervor. Chaos fraß sich in die Seele Japans hinein. Die Abkehr von Traditionen. Der Ungehorsam. Verwirrte Figuren, in erster Linie Ôsugi, betraten diese Manege der Absonderlichkeiten. Japan kippte aus dem Gleichgewicht, verlor die Disziplin. Ich aber blieb standhaft. Von klein auf hatte ich die Errungenschaften unseres Landes begriffen, hatte verstanden, dass es sie zu verteidigen galt. Seit der Kindheit folgte ich dem mir vorgezeichneten Weg. In meiner Welt gab es keine versteckten Zauberläden, wie Ôsugi sie entdeckte, und keine Schiebewände, wie jene, hinter denen sich Yoshihito verkroch. Für mich gab es die staatlichen Schulen und die militärische Karriere, die ich ohne

Ablenkung verfolgte. Ich absolvierte meine Examen mit gutem Erfolg, und nach dem Abschluss meiner Schulbildung ließ ich mich in die Kadettenschule in Nagoya einschreiben.

Auch Ôsugi wurde, dank der Beziehungen seines Vaters, dorthin geschickt. Er studierte einige Jahre vor mir in Nagoya. Wir beide haben diese Militärschule hinter uns. Für Ôsugi war es eine schmerzliche, für mich eine logische Erfahrung. Er und ich haben dieselben Schulbänke gedrückt, sind im selben Schulhof spaziert, haben im Schatten derselben Bäume gesessen, wir haben uns durch dieselben Hindernisparcours gekämpft. Doch während es für mich Sprossen meiner Karriereleiter waren, wurde diese Schule für Ôsugi zur Schmach. Obwohl er größer und muskulöser war als ich, war er nicht fürs Militär geeignet. Der Pflichtgehorsam fehlte, Anweisungen von oben widerstrebten ihm. Ôsugi konnte Befehle nicht hinnehmen, ohne sie in Frage zu stellen.

Als Schulkind war Ôsugi noch gewillt gewesen, die Traditionen fortzuführen. Er begeisterte sich für die Bushidô-Philosophien, die den Ehrencodex des Militäradels beschrieben und von denen im schulischen Ethikunterricht neben Mut, Loyalität und Aufrichtigkeit vor allem die Bereitschaft zu sterben hervorgehoben wurde. Nur der ehrenhafte Tod schloss den Weg eines wahren Kriegers ab. Der junge Ôsugi studierte die unterschiedlichen Arten, mit denen Samurai im Lauf der Geschichte ihr Leben hingegeben hatten. Besonders die Kreuzigung Suneemon Toriis faszinierte ihn. Im 16. Jahrhundert hatte dieser gewöhnliche Fußsoldat bei der Belagerung von Nagashino eine Standfestigkeit bewiesen, die er sogar kopfüber gekreuzigt und gefoltert bis in den Tod beibehielt, sodass seine Familie daraufhin in die Klasse der Samurai erhoben wurde. *In vaterländischer Glut zu sterben ist einfach, dem Tod mit Gleichmut zu begegnen schwer,* las der junge Ôsugi unter der Abbildung Toriis. Er war gerührt. Er verschränkte seine Arme vor der Brust. Er schwor, eine ähnliche Würde, Kraft und innere Ruhe wie Torii zu beweisen, wenn sein Todestag nahte. Letztendlich hat er diesen Schwur gehalten.

Alle Grundlagen für ein ehrenvolles Leben waren eigentlich geschaffen. Ôsugi wurde aufgrund seiner Fähigkeiten im Jûdô, im Fechtkampf und mit Stock und Seil als »Meister aus Echigo« bezeichnet, als er 1900 nach Nagoya reiste, um auf der Kadettenschule zu studieren. Stolz lieferte sein Vater ihn ab. Vom Stottern abgesehen war Ôsugi in bester Verfassung. Er nahm das Militärstudium auf, trat in die Fußstapfen des Vaters. Ôsugis Leben war durchgeplant wie das meine. Doch während ich mich Schritt für Schritt hinaufarbeitete, hielt Ôsugi keine drei Jahre in Nagoya durch. Der militärische Drill und die geforderte Disziplin stießen in ihm auf Widerstand. Anstatt untergeben zu nicken, wenn Befehle gegeben wurden, wagte Ôsugi es, Fragen zu stellen. Anstatt Anweisungen auszuführen, zweifelte er ihre Sinnhaftigkeit an. Seine abschätzigen Vorbehalte und die Verzögerungen, mit denen er Befehlen Folge leistete, blieben den Vorgesetzten nicht lange verborgen. Dieser junge Mann parierte nicht, wie er sollte.

Die Schulleitung setzte erste Maßnahmen. Ôsugi hatte in seinem Leben schon viele Stockhiebe erleiden müssen. In Nagoya folgten nun Freiheitsentzug, Essensrationierungen und erweiterte Arbeitsdienste. Alles wurde unternommen, um seinen Ungehorsam zu brechen. Ohne Erfolg. Wurde Ôsugi bestraft, gezüchtigt, genötigt, verstand er es als Aufforderung, nicht klein beizugeben.

Das war ein fatales Missverständnis, das Ôsugi aus den Samurai-Geschichten herausgelesen hatte. Er hatte sich eingeprägt, seine Prinzipien nie zu verleugnen und seinen Willen nicht brechen zu lassen. Doch dass dies mit bedingungsloser Loyalität gegenüber dem Kaiser einherzugehen hatte, verstand Ôsugi nicht. Von jahrhundertealten Traditionen lernte und profitierte er, er schärfte seine Fähigkeiten daran, er gewann an Willenskraft und Stärke. Dass er diese Fähigkeiten aber niemals gegen Japan einsetzen durfte, sah er nicht ein.

Oberstleutnant Yamada erkannte die Gefahr als Erster. Er saß im Schulgremium und duldete nicht das kleinste Fehlverhalten unter den Kadettenschülern. Mehrfach waren ihm bereits kleinere Vergehen Ôsugis zu Ohren gekommen. Dieser Junge schien den nötigen Ernst vermissen zu lassen.

In seinem dritten Jahr in Nagoya wurde Ôsugi dabei erwischt, wie er in den Schlafsaal der jüngeren Kadetten schlich, um dort einen Jungen zu besuchen, mit dem er sich angefreundet hatte. Ein Wachtmeister entdeckte ihn. Der Mann holte einen Stabsfeldwebel hinzu, wortlos führten die beiden Ôsugi zurück in sein eigenes Bett. Am folgenden Tag versammelte Oberstleutnant Yamada die gesamte Klasse im Schulhof und ließ die Schüler einen Halbkreis bilden. Ôsugi wurde aufgerufen, in die Mitte zu treten. Ohne nähere Ausführungen wurde ihm das Strafmaß für sein nächtliches Vergehen mitgeteilt: zehn Tage Haft und Putzdienst im Wachhaus sowie dreißig Tage Hausarrest in der ihm zugewiesenen Unterkunft. Es wurde sogar die sofortige Entlassung Ôsugis in Erwägung gezogen. Doch in zwei ranghohen Offizieren, die seinen Vater persönlich kannten und sich ihm verpflichtet fühlten, fand Ôsugi Fürsprecher. Vorerst beließ es die Schulleitung bei der genannten Disziplinierung.

In den kommenden vierzig Tagen aber, an denen Ôsugi allein mit sich und der Erkenntnis beschäftigt sein sollte, sein Verhalten zu ändern, stellte sich in ihm keine Änderung ein. Weder Einsicht noch Reue zeigte er während seiner Isolierung. Stattdessen übte sich Ôsugi darin, Gefangenschaften zu ertragen. Wie er es von den Samurai gelernt hatte, nahm er es mit Gelassenheit hin. Er saß die Arrestzeiten ab und schlug Profit in eigener Sache daraus. Bereits in Nagoya begann Ôsugi, Inhaftierungen zur Fortbildung und zu Studienzwecken zu nutzen. Tagsüber ließ er die Zeit meditierend an sich vorbeiziehen, nachts las er, was immer er zwischen die Finger bekam – in Nagoya großteils botanische Enzyklopädien und alte naturwissenschaftliche Lehrtexte.

Das Lesen anderer als dieser referenziellen Schriften war an den Militärschulen des Landes verboten. Ôsugi aber hatte von außerhalb Gedichtbände und Aufsätze der japanischen und chinesischen Romantik in die Schule geschmuggelt. Die kleinen, abgegriffenen Heftchen versteckte er in seinen Schulbüchern und studierte sie, vom Wachpersonal unbemerkt, mit großem Eifer. Aus diesen romantischen Werken las Ôsugi die Bestätigung seines Begehrens und Aufbegehrens heraus. Aus den Phänomenen und der Schönheit der Natur zog er Rückschlüsse auf die menschliche Gesellschaftsordnung. Durch den Vergleich mit Blumen, Blüten, Bäumen, Blättern, mit Wasser und Schnee, Wind und Regen sah sich Ôsugi im Freiheitsdrang bestärkt. Die Natur zeigte, wie ungezwungen sich Leben auf unserem Planeten entwickeln kann. Vielfalt und Pracht kamen ohne Restriktion zur Entfaltung. Aus scheinbar chaotischem Nebeneinander ergab sich eine natürliche Ordnung. Aus dem kahlen Zimmer seines Trakts der Kadettenschule, allein mit sich, weggesperrt von der Welt, segelten Ôsugis Gedanken hinaus in die Wälder und Gebirge des Landes, über Wiesen und Küsten hinweg. Die herkömmliche Schulbildung war für ihn nichts als ein Korsett. Das Bedürfnis nach Umwälzung des politischen Systems wuchs in Ôsugi heran. Die anarchische Freiheit. Die Zwanglosigkeit der Natur. Ihre Fähigkeit, sich ständig neu zu erfinden. Ôsugi verstand sich als Teil von ihr anstatt als Teil unserer Kultur. Seine Vorgesetzten hingegen verlangten von ihm blinden Gehorsam. Immer unvorstellbarer erschien Ôsugi ein solch geknechtetes Leben.

Besonders die Gedichte und Essays Ukô Shiois berührten ihn.

Zu beobachten, wie ein Mensch wie eine Blüte fällt, ist faszinierend.

Diese Zeile, auf die Ôsugi in einem unerlaubten Heftchen in Nagoya stieß, begleitete ihn sein Leben lang. Diese Mischung aus dunkler Nostalgie und vager Zukunftsvision. Ôsugi verfiel ihr, verfing sich im romantischen Ideal. Er wusste nicht, was er wollte, aber wenigstens wusste er, was er nicht wollte: keine wie auch immer geartete Einengung. Maßlose Freiheit schwebte ihm vor. Hinter Gittern gab sich Ôsugi den Freiheitsidealen hin, so unrealistisch sie waren. Er sehnte sich nach Veränderung. Das Aufbrechen aller Normen setzte sich in seinem Denken fest. Das Verlangen nach einem Wandel, der sich nicht bloß auf Ôsugi selbst und sein Umfeld beziehen sollte, sondern der eine Veränderung ganz Japans war, eine Neugestaltung der Welt.

Hätte der ähnlich naturbegeisterte Taishô-Kaiser, dessen Faszination für alles Natürliche durch die gefühligen Ideen seiner Ehefrau geweckt worden war, mit Ôsugi an einem Tisch gesessen, hätten sie sich womöglich blendend verstanden. Sie teilten diese Begeisterung für die Botanik und Zoologie. Gerne hätten sie wohl zusammen, von Raupen, Schmetterlingen, Schwalben, Knospen, Blüten, Blättern ausgehend, die geheimen Strukturen der Welt ergründet. Vielleicht hätten sie eine allumfassende Symbiose des Lebendigen erträumt und unterstützt? Dies durfte nie geschehen.

Ôsugi führte der schöngeistige Weg, den er abenteuerlich beschritt, in die Illegalität. Und Yoshihito steckte in der verklärten Sichtweise der Dinge fest, ohne die Kraft zu haben, dem Sinnieren Taten folgen zu lassen. Die Welt der Wunder, die er überall um sich erblickte, das farbenfrohe Treiben der Natur, das ihn Tag und Nacht in Erstaunen versetzte, erschöpften seine Energie.

Es dauerte lang, bis sich Yoshihito von seinem Zusammenbruch nach der Inthronisierung erholte. Alle Zeit, die er brauchte, wurde ihm gelassen. Sanft versuchte man, ihn zurück in die Welt, ins Amt zu führen. Das Kaiserhaus hatte keine Alternative. Yoshihitos verstorbener Vater, der große Meiji-Tennô, hatte mit verschiedenen Konkubinen zwar zehn Töchter gezeugt, aber nur fünf Söhne, und von diesen war Yoshihito der einzige, der über das Säuglingsalter hinausgekommen war. Es gab keinen anderen männlichen Nachfolger. Yoshihito musste leben und regieren. Sein Tod hätte das Kaiserhaus in noch größere Schwierigkeiten gebracht.

Nach Monaten der Zurückgezogenheit stellte sich allmählich eine Verbesserung seiner gesundheitlichen Verfassung ein. Yoshihito befand sich weiterhin in einem labilen Zustand, aber gegen Ende seines ersten Jahres als Kaiser ließen es die Ärzte zu, dass er sich zu gegebenen Anlässen der Öffentlichkeit zeigte. Auftritte wie jener an seinem 34. Geburtstag folgten, den ich als Militärkadett auf dem Vorplatz des kaiserlichen Palasts miterleben durfte. Auftritte, die er absagen oder abbrechen musste, weil ihm der Kopf zu bersten drohte oder die Knie nachgaben, weil seine Hände dermaßen zitterten, dass er das Lesemanuskript nicht halten konnte, oder weil ihn ein Naturschauspiel wie der Flug einer Schwalbe aus der Fassung brachte. So wenig majestätisch diese Veranstaltungen verliefen, wenigstens versicherten sie der Öffentlichkeit, einen, wenn auch sonderlichen, Kaiser zu haben. Gleichzeitig erlangte Yoshihito eine gewisse Routine im Umgang mit seinem Amt. Er gewöhnte sich daran, aus seiner Schreibkammer herauszutreten.

Wenn er dies schon tun musste, entschied Yoshihito, wollte er sich ehrlich seinem Schicksal stellen. Er war zwar der Kaiser, aber dies hatte seiner Meinung nach nicht zu bedeuten, dass er über alles Menschliche erhaben war. Wie auch? Oft kam es ihm vor, kein Mensch auf Erden wäre so schwach wie er. Trug nicht jedes Kind mehr Widerstandskraft in sich? War nicht jeder Kranke robuster? Warum sollte gerade er ein Schauspiel aufziehen, das Pracht und Macht demonstrierte? Im Gegenteil, folgerte Yoshihito, sollte er nicht eher die eigenen Schwächen statt die ihm fehlende Stärke in den Vordergrund rücken? Warum das Volk belügen, warum es täuschen? Wenn er kein starker, übermächtiger Kaiser war, warum sollte er nicht zeigen, wer er war: ein Mensch, dem es nicht besser ging als anderen. Er war nicht allmächtig, nicht unantastbar. Wer, der ihn sah, hätte das denn glauben können? Womöglich war Yoshihito verwundbarer, zerbrechlicher als die meisten Menschen. Warum sollte er sich die Mühe machen, diesen Umstand zu leugnen, wenn gerade in der Ehrlichkeit eine Chance lag, dem Volk zu dienen? War er nicht imstande, das Land mit rigider Hand zu führen, so konnte doch seine schiere Existenz tröstend für alle Japaner sein. Sie waren nicht allein in ihrer Not. Vom einfachen Bauern bis hinauf zum Kaiser hatten alle mit Schwächen und Mängeln zu kämpfen. Wenigstens das konnte Yoshihito symbolisieren. Niemand war perfekt. Niemand, nicht ich, nicht ihr, nicht einmal unser ewiges Reich ist ohne Makel, lautete seine Botschaft. Wir alle bilden eine Lebensgemeinschaft, die diesen Planeten bewohnt. Rücken wir zusammen! Der Kaiser leidet wie ihr. Auch ihn plagen Ängste, Sorgen, Nöte. Er schwankt, er taumelt vor Erschöpfung. Er irrt sich, wie Menschen sich irren können. Des Kaisers Fehler sind menschlich und entschuldbar wie jene des kleinen Mannes.

Dieser Irrglaube festigte sich in Yoshihitos Gedankengängen. Am liebsten hätte er seine Ehefrau begleitet, wenn diese mit der Kutsche in die Stadt fuhr, um Einrichtungen für die Armen und Kranken zu inspizieren. Sadako entwickelte ein enormes Bedürfnis, sich sozial zu engagieren. Sie meinte, das Glück und die Privilegien, die ihr zugekommen waren, mit den schwächsten Mitgliedern der Gesellschaft teilen zu müssen. Sie setzte sich für Lepra-Kranke und Straßenkinder ein, unterstützte Behindertenheime und Waisenhäuser, bald half sie sogar mit, Zentren für alleinstehende Mütter zu errichten. Sie fühlte sich dazu berufen, eine Prinzessin der Herzen, ein Engel der Armen zu werden. Sie hätte sich sogar für die Unterprivilegierten in anderen Ländern eingesetzt, wo es deutlich größere Armut gab als hierzulande. So weit aber reichten ihre Möglichkeiten nicht.

Wegen der Ansteckungsgefahr in den Lepra-Krankenhäusern und anderer Risiken, denen sich Sadako aussetzte, wurde ihr bald untersagt, derartige Besuche zu machen. Doch in den kommenden Jahren erschöpfte sich ihr Mitgefühl nicht.

Bis heute fährt Sadako meines Wissens damit fort, sich an Stiftungen und Hilfeleistungen für Bedürftige zu beteiligen. Womöglich ist sie, wie andere, zum Christentum konvertiert? Das entzieht sich meines Wissens. Doch heute, am 20. August 1945, spielt das keine Rolle mehr. Nichts spielt mehr eine Rolle. Das große Spiel ist aus.

Ôsugi war damals weder Christ noch Anarchist. Er saß seine erste Strafe in Nagoya ab. Nach vierzig Tagen und Nächten durfte er wieder am Unterricht teilnehmen. Doch er kehrte nie wirklich in den Alltag der Kadettenschule zurück. Statt Vorlesungen zu besuchen, flanierte er durch den botanischen Garten des Schulkomplexes. Er bestaunte die Pflanzenvielfalt, studierte die lateinischen Namen der Gewächse, verlor sich zwischen Blättern, Blüten, Halmen, Stämmen. Dort fand Ôsugi Frieden, ansonsten aber schäumte die Auflehnung in ihm hoch. Um Konflikte zu vermeiden, ließ er sich krankschreiben. Doch seine Krankheiten waren nicht das vorgetäuschte Fieber oder die fingierten Bauchschmerzen. Das Übel saß im Kopf. Ôsugi fühlte sich eingesperrt wie ein wildes Tier im Käfig.

Saß Ôsugi zusammen mit Mitschülern und Vorgesetzten in den engen, geschlossenen Räumen, erfasste ihn eine unartikulierte Wut. Manchmal konnte er seinen Hass nicht zügeln und schlug mit der Faust gegen die Wand oder auf die Tischplatte, schlug aus dem Nichts heraus seinen eigenen Oberschenkel oder einen unbeteiligten Sitznachbarn. Die Grobheit seiner Grundschulzeit kehrte zurück. Ôsugi vergaß, Offiziere zu grüßen, denen er im Gang begegnete, so missmutig und selbstversunken war er. Es machte glatt den Anschein, als würde er die Vorgesetzten absichtlich nicht grüßen und keines Blickes für würdig erachten.

Schließlich geschah, was geschehen musste. Ohne ersichtlichen Grund provozierte Ôsugi eine Schlägerei und geriet im Schulhof in eine Messerstecherei mit einem älteren Kommilitonen. In Rage stachen die beiden aufeinander ein. Ôsugi verletzte seinen Widersacher durch einen Stich in den Oberarm. Er selbst trug blutende Verletzungen an Nacken und Schulter davon und verlor das Bewusstsein. Zwei Wochen lang wurde Ôsugi auf der Krankenstation versorgt. Das Ende seiner militärischen Laufbahn war besiegelt.

Ôsugis Vater wurde beordert, den nicht länger tragbaren Schüler abzuholen. Vor lauter Scham hätte sich Azuma Ôsugi, statt nach Nagoya zu fahren, am liebsten vor der Welt versteckt. Doch er musste die Verantwortung für das Benehmen des Sohnes übernehmen und der Schulleitung Rede und Antwort stehen.

Im Direktionszimmer probierte der verzweifelte Vater, die Würde seiner Familie wenigstens halbwegs zu wahren. Er entschuldigte sich vor dem Komitee. Er versuchte, das Fehlverhalten mit Ôsugis Stottern und den damit einhergehenden Demütigungen zu erklären. Er tat alles, um ein mildes Urteil zu bewirken. Untertänig bat er darum, ihm den freiwilligen Rückzug Ôsugis von der Schule zu gestatten, wodurch die Ehre seiner Familie weniger Schaden genommen hätte. Er wusste, die Suspendierung seines Sohnes würde seinen eigenen Ruf für immer zerstören. Ein Junge mit solchen Defiziten und Unsicherheiten, gab er wimmernd von sich, könne dieser militärischen Einrichtung nicht länger zugemutet werden. Nichts ließ Azuma Ôsugi unversucht, um die Schande abzuwenden, dass sein erstgeborener Sohn offiziell der Kadettenschule verwiesen wurde.

Der vor ihm sitzende Ausschuss konnte sein Flehen nachvollziehen. Doch keiner der Männer gab Antwort, keiner verzog eine Miene. Die stummen Blicke des Oberstleutnants und seiner Dienstkollegen durchbohrten Ôsugis Vater. Mit kurzem Nicken entließen sie ihn schließlich. Er verbeugte sich, schnell und ruckartig, so tief wie möglich. Er sah zu, seinen Sohn rasch von der Krankenstation zu holen. Als er die Abmeldungspapiere ausgehändigt bekam, wagte er nicht, dem diensthabenden Offizier ins Gesicht zu blicken. Beschämt murmelte er einen Abschiedsgruß und eilte geduckt durch die Tür zum Hof. Ôsugi folgte in kurzem Abstand. Wie ein geschlagener Hund schlich er seinem Vater hinterher. Die beiden wechselten kein Wort, während sie das Schulgelände verließen. Schweigend marschierten sie zum Bahnhof Nagoyas hinunter, Ôsugi schwer bepackt mit all seinem Hab und Gut, der Vater ohne Gepäck und ohne Hoffnung, dass aus seinem Sohn jemals etwas werden würde.

Auch am Bahnsteig hielten die beiden Abstand voneinander und warteten wie Fremde, bis der Zug einfuhr. Sie setzten sich in ein Abteil und blieben still nebeneinander sitzen. Sie hatten sich nichts mehr zu sagen. Es war Ende November, der erste Schnee war gefallen. Die Fahrt ins winterliche Echigo dauerte eine Ewigkeit. Ein einziger Gedanke trieb Azuma Ôsugi um: Hatte er mit seinen Beteuerungen zumindest ein halbwegs glimpfliches Ausscheiden seines Sohnes aus der Militärausbildung erreichen können?

Es war dunkel und bitterkalt, als sie Shibata erreichten.

Wenige Tage später traf das Telegramm im Haus der Ôsugis ein:

Ihr Antrag auf eigenmächtige Rückholung wurde abgelehnt.
Aktenvermerk: Sakae Ôsugi von der Kaderschmiede Nagoya
suspendiert.

Da stand es schwarz auf weiß: Der junge Ôsugi hatte versagt.
Der Vater war in der Erziehung seines Erstgeborenen geschei-
tert. Auch die nachfolgenden zwei Brüder brauchten mit sol-
chen verwandtschaftlichen Referenzen nicht versuchen, eine
Militärkarriere einzuschlagen. Die Ehre der Familie war be-
schmutzt und konnte nicht mehr reingewaschen werden.
Ganz Shibata würde bald davon wissen. In ganz Japan konnte
Einsicht in diese Akte genommen werden. Keine militärische
Einrichtung im Land würde Ôsugi je wieder akzeptieren. Es
war das Ende eines Lebenswegs.

Die Familie reagierte, wie jede anständige Familie reagieren musste. Sie zog sich aus der Öffentlichkeit zurück und
sperrte den Sohn weg, der Schmach über sie gebracht hatte.
Ôsugi wurde ins Krankenzimmer des Hauses gesteckt und
hatte so lange dortzubleiben, bis er eines Tages wieder zu sich
finden und aus eigenen Stücken eine annehmbare Lösung des
Problems erdenken würde. Er musste Verantwortung zeigen
für die Schande, die er über die Familie gebracht hatte. Mo-
nate-, vielleicht jahrelang würde dieser Ausschluss dauern, so
lange eben, bis Ôsugi den für alle Beteiligten akzeptablen Ausweg ersann.

Erneut war Ôsugi also festgesetzt, diesmal auf unbestimmte Zeit. Während dieses neuerlichen Hausarrests wurde er
zwar mit Nahrung und Lektüre versorgt, niemand aus dem
Familienkreis aber kam, um mit ihm zu sprechen. Niemand
lenkte ihn von der Reue und Neuorientierung ab, die er zu
leisten hatte. Nur nachts, wenn die Straßen dunkel und men-

schenleer waren, war es Ôsugi gestattet, kurz ins Freie zu treten. Unbegleitet, eingehüllt in ein dickes Wintergewand, sodass niemand ihn erkennen konnte, wanderte er durch leere Gassen. Hin und wieder brachte ihn ein Onkel schweigend ins Krankenhaus, wo die Verletzungen nachbehandelt wurden, die er vom Kampf mit dem ebenfalls von der Schule suspendierten Kommilitonen davongetragen hatte. Ansonsten war Ôsugi auf sich gestellt. Er musste ein neues Leben für sich entwerfen und die Situation erträglich machen, in die er seine Familie gebracht hatte. Erst wenn dies gelang, konnte er wieder in die Öffentlichkeit treten.

Ôsugi trug die Monate in dieser Art Einzelhaft mit Fassung. Anstatt zu resignieren, nutzte er die Zeit, um in sich zu gehen und um Neues zu studieren. Wie später in den Gefängnissen von Ichigaya, Chiba oder Sugamo und auch in Paris ließ Ôsugi sich Bücher bringen, philosophische, religions- oder naturwissenschaftliche Werke. Als er in den kommenden Jahren von einer Haftanstalt in die nächste gebracht wurde, kamen auch jede Menge Wörterbücher hinzu. Ôsugi entwickelte einen Plan, den er »Ippan Ichigo« nannte: »Eine Haft, eine Sprache«. Bei jeder Inhaftierung nahm er sich vor, eine neue Sprache zu lernen, Italienisch zuerst, dann Deutsch, Russisch, Spanisch, Französisch, schließlich Esperanto.

Zu Hause in seinem Arrest waren es biologische Studien, die Ôsugi betrieb. Die Vorgänge in der Natur mussten einer Logik folgen, die sich auf die menschliche Zivilisation übertragen ließ, war er überzeugt und versuchte, alles darüber herauszufinden. Später würde er seine Gefangenschaften sogar so fanatisch als Studienaufenthalte nutzen, dass er Vorwände suchte, um die Haftzeiten zu verlängern. Dem Tag der Freilassung fieberte er nicht entgegen, sondern machte sich

Sorgen, ob er alles, was er sich im Gefängnis zu lernen vorgenommen hatte, rechtzeitig erledigen konnte. Ähnlich im Krankenzimmer in Shibata: Der ausgeschlossene Sohn nutzte die viele Zeit, die ihm ohne Ablenkung zur Verfügung stand, um zu lesen und sich Notizen zu machen. Er sinnierte nicht über sich selbst und sein unverantwortliches Handeln, sondern begann, über die Welt im Gesamten zu grübeln. Im Geist verließ er den keine drei Tatamimatten großen Raum, in dem er gefangen saß, und dachte sich hinaus in die Grenzenlosigkeit.

Nach drei Monaten hatte Ôsugi einen neuen Lebensplan geschmiedet und war zu einer Lösung gekommen. Als ihm an einem Wochenende der abendliche Reisbrei aufs Zimmer gebracht wurde, bat er um ein klärendes Gespräch mit seinen Eltern. Nach dem Essen erhob er sich, schob die Schiebetür seines Zimmers zur Seite und ging mit gefestigtem Schritt die Treppen hinunter zur Veranda.

»Setz dich zu uns auf den Boden und berichte, zu welchem Ergebnis du gekommen bist«, sagte sein Vater.

Es waren die ersten Worte, die er seit dem Vorfall in Nagoya an seinen Sohn richtete.

Ôsugi unterbreitete seinen Vorschlag. Eine Nacht lang beratschlagten die Eltern daraufhin. Am nächsten Morgen stimmten sie ein. Die Entscheidung war getroffen: Ôsugi würde sein Elternhaus verlassen. Er würde aus der Echigo-Provinz fortgehen und im fernen Tôkyô ein neues, selbstständiges Leben beginnen. Nie wieder würde er in seine Heimat zurückkehren.

Wenige Wochen später zog Ôsugi los, zu Fuß, allein, frühmorgens. Noch vor der Morgendämmerung verabschiedete er sich von der Familie. Es war Frühling geworden, die ersten Vögel zwitscherten, immer noch aber lag eine ungewöhnliche Kälte über dem Land. Ôsugi fror, als er aus Shibata hinaus zum einige Meilen entfernten Bahnhof marschierte, von dem aus zweimal am Tag ein Regionalzug Richtung Tôkyô fuhr. Auf dem Rücken und in den Händen trug er alles, was ihm für sein weiteres Leben notwendig schien, Kimonos mit breiten Gürteln, baumwollene Männerunterhosen, Holzsandalen, Tintenfedern, vor allen Dingen aber Bücher, so viele, wie er in den Leinensack hatte stopfen können. In der Hauptstadt war arrangiert, dass er eine Weile bei entfernten Verwandten unterkam. Spätestens im Herbst wollte er an der Hochschule für Fremdsprachen zu studieren beginnen.

Manchmal denke ich: Wäre Ôsugi nur bei dieser Messerstecherei verblutet oder hätte er aus Scham den Suizid gewählt! Oder wenn wenigstens später statt der aufeinanderfolgenden Gefangenschaften die Todesstrafe über ihn verhängt worden wäre ... Wie so viele seiner Genossen hätte Ôsugi am Galgen sterben können, stattdessen hielt er sich und man hielt ihn beharrlich am Leben. Mir fiel schließlich die Aufgabe zu einzugreifen. Mir ... Natürlich erfüllte mich dieser Respekt, der mir innerhalb der Armeepolizei entgegengebracht wurde, mit Stolz. Heute aber überkommt mich abgrundtiefe Trauer, wenn ich daran denke. Und ein Ekel, den ich niemals überwinden werde.

Ich sprach nie über diese Dinge. Mit wem auch? An wen hätte ich mich wenden können? Überhaupt bin ich nie ein Mann des gesprochenen Wortes gewesen. Einen guten Teil meines Lebens verbrachte ich in einem kleinen, schlichten, aber penibel aufgeräumten Büro der Militärpolizei. Auf meinem Schreibtisch stapelten sich Akten. Jedes Dossier prüfte ich bis ins Detail, bevor ich es archivierte. Es gab viele Mitarbeiter, auch Leutnants und Unteroffiziere, im Haus, denen ich Anweisungen zu geben hatte. Ich behandelte die mir unterstellten Männer respektvoll. Meine Arbeit wurde in der ganzen Abteilung geschätzt, ja, ich kann sagen: Man mochte mich – auch wenn, über die höflichen Umgangsformen hinaus, keine freundschaftlichen Beziehungen gepflegt wurden. Die anderen ließen mich in Ruhe meinen Aufträgen nachgehen. Ich verstand dies als Wertschätzung. Ich wäre durchaus geneigt gewesen, einmal mitzukommen, wenn Offiziere nach Dienstschluss zusammen essen oder trinken gingen, aber so weit kam es nie. Ich tat meine Arbeit. Sie taten die ihre. Es stand immer genügend Arbeit an, auch bevor Ôsugi auf der Bildfläche erschien.

Einmal bestellte mich mein Vorgesetzter zu sich. Mein guter Ruf hatte sich bis zu ihm durchgesprochen, und er erwies mir die Ehre, ein paar persönliche Worte an mich zu richten.

»Die Zeiten sind unübersichtlich geworden, Hauptmann Amakasu«, sagte er.

Er sprach zu mir wie zu einem Kollegen, fast freundschaftlich.

Ich nickte und genoss die Aufmerksamkeit, die mir zuteilwurde.

»Wir werden in Zukunft sehr wachsam sein müssen.«

So drückte er es aus.

»*Hai*«, antwortete ich und nickte ein weiteres Mal.

Der Oberstleutnant nahm zur Kenntnis, dass ich verstanden hatte.

»Tun Sie Ihr Bestes, Amakasu«, sagte er.

»Selbstverständlich, Herr Oberstleutnant. Tag und Nacht werde ich wachsam bleiben.«

»Wir verlassen uns auf Sie.«

»Vielen Dank.«

Immer gab ich so knappe und exakte Antworten wie möglich. Weiterführende Gedanken hielt ich lieber schriftlich fest. Bis heute hat sich nichts daran geändert. Ich habe seit Sonntagabend mit niemandem ein Wort gewechselt, aber die Serviette mit dem Haiku, das ich verfasst habe, liegt in Reichweite auf dem Tisch. Drei Zeilen – fünf, sieben, fünf Silben. Längst ist die Tinte getrocknet. Ich könnte aufstehen und die Serviette zerknüllen. Doch das tue ich nicht.

Immer ist mein Leben in erster Linie Pflichterfüllung gewesen. Als Ältester hatte ich mich um die Erziehung meiner fünf Brüder und meiner Schwester zu kümmern. Die kleine Iseko bedurfte meiner besonderen Zuwendung, denn sie war scheu wie ein Reh und so vorsichtig in allem, was sie tat, dass sie kaum jemals überhaupt das Zimmer verließ. Ich brachte ihr bei, der Welt tapfer und demütig zugleich zu begegnen, wie es sich gehört. Kurz nach ihrem fünfzehnten Geburtstag verheiratete ich sie erfolgreich mit einem Leutnant der kaiserlichen Armee.

Seit ich denken kann,
wurde ich hier großgezogen,
diese Gnade werde ich nicht vergessen.

Dieses Haiku schrieb Iseko Jahre später über mein Arrangement. Ich wies sie darauf hin, dass Haikus nur in Zusammenhang mit den Jahreszeiten verfasst werden dürfen. Ich solle nicht immer so streng sein, meinte Iseko.

»Zeiten ändern sich«, sagte sie.

»Traditionen ändern sich nicht«, antwortete ich.

Später aber, im Geheimen, versuchte auch ich mich an Haikus, die mit inhaltlichen Konventionen brachen. Ich will festhalten, dass ich eine gewisse Erregung dabei verspürte. Ich setzte mich über einen altehrwürdigen Usus hinweg und versuchte mich an neuen, freien Themengebieten in der Poesie. Niemand hat je davon erfahren.

Die kleine Iseko ... Sie hat mir immer besonders am Herzen gelegen. Gerade in den letzten Jahren denke ich vermehrt an sie. Iseko ist bei einem angesehenen Ehemann untergebracht. Wenigstens das. Alle Japanerinnen und Japaner haben heute, da das Unvorstellbare eingetreten ist, mit mehr Leid und Trauer zu kämpfen, als sie ertragen können. Wenigstens ist Iseko so gut wie möglich aufgehoben. Dieser Gedanke tröstet mich ein wenig. Japan sind heute keine hundert Millionen Herzen mehr, die wie eines schlagen. Unzählige Herzen schlagen gar nicht mehr, andere wie meines sind aus dem Takt gekommen. Der Körper, der diese Herzen getragen hat, ist in Fetzen zerrissen. Ich wüsste gar nicht, wie ich Iseko erreichen könnte, jetzt, da die gesamte Infrastruktur in Trümmern liegt. Doch auch als es technisch noch möglich gewesen wäre, sah ich in den letzten zwanzig Jahren davon ab, sie zu kontaktieren. Schließlich musste sie von dem Vorfall gehört haben, das stand außer Frage. Der »Amakasu-Zwischenfall« war breit in den Medien besprochen worden. Ich wollte nicht, dass sich meine Entehrung, meine Schmach auf Iseko übertrug. Sie hatte Besseres verdient. Gerne aber hätte ich ihre Stimme noch ein letztes Mal gehört. Diese kindliche Stimme, die ich von ihr im Ohr habe, sie muss längst schon die Stimme einer erwachsenen Frau geworden sein.

Es heißt, Japaner können nicht reden. Das mag eine widerliche Unterstellung sein, aber sie birgt einen wahren Kern in sich. Ich bin der beste Beweis. Japaner schreiben nieder, was von Bedeutung ist. Wir flüstern es nicht von einem Ohr ins nächste, wo der Inhalt mit jeder Weitergabe verbogen und unkenntlich gemacht wird. Wir geben das Wichtige nicht der Vergänglichkeit preis, wir halten es fest. Unsere Kultur ist bestimmt von einer klaren Linie. Alles Wichtige ist festgelegt und muss bleiben, wie es ist. Alles ist niedergeschrieben. Japan bedeutet Klarheit, Unbeugsamkeit, Ewigkeit. Zumindest gilt das für das Japan, das ich kannte.

Ôsugi hätte mir widersprochen. Er verneinte Klarheit. Er wollte mal dieses, mal jenes, er stellte alles in Frage, öffnete sich allem Neuen. Besonders Ideen, die nicht ursprünglich japanisch waren, war er zugeneigt. Doch eine offene, undeutliche Gemengelage funktioniert vielleicht in fremden Ländern; bei uns ist sie unvorstellbar. Anderswo werden Worte solange gewechselt, vertauscht, irgendwann durch andere ersetzt, bis der Sinn verdreht ist; nicht bei uns. Was nützt es, ein Wort in die Luft zu stoßen, das sogleich vom Wind zerstückelt, in alle Richtungen verweht und verloren wird? Wir schreiben es lieber auf und ermöglichen ihm, unsterblich, unverrückbar zu werden. Nie wird etwas Gehaltvolles bloß gesprochen. Durchdacht ist lediglich, was niedergeschrieben wird. Nur so erhalten Gedanken Wert. Reden heißt stilisieren. Das Pathos des Redners, die Lautstärke, mit der er Botschaften übermittelt, das Schnalzen seiner Zunge und Gestikulieren seiner Hände. Die Werkzeuge der Rede bieten einen Rahmen. Was aber davon bestehen bleibt, ist der verfasste Text, die akkurate Anordnung, die genaue Auswahl der Schriftzeichen. Japaner schreien nicht, um Wichtiges mitzuteilen, weder Führer noch

Volk schreien herum, wie Europäer oder Amerikaner es tun, die meinen, den Moment unvergesslich zu machen, wenn sie ihn mit Volumen ausstatten. Ich höre gar nicht hin, nur weil einer brüllt. Doch ich lese es, wenn er es aufschreibt. Was niedergeschrieben, erdichtet, hinterlassen wird, dem erweise ich angemessenen Respekt. Waren es Ôsugis biografische Schriften oder die lyrischen Exkursionen von Verwandten oder auch jene des Taishô-Kaisers; immer versuchte ich zu entschlüsseln, was dem Schreiben zugrunde lag.

> *Auf dem Ozean,*
> *die Wellen nicht stürmisch,*
> *im großen Schiff,*
> *die Seele geht voran,*
> *auch heute.*

So formte Yoshihito seinen neu gefassten Mut in die traditionelle Versform eines Wakas. Fünf-sieben-fünf-fünf-fünf Silben. Er empfand sich als Passagier, nicht als Kapitän des Schiffs. Vielleicht erinnerte er sich mit diesen Zeilen an die Überfahrt nach Korea, die ihm so viel bedeutet hatte?

1367 Kanshis und 456 Wakas erdichtete Yoshihito in seinem Leben. Als Dichter verstand er sich, von Anfang bis zum Ende, nicht als Führer der Nation. Statt zu herrschen, wollte er Gefühlen Ausdruck verleihen. Wenn ihm die Realität den Boden unter den Füßen wegzog, versuchte er in der Dichtkunst Halt zu finden. Vorgegebene Versmaße stellen die Ordnung wieder her, wenn man den Überblick verliert. Das galt für Yoshihito wie für uns alle. Haikus, Senryûs, Jisei no kus, Yuiges, Wakas, Kanshis. Es gehört zu unserem Leben, Gedichte zu verfassen, wenn auch nur für sich selbst. Niemand will sterben, ohne ein Todesgedicht zu hinterlassen. Alle Verse, die man während seines Lebens schreibt, sind Übungen für diese letzten Zeilen.

Ôsugi kam nicht dazu, ein Todesgedicht zu schreiben. Das macht mich traurig. Doch er hat ohnehin nur selten gedichtet, so viel er auch sonst zu Papier brachte.

Noch keine zwanzig Jahre alt, hat Ôsugi die Enge der Provinz hinter sich gelassen. Zum ersten Mal setzt er den Fuß in die große Stadt. Er schmeckt den Duft der Freiheit, den Tôkyô verströmt. Den Verwandten, bei denen er zu Beginn unterkommt, fällt er nicht lange zur Last. Es ist eine wohlhabende, ehrenhafte Familie. Ôsugi wird gut versorgt. Er isst Onigiri zum Frühstück, Soba-Nudeln zu Mittag, Gelbschwanzmakrele in Teriyaki-Soße am Abend. Sein Großonkel, der ebenfalls aus Echigo stammt, tischt sogar den hochwertigen Sake aus seiner Heimat auf. Doch Ôsugi trinkt nur selten. Er verträgt Alkohol schlecht. Überhaupt ist ihm anderes wichtiger als ein vermeintlich luxuriöses Leben. Nach den langen Monaten, die er eingesperrt im elterlichen Krankenzimmer verbringen musste, ist er von Unrast ergriffen. Er will nicht länger stillsitzen, nicht länger hinnehmen, erdulden, nicht weiter tun, was ihm von irgendjemandem befohlen wird. Sein Leben hat neu begonnen. Als Spielwiese liegt es ausgebreitet vor ihm.

Seine Entlassung aus der Militärschmiede in Nagoya deutet Ôsugi nicht als individuelles Versagen, sondern erkennt darin den Missstand eines politischen Systems. Exemplarisch sieht er sich als Unterdrückten. Am eigenen Leib hat er die Ungerechtigkeit erfahren. Nun sehnt sich Ôsugi nach einem freien Leben für sich und alle. Er bildet sich ein, niederreißen zu müssen, was Generationen aufgebaut haben. Bei seinem

Großonkel in Ushigome zieht er bald aus und findet in Studentenheimen, Wohngemeinschaften und Kommunen Unterkunft. Jede Tatamimatte, um die herum Bücher und Zeitungen gelesen, diskutiert und Reden geschwungen werden, kommt ihm gelegen. Anstatt das Studium der Fremdsprachen an der Hochschule voranzutreiben, gerät Ôsugi an der nebenan gelegenen Waseda-Universität in Kontakt mit Studenten, die ähnlich empfinden, ähnlich denken, ähnlich ausufernde Erwartungen in eine neue Weltordnung haben. Im ihrem Dunstkreis verknüpft sich Ôsugis entfesseltes Denken mit seinen Träumen und der in ihm aufgestauten Wut. Eine Weile sitzt er ruhig neben den Rädelsführern der gerade entstehenden sozialistischen Bewegung und hört zu, was sie zu sagen haben. Doch es dauert nicht lang, da ergreift Ôsugi das Wort. Nicht einmal sein Stottern hält ihn zurück.

Hitoshi Yamakawa, ein zum Christentum konvertierter, überzeugter Sozialist, hat großen Einfluss auf den Jungen aus der Provinz. Fieberhaft blättert Ôsugi in allen Flugschriften, die Yamakawa in Umlauf bringt. Freiheitliche Appelle vermengen sich darin mit christlichen Lehren, als wäre Jesus Christus ein Revolutionär der Stunde, der das Volk zur Befreiung führt. Wenig später veröffentlicht Yamakawa einen Artikel, in dem er die traditionellen Eheschließungen kritisiert, und landet wegen Majestätsbeleidigung für drei Jahre und neun Monate im Gefängnis. Er ist einer der ersten dieser sich formierenden Bewegung, der weggesperrt wird. Mehr noch als andere wird er als Märtyrer angesehen. Die Dissidenten, die inhaftiert werden, genießen in ihrem Umfeld einen heldenhaften Ruf. Die Festnahmen machen sie zum Vorbild für Nachkommende.

Ôsugi ist einer von ihnen. Er lässt sich von der Gefahr nicht abschrecken. Gierig eignet er sich die Ansichten der älteren Studenten an, bestaunt die visionäre Kraft dieser Männer, bewundert ihren Mut. In Diskussionsrunden begeistert sich Ôsugi für soziologische Studien und psychologische Schriften wie die Gustave Le Bons, die er mit Hilfe eines Wörterbuchs Wort für Wort aus dem Französischen zu übersetzen beginnt. Nichts erscheint Ôsugi vernachlässigbar. In allem könnte die Formel für eine neue Weltordnung verborgen liegen.

Ôsugi studiert nicht bloß dicke, alte, ausländische Bücher, er steckt die Nase auch in druckfrische Zeitungen und Flugblätter, die im Untergrund zirkulieren. Auch größere liberal ausgerichtete Zeitungen beeindrucken ihn. Dort agieren Autoren zum Teil unter Decknamen, um ungestraft ihre gesellschaftlichen Vorstellungen und pazifistischen Gedanken verbreiten zu können. Besonders imponiert Ôsugi, wie unverhohlen ein Schreiber, der sich »Shûsui« (»Das herbstliche Wasser«) nennt, Kritik am herrschenden System übt.

Shûsui hatte die sozialistische Volkspartei, die nur ein Jahr lang existierte, mitgegründet und verschrieb sich nach deren Verbot dem Anarchismus. Er setzt sich für die *Direkte Aktion* als Mittel zu politischer Veränderung ein. Er ruft den Generalstreik aus und kritisiert das Kaisertum. Knapp entwischt er dem Geheimdienst und setzt sich in die USA ab. Von dort aus korrespondiert er mit Kropotkin, dem anarchistischen Fürsten Russlands, und übersetzt dessen Schrift »Die Eroberung des Brotes« vom Englischen ins Japanische. Tausende Bücher lässt er davon in Tôkyô herstellen und unter Arbeitern und Studenten verteilen. Shûsui verkörpert wie kein anderer in diesen Tagen die Bedrohung der nationalen Ordnung.

Nach seiner Rückkehr ins Heimatland heften sich Geheimpolizisten an seine Fersen und beschatten ihn Tag und Nacht. Doch Shûsui hat mittlerweile an Popularität gewonnen. Er genießt eine breite Öffentlichkeit. Das macht es schwierig, seiner habhaft zu werden. Erst eine Durchsuchung in seinem Umfeld, bei der Sprengstoffmaterial gefunden wird, eröffnet die Chance, ihn festzunehmen. Shûsui wird mit 25 weiteren Anarchisten des Hochverrats beschuldigt und wegen Verdachts eines Komplotts zur Ermordung des Kaisers verurteilt. An einem Wintertag im Januar 1911 werden er, zehn weitere Anarchosyndikalisten sowie Shûsuis Komplizin, die erste weibliche politische Gefangene unseres Landes, erhängt.

Ôsugi befindet sich nicht unter den Verurteilten. Er sitzt während der Aktion, die als »Taigyaku-Zwischenfall« in den Zeitungen verhandelt wird, gerade eine Haftstrafe im Sugamo-Gefängnis ab. Aufgrund dieser Fügung des Schicksals bleibt er am Leben. Weil wir ihn eingesperrt haben, retten wir Ôsugi vor dem Galgen.

Nichts von alldem entgeht ihm. Inmitten der trostlosen Gefängniszelle, in der er einsitzt, kann Ôsugi das Glück, das er hatte, kaum fassen. In so einem Moment beginnt sogar er zu dichten. Nun verfasst sogar er, der das klassische Versmaß immer mied, ein allen Regeln entsprechendes Haiku:

> *Frühling im März,*
> *dem Erhängen entkommen,*
> *ich tanze mit den Blumen.*

Zwei Monate später wird Ôsugi aus dem Gefängnis entlassen und zieht als freier Mann erneut durch die Straßen Tôkyôs.

Shûsuis Lebens- und Kampfgefährtin Suga Kanno baumelte noch vor dem ersten Jahr Taishô vom Strick.

Womöglich hätte Yoshihito, der sich in jenen Tagen bereits als zukünftigen »Kaiser des Volkes« sah, diesen Strafvollzügen widersprochen? Er meinte ja, allem und jedem eine zweite Chance geben zu müssen. Die Gesetze der Klarheit, die notwendigen deutlichen Gesten bedeuteten ihm nichts. Anstatt jemanden erhängen zu lassen, hätte er auf das Wunder der Läuterung gehofft. Doch bereits vor seinem Amtsantritt wurde Yoshihito so weit wie möglich von politischen Entscheidungen ferngehalten. In vielen Bereichen machte sich die Geheimpolizei selbstständig. Es bedurfte nicht der ausdrücklichen Zustimmung des Kaisers, um Aufrührer auszuschalten.

An den ideologischen Kämpfen teilzuhaben konnte Yoshihito nicht zugemutet werden. Besser, er blieb in seinem Schreibzimmer, wo er dichten und dämmern, staunen und schwelgen durfte. Ein täglich neu angefertigtes Blumenarrangement erfreute ihn dort, ein Ikebana, das ihm Natur und Jahreszeit und kosmische Ordnung näherbrachte. In der Schule hatte er wie jeder Adelige das Handwerk des Blumensteckens gelernt, es war neben der Dichtkunst sein Lieblingsfach gewesen. An manchen Tagen bestaunte Yoshihito, anstatt zum Schreibpinsel zu greifen, stundenlang dieses Kunstwerk aus Blüten, Blättern, Stängeln und Zweigen. Er fiel in eine meditative Verzückung. Er erspürte die Schönheit und Harmonie der Linien und Farben. Er sann über den Frieden in seinem Land nach.

Die Anarchisten durften währenddessen nicht auf Gnade hoffen. Suga Kanno, den Galgen im Blick, wenn sie durch das kleine vergitterte Fensterloch ihrer Einzelzelle sah, wusste dies.

Meine zwanzigjährige Seele hinterlasse ich und widme sie de-
nen, die hundert Jahre später nachkommen werden, brachte sie
in ihren letzten Lebenstagen zu Papier.

Am Ende, als Kanno die Stunden zählte, bis sie zum Strick
schreiten musste, blieb ihr nur die Flucht aus der Realität. In
Versform. Am Tag vor der Erhängung verfasste sie ihr Todes-
Haiku.

> *Mitten in der Ewigkeit der Zeit*
> *und in jener des Himmels,*
> *was streiten wir uns kleine Wesen?*

Polizeibeamte fügten das Gedicht ihrem Protokoll bei und
stempelten den Ordner mit dem Vermerk »Akte geschlossen«
ab.

Andere Aufwiegler, die mit Glück der Erhängung entgin-
gen, forderten weiterhin den Staat heraus. Befanden sie sich
außerhalb von Gefängnismauern, fertigten sie Schilder und
Banner an, zogen durch die Straßen und schwenkten schwarz-
rote Fahnen. War ihnen nicht bewusst, dass sie der Exekutiv-
gewalt sogar in einer Phase der Unordnung nichts entgegen-
zusetzen hatten? Je aufsässiger sie wurden, desto mehr Polizisten patrouillierten nächtens durch die Viertel, in denen sie
sich trafen. Trotzdem hofften sie, einen Sog zu erzeugen, der
das ganze Land erfassen und hinunterspülen sollte. Vertrauten sie darauf, dass das Militär nicht überall gleichzeitig sein
und alle verschwinden lassen konnte?

Nie bekam ich Antwort auf diese Fragen. Weder bei Poli-
zeiverhören noch bei Gerichtsverhandlungen richteten Rebellen das Wort an Vertreter des Staats. Die Mitglieder des sogenannten »Freiheits-Bunds« etwa. Oder jene des »Guillotinen-
Bunds«. Sie organisierten chaotische Sprengstoffanschläge,

Sabotageaktionen, Raubüberfälle. Sie übten Terror aus, ohne sich zu erklären. Weder in Freiheit noch in Haft sprachen sie mit Außenstehenden ein einziges Wort. Sie akzeptierten ihre Strafen. Verschwiegen wendeten sie sich ihrem Los, dem Galgen, zu. Einer nach dem anderen. Manche von ihnen verfassten nicht einmal ein Todes-Haiku. Wenigstens einer dieser Geheimbündler hielt kurz vor seiner Exekution auf einem Stück Papier fest, was er in seinem kurzen Leben zu schätzen gelernt hatte und was nicht.

Was ich mag, notierte er:

Natur, Liebe, Freiheit, Gerechtigkeit, Frieden, Kunst, Wärme, Frühling, Reise, Schifffahrt, Gärten, Lektüre, Nachthimmel, Meditation, Flussaal, Barsch, Meeresbrasse, Rindfleisch, Schweinefleisch, Hühnerfleisch, Tofu, Kürbis, Wassermelone, Apfel, Traube, Maronen, Pfirsiche, Mandarinen, Süßigkeiten

Was ich nicht mag:

Tod, Unterdrückung, Geld, Armut, Recht, Staat, Religion, Moral, Erziehung, Politik, Minister, Militär, Helden, Geschäftsleute, Kälte, Winter, Hunger, Lotuswurzeln, Karotten, Schwarzwurzeln, Alkohol, Zigaretten, Raupen, Schlangen

Wen ich mag:

Jesus Christus, Sokrates, Revolutionäre, hübsche Frauen

Wen ich nicht mag:

Shôgun, Napoleon, den Ministerpräsidenten

Wen ich hasse:

Den Richter

Wen ich bemitleide:

Meine Eltern, alle Unterdrückten, alle Gefangenen

Wen ich beneide:

Verrückte

四、

TÔKYÔ

Im Licht flackernder Papierlaternen ziehen Ôsugi und Studenten der Universität durch die nächtlichen Straßen. Sie halten Schilder in die Höhe, auf denen der Buchstabe Y zu erkennen ist. Y wie Yanaka.

Das Dorf Yanaka im Norden Tôkyôs lag am Ufer des durch die Ashio-Kupfermine kontaminierten Tonegawa-Flusses. Anstatt die Mine zu sperren, die Fluss und Grundwasser verseuchte, entschied die Regierung, das Wasser in der Höhe Yanakas zu stauen und umzuleiten, damit das vergiftete Wasser im weiteren Verlauf nicht in die Hauptstadt gelangte. Die seit Generationen dort ansässigen Dorfbewohner mussten umgesiedelt werden. Da ihnen aber kein entsprechender Ersatz geboten wurde, weigerten sich viele, ihre Häuser zu verlassen. Es kam zu Auseinandersetzungen, die auch die Hauptstadt erreichten. Natürlich konnten die Studenten in Tôkyô nichts an den Zwangsevakuierungen ändern. Dennoch zogen sie wieder und wieder los, um sich für die Dörfler einzusetzen.

»Links, rechts, links, rechts«, skandieren sie aufgebracht.

Im Zickzackkurs schreiten Demonstrantenreihen durch die Stadt. Eine in sich fließende Protestbewegung entsteht. Die Demonstranten schützen sich gegenseitig, indem sie ineinander verkettet ständig ihre Positionen verschieben. Es gibt keine Front- und keine Abschlusslinie bei ihren Aufmärschen. Das macht es schwierig, sie anzugreifen. Sobald Polizisten auftauchen, verstreuen sich die Protestierenden in alle Richtungen, um sich später wieder zusammenzuschließen.

Für die meisten Studenten war es auch nicht mehr als das: ein Katz-und-Maus-Spiel, das sie mit der Polizei trieben. Sie spielten es mit kindlicher Lust. Im Grunde aber fürchteten sie die Staatsgewalt und wagten es nicht, sich ihr zu widersetzen.

Ôsugi hingegen erkennt in der Solidarisierung mit dem Bauernvolk die Anfänge einer wachsenden Bewegung.

»Freiheit!«, ruft er, lauter als die anderen.

Selbst einem Stotterer wie ihm kommt dieses Wort locker über die Lippen.

»Jiyû!«

Bis in die hintersten Winkel der Hauptstadt soll dieser Ruf eines Tages zu hören sein. Wie ein Virus soll er sich von einem Kopf auf den nächsten übertragen, sodass irgendwann selbst Bevölkerungsschichten, die gar nicht wissen, was Selbstbestimmung bedeutet, diese Forderung aufgreifen würden.

»Jiyû! Jiyû!«

Freiheit für die Arbeiter in den Bleiminen, Freiheit für den von ihnen verschmutzten Fluss, Freiheit für die das Flussufer besiedelnden Bauern! Freiheit für die Bleibenden und Freiheit für die Vertriebenen!

Flugblätter, die wir konfiszierten, trugen immer öfter Ôsugis Handschrift. Rasch hatte er sich in den linken Zirkeln Tôkyôs einen Ruf gemacht. Seine Mitstreiter nannten ihn den »erotischen Anarchisten«. Ôsugis männliche Erscheinung, sein Charisma, seine aufbrausenden Texte machten Eindruck auf sein Umfeld. Dass er an Popularität gewann, war ihm nur recht. Alles, was dazu beitrug, seine Visionen zu verbreiten, kam ihm gelegen.

Wir sind Arbeiter, schrieb Ôsugi – auch wenn er selbst nie eine redliche Arbeit angenommen hatte. *Wir erledigen selbst, was uns betrifft. Weder besitzen wir ein Erbe, wovon wir leben könnten, noch haben wir Eltern, die uns aushalten. Wir sind frei. Niemand bestimmt über uns. Niemandem müssen wir dankbar sein. Wir müssen diese Tatsache nur anerkennen. Kein Mensch steht über uns. Kein Mensch darf über anderen Menschen stehen. Das Ich wird nur vom eigenen Ich geführt. Nicht weniger und nicht mehr verlangen wir. Wir wollen in Freiheit leben. Dieses Verlangen lässt uns aufbegehren, und unser Aufbegehren wird eine neue Gesellschaft erschaffen!*

Ôsugi mutmaßte, dass Demokratien weiter entwickelt waren als Japans Erbmonarchie. Die Europäer, die Amerikaner, auch die Russen wandten sich von Ordnung und Hierarchie ab. Ôsugi tat es ihnen gleich.

In der Geschichte steckt eine einfache Logik. Immer stehen auf gegenüberliegenden Seiten der Gesellschaft Herrscher und Beherrschte. Diese Herrschaft ist in unseren Traditionen verankert. Wir aber sind »neue Menschen«. Als solche lassen wir alte Vorstellungen hinter uns.

In dem ein halbes Jahrhundert zuvor verstorbenen deutschen Philosophen Max Stirner erkennt Ôsugi einen Bruder im Geiste. Stirner hatte die Agitation mehr als die Demut zu schätzen gewusst und mehr der Leidenschaft gehuldigt als der Vernunft.

Wir alle lieben unseren Geist. Wird aber der Geist theoretisiert, kann ich ihn kaum ertragen, wird auch Ôsugi nicht müde, die Grenzen der Intellektualität zu benennen. Rein theoretisches Wissen ist ihm zu wenig.

Wohl spürte Ôsugi den anderen Ôsugi, der weiterhin in ihm steckte, den, der sich auf die Körperlichkeit berief und daraus Nutzen zog, den Jûdô-Meister aus Echigo, den Liebhaber, dessen Anziehungskraft die Mitschülerinnen, eine nach der anderen, erlegen waren, den Schläger und Messerstecher, den Tierquäler. Wohl erinnerte er den Geist der Katze, die er auf dem Schulweg getreten hatte. Ôsugi war bewusst, welche moralische Entwicklung die entkörperte Katzenseele in ihm angestoßen hatte, zugleich aber erkannte er, dass ohne die ursprüngliche unmoralische Tat kein Weiterkommen in Gang gesetzt worden wäre. Nur im Wechselspiel mit der blinden, triebgesteuerten Tat erwies sich der Intellekt als nützlich. Er benötigte den rohen Gegenspieler. Der Geist brauchte das Fleisch, das ihn motivierte. Ideen ergriffen Ôsugi nur, wenn er mit all seinen Sinnen deren Ursprung erspürte. So viel Ôsugi las und studierte, er verstand sich als Mann der Sinne, nicht als blutleeren Intellektuellen.

Eine Ideologie aus purem Geist ist nicht vorstellbar. Nur wo Menschen instinktiv handeln, entstehen Ideen.

Ôsugi dachte, das Zusammenleben würde besser funktionieren, würde die Bevölkerung auf Instinkte statt auf Anordnungen hören. Menschen bräuchten keine Führung. Den Respekt vor der Tradition, die Hochachtung vor einem erprobten System müssten sie ablegen. Nur frei und ungelenkt, nur gemeinschaftlich könnten sie sich weiterentwickeln. Ôsugi wollte keine neue Ordnung, lediglich das Ende der Ordnung. Er wollte nicht die strenge Disziplin durch eine neue, ebenso strenge ersetzen. Er hatte die Demütigungen nicht vergessen, die ihm in Nagoya zugefügt worden waren. Die physische Erinnerung trieb ihn an. Vorgesetzte tolerierte er nicht, weder unter seinen Gesinnungsgenossen noch unter jenen, deren

Anschauungen er bekämpfte. Keine Hierarchie erkannte er an. Niemandem wollte er gehören, niemandem Rechenschaft ablegen. Und ebenso sollte niemand ihm gehören, kein Anhänger, Nachfolger, auch keine Frau sollte ihm ergeben sein, ihm folgen. Kein Mensch sollte sich irgendjemandem, auch ihm nicht, unterstellen. Nicht das schwächste Glied der Gesellschaft sollte jemandem verpflichtet sein. Der Mensch hätte eine Entwicklungsstufe erreicht, in der es galt, sich vollends zu emanzipieren. Frei geboren war er, dazu berechtigt, ein freies Leben zu führen und frei zu sterben, befreit von Zwängen und Pflichten. Nichts und vor allem keine Gewalt oder Angst durften die Freiheit beeinträchtigen.

Keine Furcht mehr, forderte Ôsugi. *Und keinerlei Ehrfurcht!*

Wie Stirner empfahl er, Menschen sollten die Demut grundsätzlich ablegen. Genug gefürchtet! In der Furcht steckt der Versuch, sich von dem Gefürchteten zu befreien. Durch solches Verhalten wird ebenjenes als Höhergestelltes akzeptiert. Die Hierarchie wird bestätigt, nicht unterbrochen. Und mit der Ehrfurcht verhält es sich noch weitaus schlimmer. Der Ehrfürchtige fürchtet nicht bloß, er ehrt auch noch. In ihm gedeiht das Gefürchtete zu einer inneren Macht, einer Innerlichkeit, stärker und heimtückischer als äußere Gewalt. Druck von außen kann dem geistig Starken, Soliden, seiner Überzeugung treu Verbundenen prinzipiell nichts anhaben. Seinem Inneren aber – so stark der Mensch als Hülle ist – kann er sich nicht widersetzen. Dort setzt die Ehrfurcht an. Sie ist die Wurzel des Übels. Ehrfurcht vor jedweder Überlegenheit, vor Leistungen, Errungenschaften, vor Gott und Herrschern geht Hand in Hand mit Unterwürfigkeit und Unmündigkeit. Fängt der Mensch mit der Ehrfurcht an, ist es zu spät. Die Befreiung strebt er in der Folge nicht einmal mehr an. Denn er und das, wovor er sich fürchtet, sind eins geworden, sobald die Ehrfurcht in ihm wohnt.

Genug gefürchtet!, verkündete Ôsugi im Einklang mit Stirner. *Genug gepriesen!*

Mir schwirrt der Kopf, wenn ich nur daran denke.

Alles hätte doch bleiben können, wie es war. Bis Ôsugi und seine Genossen die Welt umzukrempeln begannen, hatte sie nach klaren Regeln funktioniert. Alle Bereiche hatten ihre Ordnung. Das Zusammenleben von Mann und Frau, von Vorgesetzten und Untergebenen, Herrschern und Beherrschten, die Rechte der Adeligen und jene der Arbeiter, alles war vorgegeben, das Sittenbild der Gesellschaft bis ins Detail festgelegt. Nun aber wurde unser Zusammenleben von Tag zu Tag unübersichtlicher. Ôsugi und seine Mitstreiter gaben sich Utopien hin, stellten alles in Frage. Sie suchten, vielleicht nicht nach dem *einen* Weg, sondern nach einer Vielzahl von Wegen, nach Auswegen und Umwegen. Sie lustwandelten durch ein Labyrinth von Zukunftsvisionen. Ôsugi sah sich zugleich als Irrlicht wie als Leuchtfeuer. Und auch mir fiel es plötzlich schwerer, eindeutig in meinen Beurteilungen zu bleiben.

Die Welt ist komplizierter geworden, las ich in Ôsugis Aufzeichnungen. *Man kann Freunde von Feinden kaum unterscheiden.*

War dies eine Anspielung auf einen wie mich? Oder war es gar eine Anspielung auf den Taishô-Kaiser? Wäre diese Aussage ausreichend gewesen, um Ôsugi des Hochverrats zu bezichtigen?

Ich durfte es nicht in dieser Weise deuten, damit hätte ich mich selbst des Verrats verdächtig gemacht. Ich hätte eigene antimonarchistische Gedankengänge offenbart. Ich verbot es mir selbst, weiter darüber nachzudenken. Doch heute, da mir die gesamte Existenz unverständlich geworden ist und ich anerkennen muss, wie alles aus den Fugen geraten ist, im Rückblick darf ich mich an diese Frage erinnern, die in mir schwelte: Auf welcher Seite stand der Kaiser tatsächlich? Waren er und seine Gattin in ihrer Harmoniesucht nicht aufwieglerischen Ideen näher als den Traditionen? Standen sie mit ihrem neumodischen, weichen Denken nicht dem Revolutionären näher als dem Konservativen?

Es waren ungeheuerliche Gedanken, die ich mir machte. Das neue, respektlose Denken hatte auch mich erreicht. Ich stellte, wenn auch heimlich und nur für mich, Ihre himmlische Majestät in Frage. Das war ein Frevel, für den ich mich schämte und den ich sogar heute kaum zuzugeben wage. Trotzdem: Wäre Ôsugi die Chance gegeben gewesen, sich in das Weltbild des Kaisers hineinzufressen, oder umgekehrt: Wären Yoshihitos Luftschlösser bis zu Straßenkämpfern wie Ôsugi durchgedrungen, wer weiß, wohin diese Synergien geführt hätten?

Sicherlich war ich nicht der Einzige, der solche Überlegungen anstellte. Doch niemand wagte, sie auszusprechen. Nur ein diffuses, unartikuliertes Misstrauen machte sich breit. Ich reagierte darauf, indem ich entschied, noch wachsamer zu sein. Ich schärfte meinen Blick für jede neue Bewegung, die im Untergrund entstand. Der Kaiser war schwach und würde schwach bleiben bis in den Tod, davon war ich überzeugt. Das Reich zu schützen musste heißen, ihn zu schützen und auch: ihn vor sich selbst zu schützen. Das Innere des Kaiserhauses musste so vollständig wie möglich von der Außenwelt abgeschottet bleiben.

Während draußen Ôsugi und die Studenten hin und her schlängelnd durch die Straßen zogen, aus voller Kehle schrien, Flugblätter verteilten und Pläne schmiedeten, saß wenige Kilometer und doch Welten davon entfernt Yoshihito neben seinem Blumenarrangement. Es inspirierte ihn, wenn er den Schreibpinsel zu Papier führte und seine Verse verfasste. Mal war er mehr, mal weniger zufrieden mit dem Ergebnis seiner Kontemplation.

Die Spuren des Schleims einer Schnecke,
wohin ihr Weg auch führt,
sie liegen versteckt im Schatten.

Aller Abschirmung zum Trotz war es, als bemerkte Yoshihito intuitiv, wie sich in den Nischen und Niederungen seines Landes ein Umdenken zusammenbraute.

Ein paar Zimmer neben dem dichtenden Kaiser verbrachte Sadako ihre Zeit. Sie war seine Ehefrau und eben nur das: des Kaisers Gattin. Sie hatte dem Volk nichts zu sagen. Kein Repräsentieren, nur bescheidene Zurückhaltung wurde von Sadako erwartet. In dieser Beziehung sollte sie im Land als Vorbild dienen, als Frau, die sich ihren Pflichten und ihrem Mann unterordnete, selbst wenn sie die Kaiserin war. Niemals würde es ihr gestattet sein oder sie es wagen, sich in den Vordergrund zu spielen.

Sadako hatte innerhalb weniger Jahre drei gesunde Söhne zur Welt gebracht. Ihr starkes Naturell hatte gehalten, was es versprochen hatte. Ihr noch übermütiges, ungeschliffenes Wesen aber schlug beizeiten über das Ziel hinaus. Bei jedem öffentlichen Auftreten bestand die Gefahr, dass sie sich eine unbedachte Geste leistete oder ihr ein vorschnelles Wort über die Lippen rutschte. Also wurde der Kaiserin nahegelegt, sich nach den kurz aufeinandergefolgten Schwangerschaften zu schonen und den schönen, kleinen Dingen des Lebens zuzuwenden. Anstatt sich für die Aussätzigen in den Lepra-Stationen und andere Benachteiligte zu engagieren, sollte sie wie ihr Ehemann den feinen Künsten nachgehen. Dichten, malen, die Teezeremonie, die Kalligrafie oder die Kunst des Blumensteckens, all dies reichte doch, um ein Leben auszufüllen. Wie Yoshihito benötigte auch sie Zeit zur Regeneration. Zeit, um in sich zu gehen.

Sadako bekam ihren Mann nur selten unter vier Augen zu sehen, und selbst wenn, dann durfte sie nicht frei und ungezwungen mit ihm sprechen. Sie hatte dies zu akzeptieren. Es war nur eine Frage der Zeit, bis sich Sadako an die Distanz gewöhnen würde. Innerhalb der Palastmauern genoss sie kaum Spielraum, und nach draußen gelangte sie fast nie. So und nicht anders war es und würde es immer bleiben. Sadako hatte sich mit einem goldenen Käfig zu begnügen.

Zehn Jahre nach der Geburt des dritten Kaisersohns gebar Sadako noch einen vierten Prinzen. Inzwischen hatte sie gelernt, sich im Hintergrund zu halten und unaufdringlich ihrer eingeschränkten Wege zu gehen. Sie verwirklichte sich in manchen wohltätigen Bemühungen, aber sie richtete keinen Schaden an. Erst als Witwe, viele Jahre nachdem sowohl Yoshihito als auch Ôsugi gestorben waren und auch ich von der Bildfläche verschwunden war, erst dann machte Sadako mit pazifistischen und feministischen Aussagen von sich reden. Mich hatte es zu diesem Zeitpunkt nicht mehr zu kümmern. Mein Beitrag zur nationalen Sicherheit war seit dem »Amakasu-Zwischenfall« nicht mehr gefragt. Andere mussten sich darum bemühen, die Kaiserwitwe in Schach zu halten. Mir fiel nur noch die Beobachterrolle zu. In Shinkyô, meinem Exil, fernab vom Geschehen, konnte ich mir meine Meinung bilden, mehr nicht.

Solange sie Kaiserin war, hatte Sadako gemäßigt werden können. Einige Waisenkinder, Verstoßene und Obdachlose profitierten von ihrer Solidarität, gerade nach dem großen Beben, als sie sich der leidenden Bevölkerung gegenüber verpflichtet fühlte. Davon abgesehen war sie eine ruhig gehaltene, schöne Frau, meist in Blütenweiß gekleidet und mit prächtigen Hüten und Federn geschmückt. So viele Schichten feinsten Reismehlpuders ihr die Dienerinnen bei öffentlichen Auftritten aber auch auftrugen, das kleine wilde Mädchen vom Land, es blieb durch Schminke und Schmuck hindurch stets zu sehen.

Im Lauf ihrer langen Tage in der engen, kaiserlichen Routine wandte sich auch Sadako der Lyrik zu.

Ein Lächeln,
das die acht Millionen Götter preist,
ist der Ursprung für die Freude in der Welt.

Vielleicht ist dies das gelungenste Waka, das Sadako je geschrieben hat.

Außerhalb des kaiserlichen Kokons jonglierte Ôsugi immer selbstbewusster mit seinen unausgegorenen Visionen. Eines Tages würde eine davon zu Boden fallen und sich über die gesamte Nation ergießen, hoffte er. Anstatt überlieferten Antworten zu vertrauen, warf er unbeantwortete und nicht zu beantwortende Fragen auf. Ein Narr wollte er sein, lieber einer, der nicht wusste, wie die Dinge funktionierten, als einer, der am Wissen über das Funktionieren festhielt. Von *borniertem Wissen* schrieb Ôsugi. Ein Wissen, das sich und seine Konsequenzen nicht ständig hinterfragt, beschränkt sich auf die eigenen Erfolge und widersetzt sich in logischer Folge jeglichen Veränderungen. Es ist kein Wissen, sondern ein Festhalten. Niederträchtig steht es im Schulterschluss mit der Macht.

Ich persönlich konnte nichts Niederträchtiges daran erkennen, sich hergebrachten Regeln und Gesetzen zu unterwerfen. Und ich kannte keine taugliche Alternative. Solange sich eine solche nicht bewiesen haben würde, schien es mir klüger, am Bestehenden festzuhalten. Ôsugi war anderer Meinung. Er hatte keine Scheu vor abenteuerlichen Experimenten. Nur weil etwas nicht in Sichtweite war, bedeutete das in seinen Augen nicht, dass es nicht existierte. Fantasiegebilde hatten für ihn denselben Stellenwert wie real Erprobtes. Das Denken sollte sich von allen Normen befreien, nur so konnte es den Schritt in ein neues Zeitalter tun. Nur offenherziges Unwissen führte zu Neugestaltung.

Freiheit für die Idee!, polterte Ôsugi. *Freiheit für die ungehemmte Tat!*

Es folgten seine ersten Inhaftierungen.

Von Woche zu Woche mehrten sich die Festnahmen auf Tôkyôs Straßen. Und auch wenn Ôsugi wie kein anderer verstand, Gefangenschaften zur persönlichen Fortbildung zu nutzen, so setzten ihm die Tage, Nächte, Wochen, Monate hinter Gittern dennoch zu. Wir machten uns Hoffnungen, dass es damit getan sein könnte. Der Rebell wurde gebrochen, indem ihm immer wieder die Bewegungsfreiheit genommen wurde. Irgendwann würde er aufgeben. Vor allem die schlechte Kost in den Haftanstalten – das merkten wir bald – zermürbte Ôsugi. In dieser Beziehung war er nicht zäher als die anderen.

Nach Monaten hinter Gittern konnten diese Umstürzler den Shibu-Roku nicht mehr sehen, den Häftlinge tagtäglich zu essen bekamen, den minderwertigen, faulig schmeckenden Mischreis, der zu vierzig Prozent aus Reiskörnern und zu sechzig Prozent aus Hirse bestand. Wenigstens im Gefängnis lernten die Revolutionäre, die Errungenschaften unserer Kultur zu würdigen. Wurden sie nach ihren Haftstrafen auf freien Fuß gesetzt, war ihr erstes Bestreben nicht, die Revolution voranzutreiben, sondern sich den Magen mit Feinkost vollzuschlagen, soweit sie es sich leisten konnten. Eine einfache Schale weißer japanischer Reis reichte bereits aus, sie vollends zu begeistern. Sie erinnerten sich daran, wie sie in Haft, stumm in einer Reihe nebeneinander sitzend, an eine feuchte Mauer gelehnt, die harten, kalten Klumpen Shibu-Roku hinunterwürgen hatten müssen. Gefängnisinsassen mussten verzehren, was ihnen vorgesetzt wurde. Zu Beginn waren sie vielleicht noch wählerisch gewesen und hatten sich darüber beklagt, dass es neben falschem Reis und dünner Brühe aus getrockneten Fischresten nichts als eingelegten Rettich oder getrocknete Pflaumen gab. Bald aber wurden sie dankbar um jeden Schluck leere Misosuppe, den sie ergattern konnten.

Ich hatte durchaus den Eindruck, als wäre den Sozialisten auf diese Weise beizukommen. Sie wünschten sich Makrelen oder Dorade, zumindest aber Hering, das Futter der Revolution. Im Gefängnis verloren sie an Gewicht und Energie, bis sich der Hunger über all ihre Bedürfnisse schob. Sie bekamen gerade so viel Nahrung zugeführt, um zu überleben. Wurden sie nach Wochen oder Monaten aus der Haft entlassen, waren sie bis auf die Knochen abgemagert und freud- und ideenlos geworden. Eine Weile verlangten sie nach nichts als den simpelsten Nahrungsmitteln. Nur essen wollten sie, essen, trinken, essen. Doch ihre Mägen waren durch die rationierten Portionen in der Haftanstalt geschrumpft. Kaum brachten sie die Schale Reis hinunter, nach der sie sich so lange gesehnt hatten.

Sobald der Magen aber wieder gefüllt war, wurde der Kopf frei für neue Parolen und Aktionen. Außerhalb der Gefängnismauern verstellte der Hunger den Männern nicht lange die Sicht. Waren sie erst einmal satt, erwachte ihr Kampfgeist von Neuem. Mit ihren Inhaftierungen erreichten wir Auszeiten, Pausen im Klassenkampf, mehr nicht.

Yoshihito verlor den »Kaiser des Volkes«, den er für sich ersonnen hatte, nicht aus den Augen. So schwer es ihm fiel, die Ideen, die in seinem Kopf herumspukten, in die Tat umzusetzen, weil ihn ein Schwächeanfall nach dem anderen niederstreckte, so bemühte er sich dennoch um die Solidarität mit den Schwachen und Minderbemittelten seines Landes. Er wollte ihnen das Gefühl geben, nicht über, sondern neben ihnen zu stehen. Die Sorgen, die Meinungen der Bauern, der Arbeiter, der gebildeten wie der ungebildeten Bevölkerung interessierten ihn. Ein Miteinander, »unabhängig von gesellschaftlichem Rang oder Stellung«, wie er es später ausdrückte, schwebte ihm vor. Yoshihito fehlte es im Gegensatz zu Ôsugi an der nötigen Durchsetzungskraft, aber während draußen die Umwälzler ihre Köpfe zusammensteckten, gefiel auch er sich in der Rolle als Weltverbesserer. Vielleicht auch unter Sadakos Einfluss hielt er an der Idee einer neuartigen kaiserlichen Führung fest. Er träumte von gegenseitigem Mitgefühl zwischen dem einfachen Volk und ihm. Folgende Rechnung hatte er aufgestellt: Er war schwach, und das gemeine Volk war es ebenso. Er litt, sie litten. Er fühlte sich überfordert, sie fühlten sich dementsprechend, wenn auch aus anderen Gründen. Sie alle waren Menschen ein und derselben Nation, die Bauern, die Soldaten, die Fließbandarbeiter, die Näherinnen, die Liebesdienerinnen, die Gutsbesitzer, er, der Kaiser. Sie teilten dasselbe Schicksal, nämlich dass sie ein Leben anzunehmen hatten, ein Menschenleben, das für niemanden leicht zu meistern war. Sie sollten zusammenhalten und alle aufeinander Acht geben.

Es waren haarsträubende, unwürdige Gedanken. Der Kaiser war dem Menschsein enthoben. Vollkommen ausgeschlossen, dass er den unteren sozialen Schichten die Hand reichte und sich um Familien statt um seine Armee kümmerte. Derartige Ideen von Gleichheit waren unverantwortlich. Doch Yoshihito konnte nicht anders, als die Führungslosigkeit des Reichs zu verkörpern. In den öffentlichen Auftritten, die er zu absolvieren hatte, stellte er die eigene Schwäche zur Schau. Erschöpft, überfordert, fahrig, mitgenommen, wie er wirkte, machte Yoshihito deutlich, dass es dem gottgleichen Kaiser nicht besser ging als anderen.

Seine Auftritte lösten jedoch weniger Mitgefühl als Erstaunen, Fassungslosigkeit oder Belustigung aus. Früher oder später mündeten Yoshihitos Reden in lyrische Vorträge, die er selber nicht zu verstehen schien. Er unterbrach mitten im Satz, setzte neu an oder wiederholte, was er bereits gesagt hatte. Manche Rede, wie jene Geburtstagsansprache 1913, beendete er verfrüht. Er starrte das Papier in seinen Händen an, als wäre es eine fremdartige Blume. Er verließ das Podium oder ließ seinen Blick in den Himmel schweifen und folgte gebannt dem Schweben einer Cumuluswolke, bis ihm der Nacken steif wurde und er sich zu massieren begann. Eine Rede, die ihm das Kriegsministerium zum Vortrag vor den Untertanen anvertraute, stimmte er säuselnd an, als wäre er ein Wanderpoet, der ein Klagelied unter die Leute brachte. Nach einigen Minuten faltete er den Manuskriptbogen zu einer Blüte und warf ihn den erstarrten Kompanien zu. Bei einem Festakt in Kyôto rollte er vor den Augen der Nation das Papier, von dem er ablas, zu einem Fernrohr zusammen und setzte es ans Auge. Das andere Auge zusammengekniffen, den Mund halb geöffnet, starrte er durch es hindurch ins Nirgendwo. Was immer er in der Ferne erblickte; die Öffentlichkeit sah in ihm keinen Herrscher, sondern das Kind in einem Mann, und staunte, murrte und wartete, bis der Kaiser lange genug durch sein Rohr geschaut hatte.

Yoshihito brachte das gemeine Volk, mit dem er sich so gern verbrüdert hätte, zum Schmunzeln, mehr nicht. Die Leute sahen vielleicht einen sympathischen Narren in ihm, aber das half weder ihm noch ihnen. Nach seinen Ansprachen gingen sie ratlos nach Hause, amüsiert und verunsichert zugleich. Auch Yoshihito ließ sich so schnell wie möglich zurück in den Palast bringen. Mit hämmernden Kopfschmerzen und zittrigen Knien zog er sich in sein Schreibzimmer zurück.

Anstatt Machtworte zu sprechen, dichtete Yoshihito einen zarten Vers nach dem anderen. Kamen ihm Verszeilen besonders gelungen vor, ließ er sie unter seinen Gefolgsleuten verteilen. Seine Gefolgschaft war die einzige Gesellschaft, die Yoshihito hatte. Die einzigen Menschen, mit denen er in Kontakt treten konnte, waren jene, die innerhalb des Kaiserpalasts beschäftigt waren oder wohnten. Doch sie durften ihm wie die Mitglieder der Kaiserfamilie, Sadako oder seine Söhne, nicht wie ihresgleichen gegenübertreten. Sie waren Sterbliche. Nur der Kaiser war erhaben. Niemandem war gestattet, sich auf eine Ebene mit ihm zu begeben.

In seiner Abgeschiedenheit und Einsamkeit malte sich Yoshihito aus, wie es wäre, ein schlichter Mann des Volks zu sein, anstatt Anführer eines mächtigen Reichs. Er empfand sich als Seelenbruder der Geschundenen, Geknechteten, Vernachlässigten und stellte sich vor, unter ihnen zu wandeln, mit ihnen auf den Feldern und an den Fabriktoren zu stehen und zu hören, was sie zu erzählen hatten. In korrektem Versmaß sinnierte er über *Die Arme Frau*:

> *Haarschmuck aus Dornen,*
> *flache Futons für ein reines Leben in Armut,*
> *keine Blume soll das Aussehen schmücken.*
> *Von morgens bis abends ackert sie auf dem Feld,*
> *Jahr für Jahr wiederholt sie das leidvolle Leben*
> *in einem armen Haus.*

Yoshihito wünschte sich in eine von Reinheit, Ehrlichkeit, Rechtschaffenheit geprägte Armut hinein, die seiner Vorstellung nach außerhalb des Kaiserpalasts herrschte. Sein Drängen, die Mühen der Bevölkerung mit eigenen Augen zu sehen, wurde so stark, dass man ihm eines Tages gestatten musste, in unauffälligen Kleidern und einer ungeschmückten Kutsche, als wären er und seine Begleiter einfache Gutsherren oder Ministerräte, eine heimliche Reise durchs Land zu unternehmen. Unerkannt wurde Yoshihito durch Arbeiterviertel, Vororte und Bauerndörfer geführt, verstohlen betrachtete er das Reich, dessen Oberhaupt er war. In normalen Gewändern besuchte er einen Gebetstempel und sichtete die Opfergaben, Reisfladen, Bier, Sojabohnen oder Sake, mit denen die einfachen Leute die Götter gnädig stimmen wollten. Seine Kutsche hielt auch bei einer Fabrik, wo sich ein Begleiter des getarnten Kaisers nach den Bedingungen der Arbeiter erkundigte.

Ob den armen, braven Menschen nicht kalt sei?, fragte Yoshihito. Draußen herrschte bitterer Winter, und die Fabrikhallen waren unbeheizt.

»Es geht ihnen gut. Sie sind glücklich, hier arbeiten zu können«, berichtete der Begleiter.

»Wie geht es ihren Frauen und Kindern?«, wollte Yoshihito wissen. »Haben sie genug zu essen und anzuziehen?«

»Selbstverständlich. Ihr Lohn reicht für ein anständiges Leben.«

Später, als Yoshihito besonders bedürftige Menschen am Straßenrand auffielen, ließ er eine Decke, ein Huhn und eine Schale Reis verschenken. Irritiert blickten die Beschenkten auf und wunderten sich, wer ihr Gönner war. Sie verneigten sich und nahmen die Gaben an. Yoshihito versteckte sich im Inneren der Kutsche.

Auch wenn er unerkannt blieb; nichts als Verwirrung stiftete Yoshihito mit dieser Exkursion. Die Leute zerrissen sich, nachdem er weitergefahren war, in ihrer derben Alltagssprache das Maul darüber, wem diese Wohlfahrtskutsche wohl gehörte. Und auch Yoshihito selber wühlte das Erlebte auf. Er nahm den fragenden Blick, den er in den trüben Augen der Armen erkannt hatte, mit zurück in seinen Palast und tat nächtelang kein Auge zu. Bis zum Morgengrauen spürte Yoshihito der Begegnung mit der fremden Welt nach. Kopfschmerzen quälten ihn. Seine Leibärzte empfahlen ihm, von derartigen Straßenabenteuern abzusehen.

Trotzdem wagte sich der Kaiser noch einige Male hinaus. Er beharrte auf seinen verdeckten Fahrten durchs Land. Er habe noch nicht genug gesehen, insistierte er. Sein Tross unternahm sogar Reisen jenseits der Stadtgrenzen in benachbarte Präfekturen. Dort riskierte Yoshihito sogar, aus der Kutsche zu steigen und eigenmächtig den Kontakt zu Reisbauern oder Handwerksleuten zu suchen. Er grüßte sie freundlich. Sie erwiderten seinen Gruß, nicht ahnend, wer vor ihnen stand. Von einem Fischer ließ sich Yoshihito zu einem primitiven Essen einladen. Auf Augenhöhe unterhielt er sich mit ihm in dessen ärmlicher Behausung, aß den getrockneten Hering und den Reis, der ihm angeboten wurde, aß mit gewöhnlichen Holzstäbchen, trank aus einem abgegriffenen Holzbecher. Nachdem er sich höflich bedankt und verabschiedet hatte und weitergezogen war, hatte der einfältige Fischer keine Ahnung, dass der Kaiser an seinem Tisch gesessen und gegessen hatte, was er mit seinen groben Händen aus der See gezogen hatte.

Die Geheimpolizei musste immer öfter in jene Stadtviertel vorrücken, wo die Sozialisten und Linksintellektuellen beieinandersaßen. Immer selbstbewusster rotteten sich die Aufrührer zusammen. Studenten, Journalisten, Chaoten und Mitläufer aus unteren sozialen Schichten fanden einander. Es fehlte ihnen an Geld und Mitteln. Bald aber kamen Unterstützer aus gehobenen Gesellschaftsklassen hinzu.

Takeo Arishima, der große Literat. Sogar eine Lichtgestalt wie er meinte, teilnehmen zu müssen. Er stammte aus bestem Hause, hatte die elitärsten Schulen besucht. Schon als junger Mann war er Großgrundbesitzer in Hokkaidô geworden. Arishima besaß, wovon andere nur träumten. Er hatte einen glasklaren Verstand, verfügte über Ansehen und Macht. Sein Reichtum würde ein Leben lang nicht versiegen. Arishima konnte sich das Leben aussuchen, das er führen wollte. Und was entschied er zu tun? Er trat zum Christentum über und verschrieb sich der sozialistischen Revolution. Er glaubte an die Gleichberechtigung und das gemeinschaftliche Zusammenleben. Nach und nach stellte Arishima seinen Besitz der Allgemeinheit zur Verfügung. Selbstlos unterstützte er die Dissidenten, die die Welt seinen Anschauungen entsprechend zu verbessern trachteten. Auch Ôsugi steckte er mehr als einmal große Geldbeträge zu, die dieser im Sinne der Revolution verwenden sollte.

Arishima wurde ein bedrohlicher Gegner der Staatsgewalt. In allem, was er tat, wirkte dieser stets maßvoll, aber elegant gekleidete Mann bedacht und gefasst. Jeder seiner Schritte folgte in logischer Konsequenz auf den vorangegangenen. Arishima war weder wirr und schwächlich wie der Kaiser noch blind vor Wut und fanatisch wie die rebellischen Hitzköpfe. Er war eine literarische Instanz, ein landesweit anerkannter Denker. Was er von sich gab und vorlebte, konnte weder vertuscht noch ins Lächerliche gezogen werden. Die Geheimpolizei hätte ihn wie die Straßenkämpfer, die er diskret zu fördern verstand, aus dem Verkehr ziehen müssen. Vielleicht wäre Arishima hinter Gittern von seinen Visionen abgekommen? Doch Arishima einzusperren war undenkbar. Gegenüber diesem Schriftsteller und seinem Status als Moralapostel waren dem Geheimdienst die Hände gebunden. Auch wenn er sich zum Sozialismus bekannte und Manifeste verfasste, die Tausende lasen; er tat dies umsichtig genug, um gegen kein Gesetz zu verstoßen. Nichts ließ er sich zuschulden kommen. Arishima spann klug im Hintergrund die Fäden, wir konnten nichts gegen ihn unternehmen. Nur einer Fügung des Schicksals verdankten wir, dass wir ihn als Gegner loswurden.

Eines Tages ging Arishima eine verhängnisvolle Affäre mit einer verheirateten Frau ein. Nicht nur war diese Geliebte die überaus hübsche Tochter einer Geisha und hatte ein Schuldirektor wegen ihr bereits seine Familie verlassen. Auch betätigte sie sich als Schreiberin für eine Frauenzeitschrift. In diesem Umfeld war Arishima auf sie gestoßen. Er verfiel dieser Frau so sehr, dass er, kein Jahr, nachdem sie zusammengekommen waren, entschied, sich gemeinsam mit ihr das Leben zu nehmen. Arishima war 45 Jahre alt geworden, nun wählte er den Doppelselbstmord aus Liebe. Die höchste Form der Hingabe.

Mit dem Moment, da sich Arishima über alle Maßen verliebte, erlosch sein sozialistisches Engagement. Das romantische Ideal überragte seine politischen Bestrebungen. Die Liebe in ihrer äußersten Leidenschaft erledigte, wozu das Militär nicht imstande gewesen war. Unter keinen Umständen hätten wir einen wie Arishima erhängen können. Nein, er musste es selber tun. Mit seiner Auserwählten an der Hand wanderte er zu Fuß von einem kleinen Provinzbahnhof zum letzten verbliebenen Anwesen seiner Familie, das er nicht dem Volk vermacht hatte. Es war ein bescheidenes Haus in einem abgelegenen Waldstück im Norden des Landes. Arishima hatte alles penibel vorbereitet. Seine Geliebte und er wurden an diesem Ort von niemandem gestört. Tagelang, wochenlang hätten sie dort mit sich allein sein können. Alle Zeit, die sie benötigt hätten, um sich von der Welt zu verabschieden, stand ihnen zur Verfügung. Doch sie blieben nur noch einen einzigen Tag am Leben.

Oft habe ich mir vorgestellt, wie dieser Tag verlaufen sein musste. Wie anders er sicherlich war als mein letzter Tag. Nicht nur weil sie zu zweit waren und ich allein bin, auch waren sie an dem Ort, an dem sie wünschten zu sein, während ich nur hier bin, weil ich nicht weiß, wohin ich sonst noch gehen könnte. Doch auch ich bin nun ganz bei mir, auch ich mache mir jeden Handgriff bewusst, prüfe jede Regung meines Körpers. Arishima und seine Geliebte mussten an jenem Tag eine ähnliche Konzentration erfahren haben, nur sicherlich noch gesteigerter. Ein letztes Mal liebten sie sich. Sie aßen auf Birkenholz gebratenen, süßlichen Flussaal, den sie in Holzboxen mitgebracht hatten, ihr Abschiedsmahl. Sie saßen im Kerzenschein beieinander. Tranken eine letzte Tasse Tee. Bewunderten ihre gegenseitige Schönheit. Sie sprachen kein Wort mehr, schwiegen von nun an miteinander bis in den Tod. Ohne ein Geräusch zu machen legten sie die Essstäbchen beiseite. Ohne Eile, aber auch ohne Verzögerung erhoben sie sich. Fassten sich an der Hand. Sie stiegen auf den Tisch, von dem sie gegessen hatten und über dem die Schlingen befestigt waren. Gegenseitig legten sie sich diese zärtlich um den Hals. Dann nickten sie sich ein letztes Mal zu und warfen sich, Hand in Hand, in den Strick.

Die Nacht in der Berghütte ist dunkel, die Uhr zeigt eine Stunde nach Mitternacht, hielt Arishima in seinem Abschiedsbrief fest. *Es regnet unaufhörlich. Wir sind einen langen Weg durchnässt gewandert und haben uns zum letzten Mal geküsst. Wir sind wie zwei kleine spielende Kinder. Ich habe bis zu diesem Augenblick nicht erahnt, wie machtlos der Tod im Angesicht der Liebe ist. Unsere Leichen werden verwest aufgefunden werden. Meine liebe Mutter und meine drei Söhne, die ich über alles liebe, bitte ich um Verzeihung. Ich habe alles versucht, aber jetzt ist es an der Zeit zu gehen.*

Ich frage mich: Hatte auch Yoshihito jemals in Betracht gezogen, gemeinsam mit Sadako in den Freitod zu gehen? Die beiden liebten sich doch auch. Sie hätten niemanden außer sich selbst gebraucht, um ein erfülltes Leben zu führen. Doch durch die Umstände ihrer Existenz war, solange sie lebten, ihre Liebe auseinandergerissen und zur Nebensächlichkeit geworden. Wären die beiden nicht im gemeinsamen Sterben besser miteinander vereint gewesen als am kaiserlichen Hof?

Vielleicht hatte Yoshihito wegen der Ausweglosigkeit seines Daseins hin und wieder an ein solches Ritual gedacht? Vielleicht hatte Sadako in ihrer Lebensfreude es ihm ausgeredet? Eher hatte er sie nie gefragt, weil er sich trotz allem der kaiserlichen Pflichten bewusst war, die er zu leisten hatte. Der Freitod eines Kaisers … unvorstellbar. Hunderttausende wären ihm gefolgt. Nein, die Freiheiten Arishimas besaß Yoshihito nicht.

Ich, meinerseits, hätte ich jemals Liebe erleben dürfen, hätte ich jemals leidenschaftlich geliebt und wäre ich geliebt worden, ich hätte mir gewünscht, zusammen mit dem geliebten Menschen aus der Welt zu gehen. Ich wünschte, ich hätte es tun können, früh genug, bevor es zu spät gewesen wäre. Heute bin ich zwar verheiratet, aber Mine ist keine Partnerin, mit der ich einen solchen Moment teilen würde. Ich denke, sie ist jetzt ohnehin nicht mehr am Leben.

So gut es war, dass Arishima ging, und sosehr ich ihn um sein Lebensende beneide; er ging spät, am 9. Juni 1923, im zwölften Jahr Taishô erst. Erst am 7. Juli, zwei Monate vor dem Kantô-Beben, wurden die beiden Leichen entdeckt. Sie waren verwest, wie Arishima es vorausgesagt hatte, und doch wurde schnell klar, um wen es sich handelte.

In der Bevölkerung löste der Vorfall einen großen Skandal aus. Niemand hatte erwartet, dass sich ein angesehener Mann so unmoralisch verhalten würde. Mit einer verheirateten Frau eine Affäre einzugehen und mit ihr den Freitod zu wählen! Dieses Verhalten zerstörte Arishimas öffentliches Ansehen mit einem Schlag. Mit der Geliebten war er zum Waldhaus gewandert und aus der Abgeschiedenheit nie wieder zurückgekehrt. Nicht bloß vom Tisch in den Strick gestürzt hatte er sich, sondern aus strahlendem Licht heraus war Arishima in die Finsternis gefallen. Von der Unantastbarkeit ins Vergessen.

Nichts als ein Punkt in der Ewigkeit war auch Arishima nun. Ihn hatten wir als Gegner überwunden. Niemand würde sich mehr von seinen Ideen und Schriften anstecken lassen. Doch Arishima war nicht der einzige Vermögende gewesen, der der Monarchie entgegengewirkt hatte. Weitere Mäzene und Unterstützer hatten sich in seinem Schatten hervorgetan, von oben nach unten war eine Umverteilung in Gang gekommen. Als Nutznießer konnten nun nicht nur vereinzelte Stadtstreicher ein Huhn verspeisen, das am kaiserlichen Hof großgezogen worden war, sondern sich auch mittellose Anarchosyndikalisten den Bauch mit Curry-Reis vollschlagen. Es warf ein beschämendes Bild auf unser Land. Teils führten Rebellen ein rauschenderes Leben als loyale Milizionäre. Sie feierten, als wäre ihr Sieg im Klassenkampf bereits errungen. Tonkatsu landete in ihren Schüsseln – das panierte Schnitzel aus Europa, das Eingang in die japanische Kultur gefunden hatte. Die Umstürzler deuteten es als Sinnbild für die Öffnung der Gesellschaft und verzehrten es bei jeder sich bietenden Gelegenheit. Am liebsten hätte ich es ihnen eigenhändig vom Tisch gewischt, von jenen hohen Tischen, an die sie mittlerweile westliche Holzstühle rückten, um in kleinen und größeren Runden die nächsten Aktionen zu besprechen. Jeden Abend saß Ôsugi auf solch einem europäischen Stuhl, in irgendwelchen Hinterzimmern mit wechselnden Diskussionspartnern, stets nur an einer Sache interessiert: dem Umsturz.

Er genießt sein neues, aufregendes Leben in vollen Zügen.

Ôsugi liest und studiert ausländische Schriften, er flirtet mit jungen Frauen, er sitzt mit Gleichgesinnten zusammen und debattiert. »Gleichgesinnte« ist zu viel behauptet, ich sollte sagen: andersartig Gesinnte. Denn das Einzige, was den losen Haufen eint, ist, dass sie anders sein wollen, als es das Land seit Jahrtausenden ist. Sie wollen unjapanisch sein. Manche lassen sich taufen, andere laufen zu den Kommunisten über, wieder anderen geht es nur darum, Chaos und Unfrieden zu stiften. Ständig wird das Versammlungsverbot missachtet. Anarchisten, Trotzkisten, Marxisten, Bolschewiken, Syndikalisten, Pazifisten, Naturalisten, Dadaisten, Nihilisten, Feministen, wer immer den Weg zu den vielerorts stattfindenden Zusammenkünften findet, scheint willkommen. Nic war Tôkyô von solcher Unordnung heimgesucht wie jetzt. Eine Krankheit, ähnlich jener, die im Hirn des Kaisers steckt, ergreift die Hauptstadt.

Eines Abends sitzen die Chaoten in Sukiyabashi zu einer sogenannten Bürgerversammlung zusammen, um sozialistische Studien zu analysieren. Ôsugi ergreift das Wort. Er berichtet, wie er die Lügen und Absurditäten des militärischen Lebens am eigenen Leib erfahren und sich deshalb entschieden habe, sein Leben der sozialistischen Bewegung zu widmen. Geduldig folgen die Genossen seinem Stottern. Gerade als Ôsugi ansetzt, von den Demütigungen in Nagoya zu erzählen, klopft es an der Tür. Ein besonders schrulliger Zeitgenosse tritt ein. Ein grillenhafter, knochiger Typ, mehr Insekt als Mann. Vielleicht ist er noch jung, aber er bewegt sich wie ein Greis. Buckelig, vornübergebeugt, einen Leinensack auf seiner Schulter, nähert er sich dem Tisch. Er wirkt friedlich und gleichzeitig befremdlich wie ein Einsiedler, der sich in die tiefsten Wälder, fernab der Zivilisation, zurückgezogen hat. In Wahrheit aber hat dieser Sonderling nie etwas anderes gesehen als die Tôkyôter Innenstadt, durch die er sich von den Launen des Windes treiben lässt wie eine abgefallene Kirschblüte. Auf dem Kopf trägt er einen gewaltigen Bambushut, der sein bleiches, zerfurchtes Gesicht vor jedem Sonnenstrahl oder Regentropfen schützt. Eine grobe, um sein schmales Kinn gespannte Schnur presst den Hut an seine Schläfen. Am Körper trägt er einen wetterfesten Kimono, der wirkt, als hätte er ihn seit Anbeginn der Zeit getragen. Dennoch macht dieser Besucher keinen verwahrlosten Eindruck. Er stinkt nicht, torkelt nicht, er wirkt nicht verwirrt. Vielmehr scheint er in sich zu ruhen und bei klarem Verstand zu sein. Zielstrebig peilt er einen der freien Stühle an.

Die Runde begegnet ihm wie allem Neuen zuvorkommend.

»Was trägt dich zu uns?«, wird er gefragt.

Ein optimistischer Ton schwingt in der Frage mit. Vielleicht trägt dieser Kauz eine progressive Idee in sich, die sich diskutieren und einbauen lässt in den Fetzenteppich der Visionen?

»Mich trägt alles und mich trägt nichts. Eher nichts, will ich hoffen, denn das würde mir weniger Mühe bereiten«, antwortet er.

»Setz dich zu uns«, wird er eingeladen. »Trink einen Gerstentee mit uns und erzähl uns, was dich antreibt.«

»Da ich nichts anderes zu tun habe und nichts anderes, ja grundsätzlich nichts zu tun gedenke, setze ich mich gern zu euch. Auch wenn ich mich natürlich ebenso gut anderswohin setzen oder legen und vielleicht in Zukunft auch einfach nie wieder aufstehen könnte.«

Er gleitet auf den Stuhl. Offensichtlich ist er nicht daran gewöhnt, im westlichen Stil zu sitzen. Den Sack mit ein paar

Habseligkeiten, den er auf einem geschulterten Stock transportierte, nimmt er auf seinen Schoß und umklammert ihn. Seinen Hut behält er auf, was ihn, nun schief und gewunden hockend, ohne die Lehne zu berühren, größer erscheinen lässt, als er in Wirklichkeit ist. Von nun an verharrt er in dieser Position. Unter der Achsel eingeklemmt trägt er die ganze Zeit schon eine Shakuhachi, eine Bambusflöte, die so lang und auch fast so dick wie sein Unterarm ist. Er nimmt sie nicht hervor, führt sie nicht an seine Lippen, auch nicht, als er darum gebeten wird, etwas zu spielen.

»Mir ist jetzt nicht nach Musik«, sagt er.

»Wie ist dein Name, Alter?«

»Alter? Habe ich euch denn mein Alter schon verraten?«

»Nein, entschuldige bitte, das hast du nicht.«

»Das werde ich auch nicht. Ganz einfach, weil ich es nicht kann. Ich habe es vergessen.«

Er grinst in die Runde und offenbart ein unvollständiges Gebiss. Und die Runde lächelt angeregt zurück.

»Deinen Namen aber, den hast du doch wohl nicht vergessen?«

»Offen gestanden: Ich würde ihn gern vergessen. Noch aber bin ich nicht so weit. Noch weiß ich, dass ich Jun Tsuji heiße. Eines Tages aber werde ich auch das aus meinem Hirn verdrängt haben.«

Jun Tsuji also. Der eine oder andere meint, bereits von ihm gehört zu haben.

»Was treibst du so? Den lieben langen Tag lang, Tsuji?«

»Nichts. Das habe ich, meine ich, doch schon gesagt. *Ich hab' mein Sach' auf Nichts gestellt.*«

Nun grinst Tsuji noch breiter als zuvor, und seine ausladenden Nasenflügel flattern ein wenig.

Ôsugi ist hellhörig geworden. Nur zu gut kennt er und schätzt er verschiedene Bögen von Max Stirners atheistischer Streitschrift »Der Einzige und sein Eigentum«. Mit Tsuji sitzt ihm zum ersten Mal ein Fremder gegenüber, der sie ebenfalls zu kennen scheint.

»Du z-zitierst Max Stirner?«, fragt Ôsugi.

»Ich zitiere Max Stirner, der Goethe zitiert«, antwortet Tsuji.

»Was soll nicht a-alles meine Sache sein«, beginnt nun auch Ôsugi, Stirner zu zitieren. »Die Sache G-Gottes, die Sache der Menschen, der Freiheit, der G-G-Gerechtigkeit ...«

Bei diesen Worten erwacht in Tsuji, trotz Ôsugis holprigem Vortrag, eine Leidenschaft, die ihm bislang keiner zugetraut hätte. Er fällt in die Aufzählung ein:

»Die Sache meines Volkes, die meines Fürsten, die des Vaterlandes ...«

Gemeinsam bringen Ôsugi und Tsuji die Passage auf den Punkt und verlauten schließlich wie aus einer Kehle:

»So stelle ich meine Sache bloß auf mich!«

Ôsugi, der die letzten Sätze ohne zu stottern gesprochen hat, blickt in die verblüffte Runde.

»Wenn dieser Herr hier Stirner stud-d-diert und frei zitiert, dann muss er bei uns g-g-gut aufgehoben sein. Stirner lehrt uns, uns von allem Herk-kömmlichen abzuwenden. In allem lauert eine Falle. Gerade k-kürzlich haben wir darüber diskutiert, wie träge und selbstgefällig der eigene Geist nach kl-l-leinsten Errungenschaften zu werden pflegt. Die Eitelkeit ist unser größter Feind. Gerade haben wir die Aufklärung geschafft, da legen wir uns k-klammheimlich in uns selbst schon einen neuen Gott zurecht. Schon g-glauben wir wieder dies und das und verg-gessen darüber unsere Pflicht am Umbau der Gesellschaft. Stirner zeigt auf, wie wir mit einer Pseudomoral die K-Kraft und Energie aufbrauchen, die so dringend notwendig für andere T-T-Taten wäre. Wir sind weit von Freiheit entfernt. Wir sind alles andere als frei!«

Ôsugi wendet sich wieder an Tsuji, der wie alle den Ausführungen langmütig zugehört hat.

»D-du aber, Tsuji, du verstehst, scheint mir, dich von allem zu lösen, von allem Bösen und allem G-Guten, dem Böses innewohnt.«

»Unsinn«, murmelt Tsuji, und man sieht und hört ihn kaum unter seinem Hut. »Was mich angeht, ich bin weder gut noch böse. Beides hat für mich doch keinen Sinn.«

Wieder zitiert er Stirner. Ôsugi durchschaut es als Einziger und nimmt es mit einem Lächeln zur Kenntnis.

Viele Tage und Nächte werden Ôsugi und Tsuji in der Folge zusammensitzen, Stirner und alles andere diskutieren, sich besprechen und Notizen machen. In Gesprächen unter vier Augen oder in größeren Runden, gemeinsam mit weiteren Genossen, werden sie versuchen, den Wert des Menschseins zu erörtern. Bald werden sie auch in Gesellschaft von Itô, Tsujis junger Ehefrau, Diskurse führen. Aufmerksam wird diese wissbegierige Frau zwischen Ôsugi und Tsuji sitzen und zuhören, was die beiden zu sagen haben. Schon damals trägt sie die Melancholie in ihren Augen, die ich später auf dem Foto erkannte, das mir zu Ôsugis Beschattung vorgelegt wurde. Auf dieser Fotografie sitzt Itô neben ihrem späteren Mann, Ôsugi, im Omnibus, das lümmelnde Kind zwischen ihnen. Noch aber ist sie Tsujis Gattin. Verstohlen nippt Itô an ihrem Grüntee, wenn sich Ôsugi und Tsuji unterhalten. Heimlich wandert ihr Blick über den Rand der Teetasse hinaus. Nicht lange wird es dauern, bis er direkt auf Ôsugis mandelförmige Augen trifft. Itô hat ein kurzes Leben vor sich. Vielleicht ahnt sie das zu diesem Zeitpunkt bereits? Sie ist entschlossen, so viel wie nur irgendwie möglich daraus zu machen.

Genauso zerstörerisch, unberechenbar und unabänderlich wie der politische Kampf ist die Liebe. In diesen Taishô-Tagen sah ich das eine wie das andere plötzlich überall um mich herum entstehen. Vermutlich ging dieser Überschwang vom Kaiser aus, denn Yoshihito war der am meisten von der Liebe Zerrissene. Er konnte für alles noch so Kleine eine Zuneigung entwickeln, für den Flügelschlag einer Schwalbe gleich wie für das Lächeln einer Obdachlosen. Seiner Ehefrau gegenüber verspürte er Liebe, die ein Leben lang hielt – auch wenn sie klein gehalten wurde und nie einen ekstatischen Höhepunkt erlebte wie die Liebe Arishimas und seiner Geliebten. Sadako wiederum, die fürsorgliche, mitfühlende Kaiserin, wandte sich der Nächstenliebe zu, um den Armen und Schwachen Trost zu spenden. Ôsugi und Itô ihrerseits würden wie andere Rebellen bald vollkommen zügellos, haltlos, schamlos mit der Liebe verfahren. Nur ich selbst erfuhr sie nie. Meine Rolle in der Geschichte bestand darin, ein Zeuge der leidenschaftlichen Liebe zu werden und ihr als Außenstehender Einhalt zu gebieten.

Der politische Kampf erfüllte mich voll und ganz. Ich widmete mich dem Schutz der nationalen Ordnung mit allem, was ich hatte. Es blieb keine Zeit für Sinnliches. Der Polizeiapparat hatte Knochenarbeit zu leisten. Ein klebriges Netz aus neuen Ideologien und Umbruchsfantasien spannte sich von der Hauptstadt ausgehend über das ganze Land. Was sich in Russland andeutete und schließlich in die Tat umgesetzt wurde, die Entmachtung des Zaren und die Entfaltung des Kommunismus, schien auch in Japan vorstellbar. Unerbittlich arbeiteten die revolutionären Zellen daran. Ebenso entschlossen galt es, den Kampf gegen sie zu führen.

Ein Kaiser, der dem Volk das Signal gab, frei zu denken und sich frei zu äußern, hauchte all diesen Gruppierungen Leben ein. Die Narrenfreiheit, die er zur Schau stellte, verbreitete sich wie ein Virus. Auch wenn niemand verstand, was Yoshihito von sich gab; auf der Straße wurde es als Ruf nach Selbstbestimmung ausgelegt. Die Staatsfeinde verstanden Yoshihitos Flatterhaftigkeit als Ermutigung, sich aufzulehnen. Das erreichte er mit seiner Liebesfähigkeit. Da er jedes Lebewesen auf Erden umarmen wollte, schien er sogar Dissidenten einen Platz in seinem Herzen zu schenken. Inmitten seines Reichs gediehen sie, und er ging unbekümmert seiner Wege. Der Kaiser verwehrte jeglicher Erkenntnis die Möglichkeit, ihn zu durchdringen. Was immer er lernte, sah, erlebte; in der nächsten dunklen Stunde verlor er die Kraft, es weiterzuverfolgen. Höchstens in dem einen oder anderen Haiku manifestierte es sich.

> *Für wen blüht die Blume,*
> *wer nicht dort lebt und sie nicht sieht,*
> *die Blume in der Heimat?*

Solche Fragen und Betrachtungen beschäftigten Yoshihito.

> *Die sinkende Marine,*
> *einem Trugbild gleich,*
> *ein verschwindender Kämpfer,*
> *dem wir nachtrauern.*

Das Absinken kultureller Größe tat er mit gereimten Zeilen ab. Als wären die Zerfallserscheinungen Zufallserscheinungen. Vergängliche Momente, nicht bedeutender als andere. Die Desorientierung, die von seinem Thron ausging, das Durcheinander, das er auslöste, Yoshihito nahm es, wenn überhaupt, als Nebensächlichkeit zur Kenntnis. Er schrieb es sich von der Seele, vergaß es wieder. Eines nach dem anderen landeten die Haikus und Wakas, die Yoshihito verfasste, in der Schublade. Niemand las seine Gedichte, auch er selber nicht. Niemand musste sie lesen. Jeder hatte bereits verstanden: Ein introvertierter Kaiser, der sich in seinen eigenen Künsten und Sphären verlor, würde über kurz oder lang das Land unter seinem Thron verlieren. Es galt, Yoshihitos Phantom-Regentschaft so kurz und schadlos wie möglich zu gestalten. Der Regierungsstab zog in Betracht, des Kaisers erstgeborenen Sohn Hirohito, obwohl er noch ein Kind war, als Thronfolger auszurufen. Doch es war zu früh für diesen Schritt. Noch war Yoshihito nicht bettlägerig genug, um aus der Pflicht genommen zu werden. Erst 1921 wurde mit der schrittweisen Übergabe der Regierungsgeschäfte an seinen Sohn begonnen, einer fünfjährigen Übergangsphase, bis Yoshihito starb und Hirohito übernahm. Bis dahin hatten wir mit ihm umzugehen. Erst im zwölften Jahr Taishô eilte uns das große Erdbeben zu Hilfe.

Ich weiß nicht, ob Yoshihito dieses Ringen um ihn herum zur Kenntnis nahm. Zusehends legte sich wenigstens sein Tatendrang. Die Phase seines Aufbäumens ging vorbei. Das bisschen Energie, das Yoshihito generiert hatte, erschöpfte sich. Bald setzte er sich weder für noch gegen etwas ein. Womöglich verspürte er noch Motivation, bald aber war nur mehr seine Müdigkeit, Antriebslosigkeit zu erkennen. Nach dem kurzen Aufraffen, das zu nichts geführt hatte, gab er sich seinem

Schicksal hin. Er war zu schwach, um sich darüber hinwegzusetzen, was sich ihm Tag für Tag in den Weg stellte. Von Jahr zu Jahr wurde Yoshihito schwächer. Er ging dazu über, sein Kaisersein teilnahmslos auszusitzen.

Auch seine geheimen Reisen durchs Land ließ Yoshihito bleiben. Er musste einsehen, dass er mit diesen Ausflügen und sporadischen Gaben nichts an der Situation der Menschen änderte. Er betrachtete, bestaunte das Land, seine Leute, ihr Leid. Exemplarische Studien, hohl, aussichtslos. Ein Kaiser konnte nie Teil des Volks werden. Warum auch? Es hatte keinen Nutzen, wenn alle dieselben Nöte teilten, weder für den Kaiser noch für die Bevölkerung, die auf dem Thron einen sublimen, über alles erhabenen Führer brauchte. Nie erfüllte Yoshihito diese Vorgabe. Er war ein Kaiser, der so wenig sichtbar war wie kein Kaiser zuvor. Mit Mühe wurde die Erinnerung an den Chrysanthementhron wachgehalten. Die Bürger mussten wissen, dass es einen Kaiser gab; Yoshihito sehen oder hören aber durften sie so wenig wie möglich. Der Taishô-Tennô, der so gern mit dem Volk verschmolzen wäre, allmählich verschwand er aus dessen Wahrnehmung. Andere rückten auf und beanspruchten den entstehenden Freiraum für sich und ihre Ideen. Sie verhielten sich, als gäbe es keinen Kaiser mehr. Es gab nur das Militär, das wie sie unermüdlich operierte, und die Geheimpolizei, die sie eliminieren musste. Doch unsere Apparate jagten den Verschwörern keine Angst ein. Im Gegenteil, die Rebellen entschieden, die Narrenzeit, die ihnen bis zu ihrer Auslöschung blieb, so gut es ging zu nutzen, um leidenschaftlich zu kämpfen und leidenschaftlich zu lieben. Ôsugi, Itô, und wie sie alle hießen.

五、

DER WEG DER
NEUEN FRAU

Itô war aus der südlichen Provinz nach Tôkyô gekommen. Ein Mädchen vom Land, das nichts zu verlieren hatte. Was immer die Zukunft Itô zu bieten hatte, war besser als das, was das Leben zu Beginn für sie bereitstellte.

Itô stammte aus einer bettelarmen Bauernfamilie aus dem Dorf Imajuku auf der Insel Kyûshû. Ihr Vater hatte es nach dem Sturz der Feudalherrschaft nicht geschafft, die Landwirtschaft selbstständig fortzuführen, und galt unter den Bauersleuten der Region als Versager. In einer Ziegelei und mit anderen Handlangerarbeiten erwirtschaftete er ein unregelmäßiges Einkommen. Seiner Familie fehlte es an allem. Unter diesen Voraussetzungen war Itôs Ankunft eine Katastrophe. Ein weiteres hungriges Maul zu stopfen! Eines zu viel. Gleich nach ihrer Geburt wurde ins Auge gefasst, Itôs Lebensweg zu Ende gehen zu lassen. Ihre Eltern sahen sich außerstande, nach zwei Söhnen ein weiteres Kind aufzuziehen. Sie entschieden, das Baby zu töten.

Zu ebenjenem Zeitpunkt aber war Itôs Tante aus dem benachbarten Dorf zu Besuch, und diese milde Frau konnte nicht mitansehen, wie ein schreiender Säugling in den Bach geworfen und von den Fluten hinaus ins Meer gespült werden sollte. Spontan erklärte sie sich dazu bereit, bei der Aufzucht des Kindes zu helfen und sein Überleben zu sichern. Nur der zufälligen Anwesenheit dieser Verwandten verdankte Itô, am Leben zu sein.

Von da an hatte es den Anschein, als würde sie alles überstehen, was kommen mochte. Ähnlich wie Sadako, die Kaiserin, hatte Itô ein unverwüstliches, lebhaftes Naturell. Der Tatendrang, der ihr gegeben war, und ihr leidenschaftliches Temperament trieben sie an, über 28 Jahre hinweg. Erst dann, im Trümmerfeld des großen Bebens 1923, hatte Itô den Tod zu akzeptieren. Bis dahin war sie nie gewillt gewesen, Dinge hinzunehmen, die ihr den Weg verstellten.

Oft habe ich mich gefragt, wie eine ungebildete Frau aus der Provinz dermaßen selbstbewusst der Welt gegenübertreten konnte. Es ist mir unerklärlich. Sogar an ihrem Todestag beschimpfte Itô mich und meine Kameraden in unerhörter Weise. Bis in den Tod hinein beugte sie sich niemandem, auch nicht den offensichtlich Überlegenen.

Als Itô zur Schule ging, beschloss die Familie, sie so bald wie möglich mit dem Sohn einer verwandten Bauernfamilie zu verheiraten. Es war geplant, dass das Paar nach Amerika emigrierte, um die Armut zu durchbrechen. Itô aber glaubte nicht daran, dass dieses Vorhaben gelingen würde, und hatte ohnehin keine Lust, sich verheiraten zu lassen. Sobald sie die Pflichtschuljahre abgeschlossen hatte, verließ sie, anstatt die Vermählung einzugehen, ihr Elternhaus. Fast ein Kind war Itô noch, als sie Richtung Norden aufbrach, allein, mittellos. Wie sie es schaffte, sich bis Tôkyô durchzuschlagen? Ich weiß es nicht.

Dort angekommen, fand Itô – ähnlich wie zur gleichen Zeit Ôsugi – eine Weile bei entfernten Verwandten Unterschlupf.

Noch kannten sich Itô und Ôsugi nicht. Wie ihm kam aber auch ihr die Idee, Sprachen zu studieren – und ähnlich kurz wie Ôsugis gestaltete sich auch Itôs akademische Karriere.

Im Alter von fünfzehn Jahren besuchte Itô die Mädchenhochschule in Asakusa, auf der Jun Tsuji Englisch unterrichtete. Tsuji war bereits damals ein Sonderling, auch wenn er noch einer geregelten Arbeit nachging. Noch vagabundisierte er nicht mit Hut, Bambusflöte und Leinensack ziellos durch Tôkyôs Straßen wie Jahre später, als er bei der Bürgerversammlung zum ersten Mal mit Ôsugi zusammentraf. Doch er war alles andere als ein angepasstes Mitglied des Lehrkörpers.

Ungebildet, ungeschliffen, ungehemmt wie Itô war, fiel sie dem eigenwilligen Lehrer sofort auf. Tsujis restliche Schülerinnen waren brav und uninspiriert. Eine glich der anderen. Leise, unscheinbar, wie es sich ziemte, saßen sie aufgereiht im Klassenzimmer und schrieben mit, was die Lehrer von sich gaben. Nur Itô wagte es, Fragen zu stellen und sogar den Lehrstoff anzuzweifeln. Sie sprach aus, was ihr durch den Kopf ging. Mit dieser verblüffenden Eigenständigkeit beeindruckte sie den kauzigen Mann, der vorne an der Tafel stand.

Hätte nicht ein Mädchen wie Itô in Tsujis Klasse gesessen, hätte er seinen Lehrberuf hingeschmissen. Zu lange verdiente er damit schon seinen Lebensunterhalt. Tsuji war Ende zwanzig und empfand das Unterrichten als lästige, zeitvergeudende Tätigkeit. Bloß des Einkommens wegen gab er sich damit ab. Dem Geld aber, das er verdiente, zu dieser Überzeugung kam Tsuji, sollte nicht die geringste Bedeutung zugesprochen werden. Zu stark hatte Geld bereits sein früheres Leben bestimmt.

Auch Tsuji stammte aus armen, wenn auch städtischen

Verhältnissen. Seit seiner Kindheit hatte er sich auf den Straßen Tôkyôs durchgeschlagen. Er war noch keine zehn Jahre alt gewesen, da starb sein Vater, und Tsuji musste neben der Schule mit mühseligen Gelegenheitsarbeiten zum Auskommen der Familie beitragen. Jahrelang mühte er sich ab. Des Geldes wegen musste er sich schinden, sich demütigen lassen. Geld zu verdienen, auf welchem Weg auch immer, dieses Ziel stand über allem. Leben bedeutete, Geld zu erwirtschaften. Damit sollte bald Schluss sein.

Aus den Erfahrungen seiner Kindheit zog Tsuji die Lehre, dass es unwürdig sei, dem Geld nachzurennen. Etwas so Banalem stand es nicht zu, das Dasein eines Menschen zu definieren. Pflichtbewusst, als wachte das Auge des verstorbenen Vaters über ihn, hatte Tsuji als Kind geschuftet. Später wollte er dieses Schuften nicht weiterführen. Kein Hunger, kein Durst würde ihn dazu bringen, um der Einkünfte willen eine Knechtschaft anzutreten. Das Pflichtbewusstsein, mit dem der junge Tsuji – ähnlich wie ich es getan hätte – dem familiären Auftrag nachgekommen war, wandelte sich in seinem Erwachsenenleben zu grundsätzlichem Verweigern. Er wollte sich nicht länger vorschreiben lassen, was zu tun war. Warum?, fragte er. Wozu?

Im Alter von achtzehn Jahren entschied Tsuji, auszuziehen und sich nicht weiter um das Familieneinkommen zu kümmern. Sollten sie doch mit weniger, sollten sie doch mit nichts auskommen! So schnell verhungert einer nicht. Wer mitten in der Stadt lebt, dort aufgewachsen und verwurzelt ist, der geht nicht so einfach zugrunde. Tsuji kannte die Straßen, Gassen, Plätze seines Viertels. Überall gab es Bekannte, Verwandte, Nachbarn, Imbissbuden, Restaurants, die Essensreste produzierten. Es gab wohlhabende Menschen, die brav arbeiteten, wie es von ihnen erwartet wurde, und ein Leben lang den Tätigkeiten nachgingen, die zu erledigen sie sich verpflichtet fühlten. Diese Leute würden Mitleid aufbringen und etwas übrig haben für einen, der sich dem widerwärtigen Kreislauf der Lohnarbeit entzog. Die ehrenwerte Gesellschaft hielt bedürftige Menschen aus, anstatt sie vor ihrer Haustür verenden zu lassen. Warum sich also abrackern? Ein übergeordneter Sinn der Plackerei wollte dem freigeistigen Tsuji nicht einleuchten. Wer kein Geld zum Leben hatte, der lebte halt ohne Geld. Oder, sei's drum, im Zweifelsfall verzichtete er halt auf das Leben. Wenn der Sinn des Lebens die Arbeit war, hatte das Leben in Tsujis Augen ohnehin keinen Wert.

Tsuji nahm zwar die Stelle als Englischlehrer an, die ihm angeboten wurde, ohne dass er sich dafür einsetzen musste. Doch an seiner das Produktive verneinenden Einstellung änderte sich nichts. Eine Weile funktionierte Tsuji als Mitglied der Gesellschaft, immer mehr aber machte sich ein eigentümlicher Individualismus in ihm breit. Lieblos und mit der geringstmöglichen Anzahl an Stunden unterrichte Tsuji in Asakusa. Als Itô auf seine Schule kam, konnte es kaum mehr Unterricht genannt werden, was er da betrieb. Wenn er überhaupt rechtzeitig im Klassenzimmer erschien, schlug er den Schülerinnen vor zu machen, was ihnen beliebte, und tat dasselbe: in den meisten Fällen eben nichts. Er sinnierte, meditierte, manchmal sang er ein englisches Lied. Nur hin und wieder konnte Tsuji es sich nicht verkneifen, auf die Vorzüge der englischen Sprache im Gegensatz zum Japanischen hinzuweisen.

»Das Englische macht keinen Unterschied in der Anrede zwischen Personen«, sagte er. »Es gibt kein Siezen. Jeder duzt sich, unabhängig von seiner Stellung, unabhängig von Alter oder Geschlecht.«

Die Mädchen wollten es nicht glauben.

»Wie spreche ich meinen Vater auf Englisch an?«, wollte eine wissen.

»*Dad*. Mit du: *you*.«

Die Mädchen kicherten verstohlen und hielten sich die Hand vor den Mund.

»Und meine Mutter?«

»*You*.«

»Meine kleine Schwester?«

»*You*.«

»Den Lehrer?«

»*You*.«

»Den Kaiser?«

»Einen Kaiser gibt es in Amerika nicht.«

»Wie sollen wir Sie im Englischunterricht nennen, Herr Professor?«, fragte Itô.

»Nennt mich Tsuji, wenn ihr wollt.«

»Du, Tsuji?«

»Duzt mich ruhig. Mir ist es einerlei. Ich duze euch ja auch.«

Selbstverständlich wagte niemand, dieses Angebot ernst zu nehmen. Nur Itô sagte leise:

»Ich mag dich, Tsuji.«

Die halbe Klasse errötete. Tsuji aber schien sich nicht daran zu stören.

»Das ist schön«, sagte er. »Ich habe nun aber genug geredet. Wenn ihr wollt, schreibt etwas in eure Hefte. Oder macht es wie ich für den Rest der Stunde. Schaut durchs Fenster hinaus und überlegt, wie die Dinge auf Englisch heißen könnten, die ihr da draußen erblickt.«

»Welche Anrede haben denn die Dinge im Englischen, Tsuji?«, fragte Itô nach.

Tsuji wusste keine genaue Antwort darauf, aber dass alle Dinge, Tiere, Pflanzen im Englischen sächlich waren, wusste er.

»Sie reden den Baum gar nicht an, denke ich. Auch den Berg nicht oder die Forelle.«

»Und die Sonne oder den Mond?«

»Ich weiß es nicht. Du willst immer alles so genau wissen, Itô. Sonne und Mond sind einfach Sonne und Mond für sie.«

Normalerweise gelang es Tsuji, ausschweifende Diskussionen zu vermeiden. Er gab vor, Halsweh zu haben, und riet den Mädchen, ihre Schulbücher zu studieren, sollten sie Lust darauf verspüren. Sollten sie die Arbeit aber verschieben wollen, so würden sie wohl auch hierfür ihre Gründe haben, meinte er. Sie waren alt genug, sie würden wissen, was sie taten.

Tsuji verstand sein nihilistisches Tun weder als pädagogische noch als politische Maßnahme. Es war eine persönliche Angelegenheit. Das Leben der Verweigerung war seine individuelle Entscheidung. Ein Ausdruck uneingeschränkter Freiheit. Frei unter all den Unfreien wollte Tsuji sein. Sollten seine Mitmenschen schauen, wo sie blieben. Sollten sie schuften, wenn sie wollten. Was hatte es ihn zu kümmern? Sollten alle doch einfach tun und lassen, was sie wollten!

Auch wenn Tsuji kaum jemanden mit seinem Credo zu beeindrucken wusste; Itô war von den Ansichten ihres Lehrers fasziniert. Seit sie in der Hauptstadt angekommen war, saugte sie neue Einflüsse wie ein trockener Schwamm auf. Was sie am Land vermissen hatte müssen, entdeckte sie in Tôkyô im Überfluss. Hier gab es mehr als das bisschen provinzieller Bildung, das ihr zuteilgeworden war. An jeder Ecke eröffneten sich neue Welten, und all dieses Neue erkannte Itô in Tsuji, der vor ihr am Lehrerpult stand, sich um keine Konventionen scherte und sich nicht im Geringsten darum kümmerte, was die Gesellschaft von ihm erwartete.

Itô spürte, wie ihr am ganzen Körper warm wurde, wenn Tsuji im Unterricht offen mit ihr sprach. Sie fühlte sich verstanden, wertgeschätzt, ernst genommen, zum ersten Mal in ihrem Leben. Die beiden redeten nicht wie Lehrer und Schülerin miteinander, sondern begegneten sich gleichberechtigt. Ein Freidenker wie Tsuji konnte ihr weit mehr Horizonte eröffnen, als ihr bloß die Fremdsprache Englisch beizubringen. Er war anders als alle Menschen, die sie bislang kennengelernt hatte. Er argumentierte, gestikulierte anders, er widersprach allem, was ihr sonst wo nahegelegt wurde. Nichts nahm er als gegeben hin, keinen Regeln, Traditionen, Vorschriften fühlte er sich verpflichtet. Tsujis bloße Anwesenheit bestärkte Itô in ihrem Drängen nach Selbstverwirklichung. Seine Widerborstigkeit entsprach ihrem Wesen. Sie waren Seelenverwandte, dachte Itô. Tsuji, auch wenn er ihr Lehrer, auch wenn er fast elf Jahre älter war als sie, er eröffnete Itô die Chance, sich gänzlich freizustrampeln.

Kein Jahr war vergangen, seit sie in die Schule eingetreten war, schon trafen sich die beiden außerhalb des Unterrichts. Stundenlang saßen sie beisammen. Bald hielten sie sich an den Händen. An der Seite dieses Mannes würde Itô das Leben von Grund auf neu entwerfen können. Eine Abenteuerlust ergriff sie. Alles sollte anders werden, besser werden, die Zukunft neu geschrieben, die Vergangenheit abgeworfen. Das Zusammenleben von Mann und Frau sollte neu definiert und praktiziert werden. Tsuji und sie würden sich aus dem gesellschaftlichen Korsett befreien.

Als erstes Zeichen ihrer neuen Identität begann Itô, ihren

Namen neu zu schreiben. Nicht mehr im einfachen Kana, der Silbenschrift, mit der es am Land üblich war, Mädchennamen zu schreiben, sondern mit ausgesuchten chinesischen Schriftzeichen benannte sie ihr neues Ich. Gemeinsam mit Tsuji wählte Itô das Symbol für »wild« für die erste lautmalerische Silbe ihres Namens. Für die zweite verwendete sie das chinesische Zeichen für »Ast«. Tsuji, der kalligrafisch geübt war, schrieb ihren Namen mit einem Pinsel auf ein Blatt Papier. Ehe Itô und er sichs versahen, waren sie ein Paar geworden. Tsuji, der weder Lehrer noch irgendetwas anderes sein wollte, und seine Schülerin, das ungebändigte Mädchen vom Land, das vor Energie und Überschwang sprühte, sein »Wilder Ast«.

Tsuji machte keine großen Umstände, die unerlaubte Beziehung zwischen Lehrer und Schülerin vor den Mitmenschen geheim zu halten. Selbst als Itô ihm mitteilte, dass sie in Kyûshû bereits verlobt und einem Bauernsohn versprochen war, verbarg Tsuji die Zuneigung nicht, die er für Itô empfand.

»Was haben wir zu verlieren, wir beide?«, fragte er. »Nichts!«

Itô lachte. Nichts, dachte sie. Sie lachte zuerst verhalten, dann lauthals, wie es sich für Frauen nicht ziemt zu lachen. Sie nickte, und ihre Augen strahlten.

Auch Tsuji nickte.

»So ist es«, sagte er. »Nichts kann denjenigen aufhalten, der nichts zu verlieren hat. Und wir alle haben in unseren Leben schließlich nichts verloren!«

Kurze Zeit, nachdem ihre Affäre ans Licht gekommen war, verlor Tsuji seine Anstellung. Der gesellschaftliche Skandal kümmerte ihn nicht. Sollten die Leute sich ruhig das Maul zerreißen. Die regelmäßige Arbeit war ihm ohnehin unerträglich geworden. Tsuji war froh, sie los zu sein. Statt dem Entgelt gewann er Wichtigeres: die grenzenlose Freiheit zur Selbstgestaltung sowie das Herz der jungen Itô.

Itô hätte die Schuld ihrer schändlichen Beziehung auf Tsuji abwälzen und hoffen können, weiter auf der Schule bleiben zu dürfen. Doch die akademische Laufbahn interessierte sie nicht mehr. Lieber ließ sie sich auf all die unvorhersehbaren Dinge ein, die sich mit einem wie Tsuji ergeben mochten. Lange genug hatte Itô die Schulbank gedrückt. Nun, der gesellschaftlichen Ächtung zum Trotz, entschied sie, mit Tsuji zusammenzuziehen und in wilder Ehe zu leben. Erst Jahre später, als Itô bereits hochschwanger die Geburt ihres zweiten gemeinsamen Sohnes erwartete, heirateten sie offiziell. Doch schon zuvor, im selben Jahr, da der Taishô-Kaiser den Thron bestieg, stellten sie die Tatsache, dass sie ein Paar waren, zur Schau. Ganz Tôkyô sollte es sehen. Hand in Hand zogen sie hinaus in ein neues, wenn auch unmögliches Leben.

Es gibt mir nach wie vor zu denken, wenn vernunftbegabte Menschen aus purer Leidenschaft heraus handeln. Wieso verstricken sie sich in Unternehmungen, die von vornherein zum Scheitern verurteilt sind? Anstatt kleine, vorsichtige Schritte auf bereitgestellten Wegen zu machen, stürzen sie sich ins Ungewisse. Sie wissen, wie hart sie aufschlagen werden. Doch diese Aussicht hält sie nicht davon ab …

Mir persönlich hat immer der Mut gefehlt, eine waghalsige Dummheit zu begehen. Sogar heute – nun selber hart aufgeschlagen – sehe ich keinen Sinn darin, Bekanntes durch Unbekanntes zu ersetzen.

Nicht einmal Ôsugi ist so schnell so weit gegangen. Sogar er wählte zu Beginn den herkömmlichen Weg eines verheirateten Manns. Kurz nach seiner Ankunft in Tôkyô nahm er sich, wie es sich gehörte, eine Frau, die ihm treu zur Seite stand und sich nicht in sein außereheliches Leben einmischte. Ob er diese Yasuko 1906 aus Liebe oder eher aus dem Bestreben heraus geheiratet hat, seinen gesellschaftlichen Rang zu festigen, vielleicht sogar, um sich hinter einer bürgerlichen Fassade zu verstecken, ich weiß es nicht. Erst nach und nach löste sich Ôsugi von den Konventionen. Tsuji und Itô hingegen kannten keine Hemmungen, kein Aufschieben. Sie handelten, wie ihnen beliebte, ohne Scheu, Angst oder Scham.

Tsujis gesparte Schuleinkünfte hielten einige Monate. Dann war das bescheidene Vermögen aufgebraucht, das er in seiner Karriere zusammengetragen hatte. Da er nach der unehrenhaften Entlassung keine bürgerliche Karriere mehr anstreben konnte und sowieso keine Veranlassung darin sah, Geld zu verdienen, lag es an Itô allein, für den Haushalt zu sorgen. Hin und wieder zeigte sich Tsuji bereit, mit gelegentlichen Übersetzungsarbeiten zu ihrem Einkommen beizutragen. Doch zusehends entzog er sich allen Pflichten und überließ seiner Frau die Verantwortung.

Je weniger Tsuji tat, umso entschlossener wurde Itô. Sie nähte, stickte, kochte, all ihre Fähigkeiten nutzte sie, um den Unterhalt zu verdienen. Ihre Energie war unerschöpflich. Tsuji bewunderte die Tatkraft seiner Frau zwar, aber weder unterstützte noch ermutigte er sie. Was immer sie entschied, was immer geschah, er nahm es einfach hin. Sogar als Itô, kein Jahr, nachdem sie zusammengezogen waren, das erste Mal schwanger wurde, änderte sich nichts an der Situation. Nun trug sie ein Kind im Bauch. Dieser Umstand beschäftigte Tsuji wenig, außer dass er lange hin und her überlegte, bevor sie den Namen des Kindes entschieden: Makoto – »Eine Wahrheit« –, sie schrieben es ungewöhnlich mit dem chinesischen Schriftzeichen für Eins, als wollten sie betonen, dass dieses Kind die einzige Wahrheit war, die es gab.

Itô arbeitete trotz ihrer Schwangerschaft weiter, mehr noch, in dem bisschen Freizeit, das ihr blieb, engagierte sie sich auch für die neu entstehende Frauenbewegung. Nachdem Makoto auf die Welt gekommen war, besuchte Itô mit dem neu geborenen Baby im Tragetuch Vorträge, Arbeitskreise und Versammlungen. Und sie betätigte sich bei der Herausgabe feministischer Zeitschriften wie der emanzipatorischen *Seitô* (*Blaustrumpf*).

Neben unverheirateten Frauen aus dem gehobenen Mittelstand war Itô das einzige Redaktionsmitglied, das aus einer unteren, ländlichen Schicht stammte. Dieses Manko verstand sie als Auftrag. Die Willkür der Herkunft sollte niemandem im Weg stehen. Itô wollte beispielhaft für eine neue Epoche gelten. Sie sah sich als eine neue Art Frau, eine ungehorsame Nonkonformistin. Die Vorstellung, die Gesellschaft umzugestalten, beflügelte sie. Es lohnte sich, davon war Itô überzeugt, sich unerschütterlich für die Veränderung der Verhältnisse einzusetzen. In ihrer Freizeit übersetzte sie Schriften der amerikanischen Frauenrechtlerin Emma Goldman. Dass die Befreiung der Frau Hand in Hand mit der Befreiung der Gesellschaft einherzugehen hatte, las Itô aus ihnen heraus. Die Emanzipation musste sämtliche Zwänge und Hierarchien auflösen und auch die Männer miteinbeziehen. Itô fing an, ihre Überlegungen anhand autobiografischer Erfahrungen auszuformulieren. Bald verfasste sie gründlich durchdachte Schriften. In einem Aufsatz beschrieb Itô ihren unermüdlichen Befreiungskampf, das Ausbrechen aus allen Strukturen, als den *Weg der neuen Frau*. Er duldete weder Aufschub noch Ruhephasen. Von diesem Weg würde sich Itô nicht abbringen lassen, auch wenn er, wie sie schrieb, *eine Kontinuität von schmerzlichen Anstrengungen sein würde und wohl nirgends hin als an den Galgen führen konnte.*

Tsuji hingegen ließ sich immer mehr fallen in seine Blase der Passivität. Wenn seine Frau schon grenzenlose Energie für sie beide, ihr Kind und alles andere aufbrachte, was sollte er sich in irgendeiner Weise bemühen? Er nahm Itôs ambitioniertes Treiben zur Kenntnis. Daran teilnehmen aber wollte er nicht, weil er prinzipiell an nichts und keiner Bewegung teilnahm. Seit der Entlassung aus dem ungeliebten Lehrerberuf hatte er Geschmack an einem Leben gefunden, in dem er nichts zu tun hatte und niemandem Rechenschaft schuldig war. Auch für die eigene Familie machte er keine Ausnahme. Nie wieder würde er den betrüblichen Alltag eines arbeitenden Mannes auf sich nehmen, sondern nur noch tun, wonach ihm stand. Und das war nicht viel, drei Dinge bloß, um genau zu sein: lesen, umherwandern und Flöte spielen. In allem anderen sah Tsuji keinen Sinn. Doch selbst mit diesen drei Beschäftigungen setzte er sich immer unmotivierter auseinander. Wenn Leute ihn fragten, was er tat, bezeichnete sich Tsuji als »gelehrten Vagabunden«. War ihm nach Erklärungen zumute, verwies er auf das Gedicht des englischen Autors Matthew Arnold, »The Scholar Gypsy«, von dem er diesen Namen und die Inspiration für seine Landstreicherei genommen hatte. »This strange disease of modern life with its sick hurry ...«, zitierte er auf Englisch. Niemand verstand ihn oder hatte die geringste Ahnung, wovon er sprach. Im nächsten Atemzug stimmte Tsuji eine kleine Weise auf der Shakuhachi an und erklärte das Gespräch für beendet.

Im Sommer 1915 brachte Itô Tsujis zweiten Sohn zur Welt, den sie Ryûji, »Den zweiten Fließenden«, nannten. Der Druck auf den nichtsnutzigen Vater stieg. Itô hatte allmählich genug von der einseitigen Rollenverteilung und forderte Unterstützung ein. Sogar einem Energiebündel wie ihr war es nicht möglich, sich allein um alles zu kümmern, um das Wohl der jungen Familie, den Haushalt, das Einkommen und die Verwirklichung feministischer Visionen. Dies entsprach nicht ihren Vorstellungen einer *neuen Frau*. Itô tolerierte im Prinzip den Lebensweg ihres Mannes, aber mittlerweile stieß ihr Verständnis für sein egoistisches Verhalten an seine Grenzen.

Itô verlangte, dass Tsuji, wenn er sich schon um nichts Praktisches kümmerte, sie wenigstens zu Demonstrationen wie jenen gegen die Yanaka-Kupfermine begleitete. Sie fertige ein Schild an, malte den Buchstaben Y darauf und drückte es Tsuji in die Hand. Doch sosehr sie versuchte, ihn anzustacheln, sie musste zur Kenntnis nehmen, dass er bei den nächtlichen Märschen nur müde neben ihr hertrottete.

Ungeduld, ja Abscheu gegen Tsujis Lethargie wuchs in Itô heran. Auf der Straße machte er dieselben schlurfenden, anspruchslosen Schritte wie zu Hause. Dies war doch ein Aufmarsch! Tsujis brüchige Stimme war in den Sprechchören kaum zu hören, kraftlos und abwesend intonierte er, wenn überhaupt, die Parolen.

Ein paar Reihen vor ihnen marschierte Ôsugi. Die Kraft, die Überzeugung, die er in seinen Schritt legte, wirkte ansteckend. Ôsugi skandierte dieselben Parolen wie alle, aber seine Stimme setzte sich in dem Gerufe durch. Auch war Itô vorgekommen, als hätte sich Ôsugi nach ihr umgedreht, kurz nur, aber lang genug. Sie würde sich diesen Augenblick in den folgenden Tagen und Nächten wieder und wieder in Erinnerung rufen. Itô liebte diese Protestkundgebungen, an denen sie teilnahm. Es tat gut, die Gleichgesinnten zu treffen. Welche Energie sich entwickelte, wenn sie zusammen für ein und dieselbe Sache einstanden! Ob er das nicht auch spüre?, fragte Itô ihren Mann. Dem aber schien der Aufwand übertrieben, der mit den Protestzügen betrieben wurde.

Je mehr sich Itô im Untergrund engagierte, desto mehr verzweifelte sie an der achselzuckenden Gleichgültigkeit ihres Mannes. Bald forderte sie ihn nicht mehr auf, sie zu Demonstrationen und anderen Zusammenkünften zu begleiten. Es hatte ja doch keinen Sinn. Sollte er in seiner Blase erstarren. Itô hingegen wollte jede Gelegenheit nutzen, um ihre Unzufriedenheit öffentlich kundzutun.

Auch Ôsugi war überall zu finden, wo aufbegehrt wurde. Ob er überhaupt wahrnahm, wie Itô bei all den unterschiedlichen Treffen seine Nähe suchte? Nie richtete er das Wort an sie. Und doch, er musterte sie, wenn auch mit fast beiläufigem Blick, das spürte Itô genau. Kurz darauf war er wieder mit anderem beschäftigt. Wenn er das Wort an die Runde richtete, trat seine Zungenspitze zwischen den weißen Zähnen hervor. Itô konnte sich nur schwer darauf konzentrieren, wovon Ôsugi sprach. Zu sehr lenkte sie ab, wie er beim Sprechen aussah. Wie er sich bewegte. Die Entschlossenheit, die in allem lag, was er tat. Sogar sein Stottern tat Ôsugis Anziehungskraft keinen Abbruch. Im Gegenteil!

Tsuji saß immer öfter allein zu Hause, manchmal im Park, auf einer Wiese, einer Bank, hin und wieder nur am Straßenrand und ließ ein wenig Zeit verstreichen. Er war froh, den Tumulten fernbleiben zu dürfen, wo sich jene zusammenrotteten, die meinten, die Welt verändern zu können. Sollten sie machen, was sie wollten. Dass Itô ihm zuerst unterschwellige, dann immer offenere Vorwürfe machte, belastete Tsuji nicht. Auf Dauer könne das nicht funktionieren, sagte sie. Er überlasse alles immer den anderen. Überlasse alles ihr. Allein die Art und Weise, wie er teilnahmslos seine Suppe löffelte! Einige Jahre habe sie nun durchgehalten, sagte Itô. Aber so stelle sie sich das neuartige Zusammenleben von Mann und Frau nicht vor.

Es zeigte keine Wirkung. Tsuji ließ sich immer tiefer ins Nichtstun fallen. Es konnte kaum noch Leben genannt werden, wie er die Tage verbrachte. Er harrte nur in den Resten seiner Existenz aus. Weder geordnete Mahlzeiten nahm Tsuji zu sich, noch wusch er sich regelmäßig. Wenn Itô nach Hause kam, erkannte sie am Geruch, ob ihr Ehemann zu Hause war oder nicht. Lag er auf seinem Futon oder saß er im Wohnzimmer auf dem Boden, war es zwar gleich still, als wäre niemand da, aber zu riechen war Tsuji. Verließ er die Wohnung, öffnete Itô die Fenster und bezog das Bett neu, auf dem er vielleicht tagelang, ohne aufzustehen, wie krank gelegen hatte, obwohl ihm nichts fehlte. Sie wusste, dass er, wenn er gegangen war, über Tage hinweg verschwunden bleiben konnte. Vielleicht saß er unten am Ufer des Sumida-Flusses und sah dem Wasser beim Fließen zu? Fragte Itô ihn bei seiner Rückkehr, wo er gewesen war, antwortete Tsuji: »Nirgends.« Und er meinte es, wie er es sagte. Es war keine Ausflucht, denn Ausflüchte hatte er nicht nötig. Er wusste genau, dass sich seine Frau von ihm zurückzog. Doch das war ihre Angelegenheit. Er fühlte sich nur sich selbst verpflichtet. Nicht einmal das gestand er sich zu. Er war zu nichts verpflichtet, auch nicht dazu zu leben. Nirgends war er also gewesen, und nirgends würde er in Zukunft sein. Im Nirgendwo hatte Tsuji entschieden, sich zu verlieren. Ein Aussteiger war er, ausgestiegen auch aus dem eigenen Leben und dem seiner Familie.

»Ich kann nicht von dir verlangen, dass du diesen Weg mit mir gehst«, sagte er zu Itô. »Ich will es nicht von dir verlangen. Von mir selbst aber werde ich ebenso nichts verlangen.«

»Wir haben zwei Kinder. Hast du das denn vergessen?«, fragte Itô. »Makoto und Ryûji. Wenigstens für sie sind wir doch verantwortlich.«

»Niemand ist für niemanden verantwortlich ...«

»Und wenn auch ich in Zukunft nicht mehr die Verantwortung für sie trage?«

»Dann werden sich andere ihrer annehmen. Meine Mutter. Es wird ihr eine Freude sein, sich um Makoto zu kümmern. Du weißt, wie sehr sie ihn liebt. Und du weißt auch, wie sehr sich unsere gute Nachbarin immer Kinder gewünscht hat. Bereitwillig wird sie Ryûji adoptieren. Darüber mache ich mir keine Sorgen.«

Damit war genug Energieaufwand betrieben. Tsuji fühlte sich müde und wollte sich ausruhen. Behäbig erhob sich der dreißigjährige Mann, schlurfte zum Schlafzimmer und schob geräuschlos die Schiebewand auf und hinter sich zu. Ohne den abgetragenen Kimono auszuziehen, den er seit Wochen zu Hause wie auf der Straße trug, legte er sich auf den Futon. Wann hatte er das letzte Mal die Matratze tagsüber zusammengefaltet und im Schrank verstaut?

Ein paar Minuten lag Tsuji reglos da und lauschte den Geräuschen, die aus der Küche zu ihm vordrangen. Das Leben ist nicht übel, dachte er bei sich, und gleichzeitig ist es eine Qual. Da er nicht schlafen konnte, wandte er sich einer vergilbten Schriftrolle mit naturalistischen Abhandlungen zu, die er seit Wochen neben dem Futon aufbewahrte und zu gegebenen

Tages- oder Nachtzeiten studierte. Nach einer Weile fühlte er sich erschöpft und schloss die Augen.

Viele schlaflose Nächte vergingen. Statt neben ihrem Ehemann zu liegen, falls dieser nach Hause gekommen war, lag Itô in Gedanken neben Ôsugi. Ja, er hatte sie gemustert, betrachtet, irgendwann den Blick nicht mehr von ihr genommen. Nach einer Versammlung war er unvermittelt auf sie zugekommen und hatte ihr bedeutet mitzukommen. Itô war ihm widerstandslos gefolgt.

In den frühen Morgenstunden eines trüben Septembertages 1915 fiel ihr Entschluss. Die Dämmerung setzte gerade erst ein. Die Stadt außerhalb ihrer kleinen Wohnung war noch nicht erwacht. Itô wollte sich nicht länger auf ihrem Futon hin und her wälzen, die schlafenden Söhne zu ihrer rechten Seite, linker Hand, wie in einem schwarzen Loch vergraben, der vielleicht schlafende, vielleicht wache Tsuji, der sich nicht rührte und nicht den geringsten Laut von sich gab. Itôs Wut auf ihn hatte sich inzwischen gelegt und war einer Resignation gewichen. Sie wusste, es hatte keinen Sinn, sich über ihn aufzuregen. Tsuji hatte entschieden, welches Leben er führen wollte. Nichts brachte ihn davon ab.

Nun hatte sich Itô ebenso entschieden.

»Wir müssen sprechen«, sagte sie leise und bestimmt in Tsujis Richtung.

Itô stand auf, ging ins Wohnzimmer und bereitete Tee zu.

Es dauerte viele Minuten, bis Tsuji sich erhob und ihr folgte. Irgendwann saß er ihr bei einer Tasse Tee gegenüber. Itô sah ihn lange und unverwandt an, bevor sie etwas sagte.

Es war Tsuji klar, was kommen musste. Seine Frau konnte seine alles verneinende Lebensweise nicht länger ertragen.

Auch wusste er um ihre Treffen mit Ôsugi und war sich der Anziehungskraft bewusst, die dieser auf Itô ausübte. Sie würden mehr als nur Gedanken ausgetauscht haben. Doch Tsuji wollte diesen Mann, der sich in den revolutionären Kreisen der Stadt und darüber hinaus einen Namen gemacht hatte, nicht als Widersacher empfinden, sondern als gemeinsamen Freund, egal wie weit Ôsugis Verhältnis mit Itô gegangen war.

»Ich werde die Familie verlassen«, sagte Itô.

Tsuji nickte.

»Es steht dir frei, dich für Ôsugi zu entscheiden«, sagte er. »Ich liebe dich weiterhin. Das weißt du. Ich kann dich gut verstehen, aber ich kann nichts daran ändern, wie sich die Dinge entwickeln. Ich werde dir und Ôsugi nicht den Weg verstellen. Alles geschieht, wie es geschieht. Wir alle sind in das Geschehen bloß eingebunden. Niemand ist wichtiger als der andere.«

Tsujis Stimme war noch ein wenig krächzender als sonst, aber er sprach bedacht und mit Überzeugung – wenn auch so leise wie möglich, denn um sie herum war alles still, das Licht und die Geräusche des Tages waren noch nicht gegenwärtig, und im Nebenraum schliefen Makoto und Ryûji. Itô wusste, dass für diese zwei Kinder gesorgt war. Nach vier Jahren des Zusammenlebens mit Tsuji hatte sie sich nun dazu entschlossen, einen weiteren Schritt in die Selbstständigkeit zu tun.

Wir schrieben erst das vierte Jahr Taishô, und schon wagte eine frisch verheiratete Frau, die ihr zugedachte Rolle zu verweigern. Itô unterwarf sich nicht ihrem Ehegatten, wie es die Tradition verlangte. Stattdessen suchte sie die Nähe eines anderen verheirateten Mannes. Stets war es Frauen vorbestimmt gewesen, sich für die Familie aufzuopfern und nicht nach eigenen Bedürfnissen zu handeln. Nun kam dieses Mädchen aus der Provinz und ignorierte sämtliche Verhaltensnormen. Sie hatte bereits ihren Verlobten auf dem Land sitzenlassen, jetzt entschied sie, sich von ihrem Ehemann zu trennen.

»Ich danke dir für alles, was du mir gezeigt und mich gelehrt hast«, sagte Itô in ähnlich gefasstem Ton, wie Tsuji gesprochen hatte. »Aber für mich ist der Zeitpunkt gekommen weiterzuziehen.«

Tsuji schwieg eine Weile. Anstatt zu reden, spitzte und weitete er wieder und wieder stumm den Mund. Itô dachte bereits, Tsuji würde ihr und vielleicht niemandem gegenüber jemals mehr die Stimme erheben, plötzlich fragte er: »Sag mir, liebst du denn Ôsugi aus ganzem Herzen?«

»Ich glaube, ja«, antwortete Itô. »Er und ich, wir können es nicht wissen, wir beide haben gelernt, wie sich Liebe im Lauf der Jahre ändern kann. Ôsugi ist ein verheirateter Mann, ich bin eine verheiratete Frau. Es wird nicht einfach. Yasuko, seine Ehefrau, du kennst sie, sie ist anders, sie fühlt sich den Traditionen verpflichtet. Sie strebt weder individuelle Freiheit noch das Aufbrechen der Normen an. Yasuko ist an keiner gleichberechtigten Beziehung interessiert. Doch sie fühlt sich dazu verpflichtet, das Streben ihres Gatten zu unterstützen, was immer es sei. Ôsugi wiederum will ihr nichts befehlen, sondern sie von sich aus zur Einsicht kommen lassen, seine Gefühle mir gegenüber zu akzeptieren. Ôsugi begehrt mich. Wir wollen unsere Beziehung nicht verheimlichen. Doch das Leben seiner Ehefrau soll dadurch nicht zerstört werden. Vielmehr will er Yasuko aus ihren engen Mustern befreien. Ohne Diktat will er sie zum Umdenken bewegen. Ich teile Ôsugis Bestreben. Dein Bestreben wiederum, Tsuji, der Weg, den du dich entschieden hast zu gehen, er erscheint mir aussichtslos. Es ist keine Lebensvision, die du verfolgst, sondern die Absage an sämtliche Bemühungen. Ich kann meine Energie hierfür nicht länger zur Verfügung stellen.«

Tsuji räusperte sich. Hatte er sich verschluckt? In der Konzentration, in der die beiden am Boden zusammensaßen, wirkten die gutturalen Laute, die Tsuji von sich gab, deplatziert. Itô senkte den Kopf und wartete, bis sich ihr Mann zu dem Gesagten äußerte.

»Ich werde deine Entscheidung respektieren, das steht außer Frage«, sagte Tsuji nach einigem Überlegen. »Keinesfalls will ich von den Rechten Gebrauch machen, die mir als deinem Ehemann zustünden. Ich werde dich nicht verstoßen, nicht ächten, auch werde ich dich nicht mit Gewalt an unsere Ehe und deine damit einhergehenden Pflichten ketten. Ôsugi ist mein Freund. Er hat Großes im Sinn und die Kraft und den Willen, es zu erreichen. Doch ich muss dich warnen, Itô, du bist jung und naiv. Ôsugi und du werdet keine gleichberechtigten Partner sein. Er ist nicht nur zehn Jahre älter als du, sondern ein Intellektueller, ein Theoretiker. Er glaubt nicht an die romantische Liebe, wie du sie dir erträumst. In einem Gespräch bezeichnete er kürzlich den Liebesakt zwischen Menschen als rein physiologisches Phänomen. Nicht anders als das Ausscheiden von Fäkalien sei es. Freundschaften und Liebschaften besitzen für Ôsugi keinen bleibenden Wert. Sie sind von einer launigen Vergänglichkeit geprägt wie alles Persönliche. Kleine Notwendigkeiten, individuelle Spielereien, Zerstreuung, nichts weiter. Im großen gesellschaftlichen Umbruch spielen sie eine untergeordnete Rolle.«

»Dann will ich prüfen, ob auch ich dazu bereit bin, unser Dasein auf diese Art zu erfassen. Ich bin jung, sagst du. Das heißt auch: lernfähig. Das kleine Leben, das wir alle im großen führen, ich will lernen, es mit Ôsugi zu teilen. Ich will ihm bei den großen Veränderungen, die in Angriff genommen werden müssen, zur Seite stehen. Nicht unterwürfig, sondern als Partnerin.«

Itô sprach mit solcher Überzeugung, dass Tsuji jedem Wort Glauben schenken wollte. Itô und er waren so verschieden, wie zwei Menschen nur sein konnten. Itô wollte die Welt verändern, dachte Tsuji bei sich, er wollte sie bloß nicht hinnehmen, wie sie war. Er hatte mit den Theorien abgeschlossen, Itô befand sich auf der Suche.

»In deinem kleinen privaten Leben mit Ôsugi wirst du ihn mit ähnlich vielen teilen müssen wie in der Welt des großen Klassenkampfs«, sagte Tsuji. »Einen Sakae Ôsugi kannst du nicht für dich allein beanspruchen. Sicherlich schätzt er dich mehr als Yasuko. Doch auch sie will er nicht verlieren. Und es gibt noch andere Frauen in seinem Umfeld. Solche, die vielleicht kaum Bedeutung haben. Aber auch solche, die eine wichtige Rolle spielen. Ich spreche von Ichiko Kamichika. Du weißt, wer sie ist. Ôsugi pflegt seit Monaten eine enge Beziehung mit ihr, er macht keinen Hehl daraus. Mit dieser Nebenbuhlerin wirst du dich abfinden müssen, Itô. Und du kannst dir sicher sein: Ihr bist du nicht gewachsen. Sie ist älter und klüger als du. Sie beherrscht die englische Sprache wie sonst keine Japanerin ...«

»Ich spreche auch Englisch!«, fiel ihm Itô ins Wort, was sie normalerweise niemals tat.

»Dein Englisch, Itô, habe ich dir beigebracht«, fuhr Tsuji fort. »Kamichika aber ist eine geschulte Intellektuelle. Sie übersetzt und führt Gespräche mit ausländischen Persönlichkeiten ...«

»Auch ich habe Texte von Goldman übersetzt und sogar Artikel veröffentlicht ...«

»Ja, im *Blaustrumpf*. Wer liest das schon, abgesehen vom Geheimdienst? Kamichika schreibt für landesweite Zeitungen. Mit ihren Fähigkeiten und ihrem Ehrgeiz hat sie sich weit hinaufgearbeitet. Und vor allen Dingen hat sie etwas, das weder du noch dein Ôsugi besitzen: Geld.«

»Geld!«

Noch nie hatte Itô dermaßen die Stimme gegen einen Mann erhoben.

»Als ob Ôsugi nicht dem Materialismus längst abgeschworen hätte!«, platzte es aus ihr heraus. »Wenn du so redest, Tsuji, dann klingst du wie ein Kapitalist!«

»Du weißt, dass du irrst, Itô«, sagte Tsuji. »Ich bin es, der dem Materialismus abgeschworen hat, so weit, dass du es kaum erträgst. Ôsugi hingegen ist ein Mann der Tat. Er will die direkte Aktion. Mit großer Wucht will er ins politische Geschehen eingreifen. Auch wenn er dich mit deiner Vitalität und deinen leidenschaftlichen Überzeugungen hierfür gebrauchen kann, für politische Maßnahmen benötigt er in erster Linie Kontakte zu Regierungskreisen und eben finanzielle Unterstützung. Eine Muse bei der Weltrevolution wirst du ihm sein, eine Genossin im Kampf. Doch die Affäre mit Kamichika wird er deinetwegen nicht beenden. Zu nützlich ist sie für ihn. Zu eigennützig sind seine Motive.«

»Kamichika. Kamichika!«, fauchte Itô und zügelte sogleich ihr Temperament. »Es ist Ôsugis gutes Recht, die Gunst der Stunde zu nutzen. Soll er ruhig annehmen, was Kamichika ihm zu bieten hat. Es wäre anmaßend, mich ihm in den Weg zu stellen. Im Grunde meines Herzens weiß ich, dass es keine wirkliche Liebe ist, die ihn mit dieser Zeitungsfrau verbindet. Ich weiß es, und auch Kamichika wird sich darüber im Klaren sein. Wir werden unsere Grenzen zu ziehen wissen. Ich will

Kamichika nicht ausstechen. Eine Frau wie sie will ich schon allein im Namen unseres politischen Auftrags nicht als Konkurrentin betrachten, sondern als … Bereicherung! Nicht mit Neid und Feindseligkeit will ich ihr begegnen, sondern mit Respekt. Zumindest will ich es versuchen. Wir müssen zusammenhalten. So zahlreich sind wir nicht. Wir dürfen uns nicht von Eitelkeiten leiten lassen. Soll Kamichika ruhig ein Stück des Weges mit uns gehen. Ôsugi wird seine Beziehungen zu ihr und mir und anderen einzuordnen wissen. Wir alle werden die Verhältnisse zueinander verstehen – auch Kamichika, wenn sie schon so klug ist, wie du sagst.«

»Gut«, sagte Tsuji nach kurzer Stille. »Wenn dem so ist, dann geh.«

Weder beleidigt noch zynisch klangen seine Worte.

»Ich meine es ernst. Ich wünsch euch Glück!«

In der Folge überließ Tsuji der Morgendämmerung, die sie mit ihren Worten zerrissen hatten, das Sagen. Er hätte noch vieles ansprechen können, aber es schien ihm die Anstrengung nicht wert. Zu viel war bereits gesprochen. Zu viel der Mutmaßungen. Draußen erwachte die große, weite Stadt aus ihrer Nacht. Sollten andere nun reden für den Rest des langen Tages.

Itô wartete ein wenig, dann nickte sie wortlos. Sie hatte alles zur Kenntnis genommen. Ein letztes Mal verneigte sie sich vor ihrem Ehemann. Dann stand sie auf und begann ihr neues Leben. Sie verabschiedete sich von den schlafenden Kindern. Nichts als ein paar Kleidungsstücke nahm Itô mit, als sie Tsujis Wohnung verließ. Ôsugi würde noch schlafen, wenn sie an seine Tür klopfen würde, dachte Itô. Sie würde ihn wecken. Er würde ihr aufmachen und sie in seine Arme nehmen.

Tsuji wiederum blieb noch lange reglos auf der Tatamimatte sitzen. Vielleicht schlief er im Sitzen kurz ein? Er lauschte, ob sich die zwei Kleinkinder im Nebenraum bewegten. Noch heute würde er Makoto, den älteren Sohn, an seine Mutter, und Ryûji – noch ein Baby – an die Nachbarin weitergeben. Und dann? Dann nichts. Vielleicht könnte er sogar aufhören zu atmen? Nicht einmal mehr das tun? Nein, so einfach war es nicht.

Mit sich allein im Wohnzimmer, eine leere Tasse Tee vor sich, hörte Tsuji der Stadt Tôkyô zu, die außerhalb der kleinen Wohnung hineinfand in einen neuen Tag, vielleicht sogar in eine neue Zeit.

六、

KOROSHIMASU

1916, im fünften Jahr Taishô, entwickelte Ôsugi, der mittlerweile eine landesweit bekannte und beachtete Persönlichkeit geworden war, ein Lebensmodell, das dermaßen den japanischen Moralvorstellungen widersprach, dass selbst aufgeschlossene Sozialisten mit Erstaunen und Befremdung darauf reagierten. Noch immer war er offiziell mit seiner ersten Frau Yasuko verheiratet und lebte mit ihr zusammen. Gleichzeitig aber hatte er sich mit Tsujis Ehefrau Itô im Hotel Kikufuji dauerhaft eingemietet, einem eleganten Haus in Hongô, das in jenen Tagen eine Vielzahl namhafter Künstler und Literaten kostenfrei beherbergte, und führte eine offene Beziehung mit ihr. Darüber hinaus, neben anderen Affären, die die Runde machten, verbarg er auch die intime Nähe zur linksliberalen Pressefrau Ichiko Kamichika nicht vor der Öffentlichkeit.

In jeder Hinsicht war Ôsugi ein hochbegehrter Mann geworden. Der Geheimdienstapparat überwachte ihn pausenlos und versuchte, sein Agitationsfeld einzuschränken. Eine revolutionäre Zelle nach der anderen entwickelte sich in Ôsugis Umfeld. Und gleichzeitig drängte eine Frau nach der anderen in seinen Wirkungskreis. Nicht nur Ôsugis blendendes Aussehen zog sie an, auch hatten sein messerscharfer Intellekt und sein unbeugsames, rebellisches Wesen trotz der wiederkehrenden Gefängnisaufenthalte nicht an Kraft verloren. Frauen trachteten danach, Ôsugi zu zähmen, Männer eiferten ihm blindlings nach. Eine Art Volksheld war er geworden. Während sein Freund Tsuji dem Leben entsagte und die folgenden Jahrzehnte wie ein Landstreicher durch die Stadt zog, verstand es Ôsugi, sich und seine Anliegen ins Rampenlicht zu rücken. Beide legten den von Stirner definierten Egoismus, über den sie zueinandergefunden hatten, auf ihre Weise aus. Ôsugi verweigerte die gesellschaftlichen Regeln nicht nur für sich selbst, sondern meinte, Vorbild sein zu müssen. Tsuji fiel, nachdem er sich aller Pflichten entledigt hatte, immer tiefer in sein Ich-zentriertes Dahinvegetieren. Er berief sich auf die Lehren Laotses und auf antike Philosophen. Seelenruhe, Gleichmütigkeit, die Ataraxie im Sinne der Epikureer, Gelassenheit, Affektlosigkeit. Ôsugis Leben wurde immer exaltierter, immer auf- und anregender, Tsujis von Jahr zu Jahr asketischer. Gelegentlich blies er in die Bambusflöte, hie und da blätterte er in den Schriften der Skeptiker und Stoiker. Wenn er ein Gedicht schrieb, ignorierte er jedes Versmaß. Während Ôsugi Alkohol mied, weil er ihn bremsen könnte, leerte Tsuji jede Sake-Flasche, derer er habhaft wurde. Dennoch überlebte er Ôsugi und Itô bei Weitem. Das große Beben 1923 konnte ihm nichts anhaben. Aus einem Badebottich, in dem er saß, als die Erde zu beben begann, stieg er unaufgeregt heraus. Ohne sich abzutrocknen oder anzuziehen, verließ er das Kloster, wo er baden hatte dürfen, und wanderte zum Tamagawa-Fluss. Tagelang ließ er sich im Wasser des Flusses treiben und verbrachte die Nächte an dessen Ufer. Vorbeiziehenden, vor Nachbeben flüchtenden Passanten erzählte er, dass er sich nackt, wie er war, schämte und dass Scham Dada bedeutete und Dada Scham. Die Panik, die in dieser Endzeit um sich griff, ergriff Tsuji nicht. Das Beben war sein Anlass gewesen, vom Badebottich in den Fluss zu wechseln, mehr nicht. Ein Sprung hinein ins panta rhei, ins Fließen, eine vorübergehende Sensation, wie alles seiner Auffassung nach eine Sensation und zugleich nicht der Rede wert war. Alles zählte, und gleichzeitig zählte nichts, alles floss und zerfloss.

Erst letztes Jahr, 1944, als die Vernichtungswellen des Weltkriegs immer unausweichlicher unser Kernland erfassten und in den Untergang rissen, fand Tsujis Leben ein Ende. Von der Außenwelt unbemerkt verhungerte er in einem kleinen Zimmer mitten in Tôkyô, das ein ehemaliger Studienkollege angemietet und ihm überlassen hatte. Sechzig Jahre alt war Tsuji geworden, fast so alt wie Ôsugi und Itô zusammen. Hätten die beiden es dabei belassen, ihr Bedürfnis nach Veränderung nur auf ihre eigenen Leben zu beziehen, hätten sie ihr Denken für sich behalten, anstatt versucht, es auf die Gesellschaft zu übertragen, sie würden heute noch leben. Vielleicht würden sie sich darüber freuen, dass der Zusammenbruch des Staates nun eingetreten ist? Doch nein, auf diese Weise hatten wohl selbst sie es nicht ersehnt.

Im Januar 1916 verkündete Ôsugi sein Konzept der freien Liebe, die »Polyamoris«, wie er es in Abgrenzung zur Polygamie benannte. Er wollte keine seiner Liebesbeziehungen aufgeben, und ebenso wenig hatte er im Sinn, die Affären heimlich unter dem Deckmantel seiner Ehe weiterzuführen. Also entschied er, sowohl mit Yasuko als auch mit Itô und Kamichika eine Liebesbeziehung zu führen – womöglich würden in absehbarer Zeit noch weitere Frauen hinzukommen –, und legte hierfür im Sinne der Gleichberechtigung und Freiheit drei Grundregeln fest, an die sich alle Beteiligten strikt zu halten hatten. Erstens: völlige wirtschaftliche Unabhängigkeit voneinander. Zweitens: das Leben in getrennten Haushalten. Drittens: bedingungsloser Respekt aller für die gegenseitige, auch sexuell uneingeschränkt ausgelebte Freiheit. Mit diesem Modell hoffte Ôsugi, eine alternative Form der Beziehung zwischen Mann und Frau behaupten zu können.

Natürlich war er selber der größte Nutznießer dieses Konzepts. Den Frauen, die mit Ôsugi zusammenbleiben wollten, blieb nichts übrig, als die auf dem Reißbrett entworfenen Prinzipien zu akzeptieren. Skeptisch, aber doch willigten sie, eine nach der anderen, in das Experiment ein. Es war, wie alles im Leben Ôsugis, ein hochtrabender, theoretischer Entwurf. Ob er den praktischen Anforderungen standhalten konnte, würde sich im Lauf der Zeit herausstellen. In allen Bereichen lotete dieser vom Umbruch besessene Mann die Grenzen des Machbaren aus, und bereitwillig nahm er das mögliche Scheitern in Kauf.

Wenn ich in an meinen eigenen Handlungen scheitere, notierte er, *dann kann ich mir einen besseren Weg überlegen. Scheitert ein anderer für mich, habe ich nichts, das ich verbessern kann.*

Das grandiose Scheitern seines Konzepts der freien Liebe aber hätte sich selbst Ôsugi nicht in jener Form gewünscht, wie es ihn noch im selben Jahr ereilen sollte. Bereits im November mündete die freie Liebe beinahe in einen Mord. Hätte die Geliebte nicht schlecht gezielt und den Dolch knapp neben seine Halsschlagader gesetzt, dann wäre es mir erspart geblieben, Ôsugi knapp sieben Jahre später den Tod zu bringen.

Von Anfang an konnte sich keine der drei Frauen wirklich damit abfinden, Ôsugi mit den anderen zu teilen. Sosehr sie es versuchten; Missgunst und Eifersüchteleien, die sich schon vor Ausrufung der freien Liebe gezeigt hatten, führten von Monat zu Monat zu tieferen Zerwürfnissen. Im Geheimen wollte jede der drei Ôsugis erste Frau werden. Keine erreichte dieses Ziel.

Sie stellten sich unterschiedlich auf die Situation ein. Yasuko blieb, wie sie es gelernt hatte, die unterwürfige, loyale Frau und befolgte die Regeln, die ihr Gatte entworfen hatte. Itô versuchte, aus gesellschaftspolitischer Überzeugung heraus, Verständnis zu entwickeln, so schwer es ihr emotional fiel. Sie baute, soweit es gelang, Kontakt und Solidarität zu ihren Partnerinnen auf und vertraute auf die Symbolwirkung dieser Konstellation. Kamichika litt am heftigsten darunter, Ôsugi mit den anderen teilen zu müssen. Sie war nicht nur von Bildung und Stand her weit über den anderen positioniert und konnte als Einzige mit Ôsugis Weltwissen mithalten, sie verfügte auch als Einzige in dieser Vierecksbeziehung über ein eigenes Einkommen. Ôsugis erste Grundregel, die wirtschaftliche Unabhängigkeit voneinander, konnte nur Kamichika einhalten. Doch zu ihrem Verdruss besaß sie kein so hübsches Gesicht wie Itô.

Ursprünglich stammte auch Kamichika aus bescheidenen Verhältnissen. In einem Dorf in Nagasaki war sie aufgewachsen, aber sie hatte sich hartnäckig aus dem ländlichen Umfeld herausgekämpft. Weit hatte sie ihre Herkunft hinter sich gelassen, nur das unvorteilhafte Äußere war ihr geblieben.

Schon in ihrer Kindheit quälte Kamichika die Unzufriedenheit mit ihrem Aussehen. Sie besaß einen unförmigen, zu breiten Kopf, der fast ohne Hals auf zu schmalen Schultern und einem gedrungenen Körper saß. Das brachte ihr den Spitznamen »Kröte« ein. Selbst ihre Mutter gab Kamichika zu verstehen, dass sie wohl nie einen Mann finden würde. Was Kamichika aber an Schönheit fehlte, machte sie durch Intelligenz, Fleiß und Ehrgeiz wett. Während der Schulzeit erfand sie ausgetüftelte Fallen, um Tiere einzufangen, und trainierte mit ihrem Vater, einem Arzt für chinesische Medizin, die Kunst des Schattenboxens. Gerieten Mitschüler in Raufereien, setzte sie sich stets für die Schwächeren ein. Kamichika hatte ein ausgesprochenes Gerechtigkeitsempfinden. Und nie scheute sie davor zurück, harte körperliche Arbeit zu verrichteten, die sonst nur Männer leisteten.

Als ihre Familie nach dem Tod des Vaters ins Elend abglitt, zwei ihrer älteren Brüder starben, und Kamichika von einer Tante in Tôkyô adoptiert wurde, trieb sie in der Stadt ihre Laufbahn zielstrebig voran. Nun entpuppte sich ihre Unvermittelbarkeit als Braut für sie als Vorteil. Kamichika blieb keine andere Wahl, als auf eigenen Beinen zu stehen. Ohne Aufschub machte sie sich daran. Sie nutzte ihr Sprachentalent und begann eine außergewöhnliche Karriere als Englisch-Übersetzerin. Bald war es ihr gestattet, nicht nur Interviews, sondern auch Artikel für angesehene Zeitungen zu gestalten. Kamichika veröffenlichte regelmäßig und verdiente gutes Geld, sie war angesehen und erfolgreich wie fast keine andere Frau im Land. Doch das konnte sie nicht über die Kränkungen hinwegtrösten, die sie aufgrund ihres Aussehens erfuhr. Nach wie vor meinte sie, ein Tuscheln oder Lachen hinter vorgehaltener Hand zu hören, wenn sie sich in Gesellschaften bewegte. Eine Frau hatte schön zu sein, dann wurde sie verehrt. Kamichika wurde zwar respektiert, dabei aber wie ein Mann behandelt.

Eigentlich ist es nicht verwunderlich, dass sie sich neben ihrer regulären Arbeit mit allem, was ihr zur Verfügung stand, für die aufkommende Frauenbewegung einsetzte. Lange aber blieb dem Geheimdienst verborgen, dass Kamichika unter verschiedenen Decknamen am *Blaustrumpf* mitarbeitete, wo sich auch Itô engagierte. Dieses feministische Blatt wurde immer wieder verboten und seine Verbreitung behindert, aber erst als sich Kamichika und Itô in Ôsugis Polyamoris verstrickten, stellte die Redaktion die Zeitschrift ein. Zu diesem Zeitpunkt war Kamichika – wie andere Aufwühler mittlerweile zum Christentum konvertiert – ideologisch bereits weit ins Minenfeld des Sozialismus vorgedrungen, auf dem sie mit ihrem erwirtschafteten Geld eine Vielzahl von Projekten und Aktionen unterstützte, ohne sich selbst die Hände schmutzig zu machen. Erst durch ihre Beziehung mit Ôsugi wurde die Geheimpolizei auf Kamichika aufmerksam. Hätte diese unberechenbare Frau sich nicht aus eigenem Verschulden ins Gefängnis befördert, hätten wir früher oder später einen anderen Weg finden müssen, sie außer Gefecht zu setzen.

Im November 1916 litt Ôsugi dermaßen unter den aufflammenden Querelen innerhalb seiner polyamoren Gruppe, dass er entschied, sich aufs Land zurückzuziehen, um sich ein paar Wochen lang ungestört seinen Schriften und Übersetzungen zu widmen. Er mietete sich im Hotel Hikage, einem Gästehaus in Hayama ein, wo er bereits des Öfteren Auszeiten verbracht und mit einem Dienstmädchen eine erotische Beziehung entwickelt hatte.

»Du gehst auch wirklich allein, ja?«, hatte Kamichika ihn im Vorfeld seines Aufenthalts wieder und wieder gefragt.

Das Dienstmädchen, das nur eine von mehreren weiblichen Vergnügungen war, denen sich Ôsugi zur Zerstreuung hingab, bereitete Kamichika keine Sorgen. Doch sie vertraute nicht darauf, dass sich Itô an die Vereinbarung hielt, Ôsugi nicht in Hayama zu besuchen.

»Kannst du schwören, dass Itô während deiner Arbeitswochen im Hikage nicht doch an deiner Seite schläft?«, fragte sie.

Ôsugi war ungehalten wegen dieser Vermutungen, aber er versuchte, sich zu beherrschen. Er wollte eine neue Zeitung gründen und benötigte finanzielle Unterstützung. Es gab nicht viele Geldquellen, die er anzapfen konnte. Kamichika war seine treueste Geberin.

Überall stand Ôsugi in jenen Tagen in der Schuld. Von allen Bekannten und Verwandten hatte er bereits etwas geliehen. Von Arishima, dem großen Literaten und Unterstützer sozialistischer Ideen, hatte er Geld bekommen. Selbst den Innenminister Gotô persönlich hatte er eines Abends in dessen Privatresidenz aufgesucht, um einen Zuschuss auszuhandeln.

Was könnte das Durcheinander, das während der Taishô-Zeit entstand, besser illustrieren als dieser Umstand, dass Ôsugi, ein erklärter Staatsfeind, es schaffte, dem Innenminister dreihundert Yen für subversive Tätigkeiten abzuschwatzen? Bis tief in die Nacht hinein saßen die beiden Männer auf der Veranda zusammen, blickten auf den dunklen Bambusgarten hinaus und unterhielten sich bei Grüntee über die großen und kleinen Dinge des Lebens. Beharrlich redete Ôsugi auf Gotô ein und brachte das Argument hervor, dass eine Regierung, die die freie journalistische Arbeit eines Bürgers unterbindet, moralisch dazu verpflichtet wäre, für dessen anderweitigen Unterhalt zu sorgen. Der Innenminister fühlte sich außerstande, dem zu widersprechen. Am Ende der Unterhaltung zog er die Geldscheine aus seiner Brieftasche und geleitete Ôsugi vor die Haustür. Der Bittsteller verschwand in der Dunkelheit, aus der er gekommen war.

Ôsugi hatte seine monatliche Zeitschrift *Heiminshinbun*, die sogenannte *Volkszeitung*, in der sich er und seine Genossen direkt an die Arbeiterschaft der großen Fabriken gewendet hatten, wegen staatlicher Repressionen einstellen müssen. Sein intellektuell ausgerichtetes und dementsprechend nur in begrenztem Ausmaß zirkulierendes Blatt *Kindai Shisô (Modernes Denken)* hatte Ôsugi aufgegeben, weil er damit höchstens die Aufmerksamkeit der eigenen Mitstreiter erreichte und sich der Aufwand nicht lohnte. Konnte er aber keine Schriften publizieren, fühlte sich Ôsugi, als wäre sein wichtigstes Organ amputiert. Das Verfassen und Verbreiten seiner Manifeste war Ôsugis tauglichste Waffe im politischen Kampf. Nun lag das Herz seiner politischen Arbeit still.

Doch Ôsugi ließ sich nicht ausbremsen. Auch ohne zu wissen, wo er publizieren konnte, verfasste er einen Text nach dem anderen. Er prangerte das kapitalistische Streben der Regierung an, er rief zu sozialer Gerechtigkeit und Gleichstellung auf. Immer wieder brachte Ôsugi Schriften in Umlauf. Hin und wieder erschienen sie als Artikel in herkömmlichen Zeitungen, dann wieder auf Handzetteln im Untergrund.

Momentan vertiefte sich Ôsugi in Neuübersetzungen und Interpretationen seines großen russischen Helden Kropotkin. Dieser Geologe, der von der Naturwissenschaft zum Anarchismus gefunden und bereits Shûsui inspiriert hatte, entwarf ein antihierarchisches Ordnungsideal. Besonders das Buch »Gegenseitige Hilfe in der Tier- und Menschenwelt« bestätigte Ôsugis Thesen über gemeinschaftliches Zusammenleben. Akribisch übersetzte er Wort für Wort. In der Abgeschiedenheit des Hotels Hikage hoffte Ôsugi, sich in Ruhe den Erkenntnissen Kropotkins widmen zu können.

Ordnung ist das freie Gleichgewicht aller auf ein und denselben Punkt wirkenden Kräfte. Werden irgendwelche dieser Kräfte durch menschlichen Willen in ihrer Wirksamkeit gehemmt, wirken sie nichtsdestoweniger, aber ihre Wirkungen häufen sich an, um eines Tages die künstlichen Dämme zu durchbrechen und die Umwälzung hervorzurufen, kritzelte Ôsugi auf ein Blatt Papier.

Allein mit sich und den Umsturzfantasien saß er an diesem noch herbstlich milden Novembertag am Schreibtisch seines Hotelzimmers. Das Dienstmädchen hatte er fortgeschickt. Es war die Zeit, sich mit Kropotkin zu beschäftigen, nicht mit den Frauen.

Nur das Zugeständnis, das Ôsugi Kamichika gegenüber hatte machen müssen, dass sie ihn als Einzige am letzten Tag seines Aufenthalts in Hayama besuchen dürfte, um einen ungestörten Tag mit ihm zu verbringen, diese Aussicht trübte seine Stimmung. Mürrisch hatte er eingewilligt und die dreißig Yen entgegengenommen, die Kamichika ihm gereicht hatte.

»Das sollte für deine Bedürfnisse genügen«, hatte sie gesagt. »Doch um eine neue Zeitung zu gründen, wie du es mit Itô planst, wirst du andere Gelder lukrieren müssen.«

»Ich weiß ... Mach dir darüber keine G-g-gedanken. Wir haben unsere Kontakte.«

»So, so ...«

Das spöttische Lächeln Kamichikas war Ôsugi nicht entgangen.

Nun war Kamichika weit weg, zurückgelassen in Tôkyô. Auch
Yasuko war allein in ihrem Haus in Yotsuya geblieben. Und Itô
hatte vorgehabt, ihren Onkel in Chigasaki aufzusuchen, um
Geld von ihm zu leihen. Geld! Es fehlte ihnen an allen Ecken
und Enden. Ôsugi wollte sich im Moment aber nicht von solch
banalen Sorgen ablenken lassen. Er war nach Hayama gefahren, um konzentriert zu schreiben. Ungestört wollte er in diesem Hotelzimmer die Arbeit voranbringen. Doch wie mühevoll er sich dazu überwinden musste! Ôsugi kämpfte mit sich
selbst. Eine Trägheit, Schwere lastete auf ihm. Er schaffte es
kaum, die Gedanken zu fokussieren.

*Eine Gesellschaft ist eine Anhäufung von Organismen, die sich
zugleich bemühen, die Bedürfnisse des Einzelnen zu befriedigen
wie auch zum Wohle der Art zusammenzuwirken*, notierte er
und geriet ständig ins Stocken. Die Sätze, die er niederschrieb,
erschienen ihm uninspiriert, kalt, blutleer, nicht wortgewandt
genug.

Chigasaki, wohin Itô fahren wollte, lag ebenfalls an der
Sagami-Bucht im Süden Tôkyôs, nur eine Stunde westlich
von Hayama. Itô könnte nach dem Besuch bei ihrem Onkel
mit dem Zug an der Küstenlinie weiterfahren, überlegte Ôsugi. Vom kleinen Bahnhof Hayamas wären es nur wenige
Schritte bis zum Hotel Hikage, würde sie ihn besuchen kommen wollen. Oder sie könnte zuerst den Zug in seine Richtung
nehmen und ihm ein wenig Gesellschaft leisten, bevor sie
am Rückweg den Onkel aufsuchte, um Geld zu besorgen ...
Ohne Itô wirkte das Leben nicht freier, sondern leerer, dachte
Ôsugi. So unwahrscheinlich es war und entgegen aller Vernunft und Abmachungen, er wünschte nichts so sehr, wie Itô
zu sehen, mit ihr zu sprechen, mit ihr zu schlafen. Er legte
Tintenfeder und Papier beiseite. Geld würde sich auch an-

derswo auftreiben lassen. Wochenlang konnten Itô und er nichts als gedämpfte Süßkartoffeln essen, wenn es sein musste. Und auch Kropotkins Neuinterpretationen konnten warten …

Ôsugi schob die Gedanken von sich fort und mühte sich weiter durch Kropotkins Sätze.

Der Staat ist ein geschichtliches Gebilde, das sich im Leben aller Völker nach und nach an die Stelle der freien Vereinigungen gesetzt hat. Staaten sind hinfällige Greise geworden, mit runzeliger Haut und wankenden Füßen, von inneren Krankheiten zerfressen, ohne Verständnis für neue Gedanken. Die geringe Kraft, die ihnen bleibt, vergeuden sie. Und sie beschleunigen ihr Ende, indem sie übereinander herfallen. Der Augenblick, da der Staat verschwindet, steht bevor.

Auch wenn Ôsugi nicht im Geringsten an der Richtigkeit und Wichtigkeit dieser Thesen zweifelte, er schaffte es an diesem Nachmittag nicht, Kropotkins Schriften die volle Aufmerksamkeit zu schenken. Zu stark war sein Verlangen, nur mehr mit dieser einen jungen, schönen, energischen Frau zusammenzusein.

Das ältere Hausmädchen des Gästehauses klopfte an die Tür und rief vorsichtig Ôsugis Namen. Er war dankbar für die Ablenkung und bat die Bedienstete herein. Ins Zimmer trat nun aber nicht nur das Hausmädchen, sondern auch Itô. Sie blieb verschämt lächelnd im Zimmer stehen. Das Hausmädchen huschte, sich duckend, rasch wieder hinaus und schloss die Tür von außen.

»Itô!? D-d-du?«

»Ich möchte dich nicht bei deiner Arbeit stören …«, sagte Itô.

»Ich b-bitte dich! Komm!«

»Störe ich dich wirklich nicht?«

»Nein, nein! K-K-Keineswegs!«

Ôsugi eilte an Itôs Seite und half ihr, den Mantel abzulegen.

»Es ist eine Freude, d-dich zu sehen!«, sagte er.

»Ich weiß, es ist gegen unser aller Vereinbarung, dass ich dir nachreise ...«

»Ja und?«, unterbrach Ôsugi. »Regeln sind schließlich da, um g-g-gebrochen zu werden.«

»Das sagt sich leichter, als es ist.«

»D-d-doch, so ist es. Wer sich an Vorgaben hält, wird nie etwas N-neues erschaffen. Überhaupt ist das Wetter viel zu schön, um im dunklen Zimmer zu arbeiten! K-komm, Itô! Erfrisch dich von der Reise. Und d-dann lass uns einen Ausflug an die Küste machen!«

Noch am selben Nachmittag spazierten die beiden am Strand Ôkuzures auf und ab. Hand in Hand flanierten sie die Küste entlang, stundenlang, als gäbe es nichts anderes zu tun. Weder die Geldsorgen noch Kropotkin oder die Revolution zählten in diesem Augenblick. Erst als das honigfarbene Herbstlicht in die Abenddämmerung überging und ihnen kalt wurde, fuhren sie zurück zum Gästehaus und nahmen ein heißes Bad.

»Wie d-du mein Leben bereicherst!«, sagte Ôsugi später zu Itô.

Da saß er bereits im Kimono auf dem Boden des geräumigen Hotelzimmers und erwartete gut gelaunt das Abendessen, das ihnen bald serviert werden würde. Itô war noch unbekleidet und machte sich an der Kommode für den Abend zurecht.

Das Hausmädchen erschien erneut, allerdings nicht mit dem Tablett, auf dem sie den Himono, den getrockneten Fisch, hätte bringen sollen, den das Liebespaar bestellt hatte, sondern mit der Nachricht, dass ein weiterer Gast eingetroffen sei.

»Es war nicht möglich ...«, entschuldigte sich das Hausmädchen. »Unmöglich war es, diese Dame zurückzuhalten. Ich weiß, dass Sie keinen weiteren Besuch empfangen wollten, Herr Ôsugi. Doch es ist mir nicht gelungen. Bitte verzeihen Sie!«

Das Mädchen hatte noch nicht zu Ende gesprochen, da tauchte bereits Kamichika hinter ihr auf und drängte sich ins Zimmer.

»Ich weiß, du hast mich erst später erwartet, mein Lieber«, sagte sie, ein Grinsen in ihrem Gesicht, »aber das Wetter war heute so herrlich. Sieh nur, ich trage den dünnen Sergestoff, den man sonst im Spätsommer trägt. Ich konnte einfach nicht länger warten, um dir den Besuch abzustatten, den wir vereinbart ...«

Mitten im Satz verstummte sie. Ihr Blick war zur Kommode gewandert und auf Itôs *Unaji* gestoßen, den entblößten Nacken ihrer Widersacherin, die vor dem Spiegel stand und nicht wusste, wohin sie sich wenden sollte. Beinahe hätte Kamichika einen spitzen Schrei ausgestoßen, aber sie schaffte es, sich zu beherrschen.

Direkt vor ihrem Aufbruch zu Ôsugi hatte Kamichika ebenfalls vor dem Spiegel gestanden. Sie hatte sich eigens für diesen Besuch einen kostbaren Kimono gekauft und sich darin betrachtet. Er stand ihr außergewöhnlich gut. Doch sie hatte anerkennen müssen, dass sie sich in feinste Seide hüllen und Itô Lumpen tragen konnte, sie würde nicht an Itôs Schönheit herankommen. Dennoch gab sich Ôsugi mit ihr ab. Es konnte nicht nur wegen des Geldes sein. Da war eine Lust zu spüren, die nicht gespielt sein konnte. In Ôsugis Armen fühlte sich Kamichika als Frau und vergaß, für wenige Stunden zumindest, ihren alten Spitznamen.

Nun sah Kamichika vor sich in Ôsugis Hotelzimmer den unverhüllten Nacken dieser anderen Frau. Itôs perfekt geformter und vom Bad noch seidenweicher Nacken. Es gab keinen stärkeren Ausdruck der Sinnlichkeit. Wie ein Schlag traf Kamichika dieser Anblick. Sie wich zurück. Kurz schwindelte ihr, dann wandelte sich das Schwindelgefühl in kalten Hass. Auch wenn Itô rasch einen Kimono überwarf, es bestand kein Zweifel, dass Ôsugi und Itô Kamichika feig hintergangen hatten.

»Oh!«

Die Überraschung, die Kamichika mimte, war gekünstelt.

»Ich konnte ja nicht ahnen, dass Itô dich hier bei deiner … Klausur aufgesucht hat, Ôsugi«, sagte sie. »Ich hoffe, ich störe euer Glück nicht.«

Als Nächstes überging Kamichika Itô und tat, als wäre sie nicht da. Sie breitete sich im Hotelzimmer aus, als wäre es das ihre. Kamichika holte den Kimono aus dem Gepäck, zog sich ungeniert um und setzte sich zu Ôsugi, der beschämt an Ort und Stelle sitzen geblieben war, auf den Boden.

»Ich roch schon, als ich das Hotel betrat, dass das Abendessen zubereitet wird«, sagte sie. »Stockfisch, es duftet durch den ganzen Korridor.«

Schweigend setzte sich Itô zu den beiden. Ôsugi bestellte beim Hausmädchen, das inzwischen gebückt vor ihnen hin und her schlich und den Esstisch bereitete, eine zusätzliche

157

Portion Himono, und Kamichika ließ des Weiteren Sashimi bringen.

»Die Reise von Tôkyô hierher war lang und ermüdend«, sagte sie, als Ôsugi und Itô zögerlich zu essen begannen. »Hast du denn auch den Zug genommen, Itô?«

Itô nickte kurz, ohne aufzublicken.

»Wir hätten ja gemeinsam reisen können«, sagte Kamichika. »Hätte ich es bloß gewusst! Wenn man sich unterhält, vergeht die Zugfahrt schneller.«

Niemandem, außer Kamichika, war danach, sich zu unterhalten. Ôsugi und Itô stocherten freudlos in ihren Schalen herum.

»Habt ihr denn keinen Hunger? Ist er euch vergangen?«

Wortkarg, wie die beiden waren, lag es an Kamichika, hin und wieder ein Gesprächsthema zu finden. Sie hielt an ihrer gespielten Laune fest. Dass Itôs Kimono ausnehmend hübsch und wohl teuer gewesen sei, stellte Kamichika mehrfach an diesem Abend fest.

»Hast du ihn speziell für diesen Besuch gekauft? Mit welchem Geld kannst du dir denn so einen Kimono leisten?«, fragte sie.

Sie erwartete keine Antwort. Für Kamichika stand fest, dass das Geld, das sie Ôsugi des Öfteren zusteckte, auch bei der praktisch mittellosen Itô landete.

»Tatsächlich, ein wunderschöner Kimono …«, wiederholte Kamichika. »Im Pfandhaus, zumindest in den Leihanstalten, die ich kenne, habe ich noch nie einen derartigen entdeckt. Könntest du es dir leisten, Itô, du hättest richtiggehend Geschmack!«

Itô wäre am liebsten auf der Stelle abgereist, aber da um diese Uhrzeit kein Zug mehr fuhr, musste sie den nächsten Morgen abwarten. Direkt nach dem Abendessen richtete sie ihren Futon im hintersten Winkel des Zimmers für die Nacht her.

Auch Kamichika und Ôsugi legten sich früh zur Ruhe.

»Es war ein anstrengender Tag. Für uns alle wohl!«, sagte Kamichika, als sie sich nur armlang von Itô entfernt ausstreckte.

Ôsugi, zu ihrer anderen Seite, fühlte sich schwach und kränklich. Von Stunde zu Stunde ging es ihm schlechter. Als das Licht gelöscht wurde und die schwere Stille der Nacht über Hayama hereinbrach, spürte Ôsugi, wie ihn ein Fieber überkam. Kalter Schweiß sammelte sich auf seiner Haut. Er begann zu zittern. Kamichikas mechanisches Schnaufen war wie das Wetzen einer Klinge neben ihm zu hören.

Ôsugi traute sich nicht einzuschlafen. Vorahnungen plagten ihn. Kamichika hatte ihn bereits mehrmals wissen lassen, dass sie ihn wohl eines Tages würde töten müssen. »Koroshimasu« – »Ich töte dich«. Sie hatte dieses Töten im Rausch oder im Scherz ausgesprochen, dennoch hatte es sich für Ôsugi nicht wie gehaltloses Geplapper angehört.

»Unserer Freundschaft zuliebe«, hatte er ihr entgegnet. »Wenn du mich wirklich töten musst, dann bring mich bitte so um, dass ich in einem Atemzug sterbe. Versprich mir das, Kamichika, ja?«

Kamichika hatte es versprochen und mit heiserer Stimme gelacht.

»In einem Atemzug«, hatte sie bestätigt. »Wie Sie wünschen, Herr Ôsugi.«

Ôsugi fröstelte. Zu gerne wäre er aufgestanden und fortgegangen, aber er fühlte sich schwach, und das Fieber deckte ihm die Lider zu. Ôsugi kämpfte dagegen an, aber der Schlaf ließ sich nicht abhalten. Der Schlaf, mit dem er sich seiner Rächerin wehrlos auslieferte.

Kamichika sagte nichts weiter. Nur dass sie niemals damit gerechnet hätte, Itô hier anzutreffen, flüsterte sie mitten in der Nacht in die Finsternis hinein, so leise, dass es für Ôsugi wie »Koroshimasu« klang.

»Ich töte dich.«

Am nächsten Morgen eilte Itô, sobald sie die Misosuppe und den Reis gegessen hatte, die zum Frühstück serviert worden waren, zum Bahnhof. Ôsugi wollte sie begleiten.

»Aber nein, das ist wirklich nicht nötig!«, sagte Itô. »Du siehst nicht gut aus, Ôsugi, blass bist du, deine Augen glänzen, Schweißperlen stehen auf deiner Stirn. Es ist besser, wenn du dich heute ausruhst. Wir sehen uns in Tôkyô, sobald du zurückkommst.«

Kamichika trat aus dem Badezimmer heraus, um Itô zu verabschieden.

»Und, Itô, wirst du dich nächste Woche erneut auf den Weg hierher nach Hayama machen, um Ôsugi zu besuchen?«, fragte sie.

»Nein, das werde ich nicht.«

»Nein?«

»Nein, d-das wird sie nicht«, sagte Ôsugi.

»So, so ...«

Freie Entfaltung der Einzelnen in Gruppen, freie Entfaltung der Gruppen in Vereinigungen, freie Gliederung nach Bedürfnis und Neigung; das wird die künftige Gestalt der Gesellschaft sein, notierte Ôsugi in seinem Heft.

Statt sich nach der unruhigen Nacht auszuruhen, hatte er sich, so schwach er sich fühlte, wieder an den Arbeitstisch gesetzt, um mit Kropotkins Theorien fortzufahren. Kamichika hatte vorgeschlagen, einen Ausflug ans Meer zu machen, um sich ein wenig die Beine zu vertreten.

»An der salzigen Seeluft wirst du wieder zu Kräften kommen«, hatte sie gesagt.

Er habe keine Zeit, spazieren zu gehen, erklärte Ôsugi. Die Arbeit dränge!

»Das Hausmädchen wird d-d-dich sicher gerne zur Küste führen.«

»Das ältere oder das jüngere der beiden?«, fragte Kamichika. »Welches gefällt dir besser? Sie sind beide hübsch, nicht?«

Nachdem Kamichika gegangen war, versuchte sich Ôsugi auf die Arbeit zu konzentrieren. Bis zum späten Nachmittag würde Kamichika an der Küste bleiben. So lange war Ôsugi wenigstens allein mit sich und seiner Arbeit. Er kämpfte damit, mit Kropotkin weiterzukommen, aber seine schlechte Verfassung, die Unruhe und das Bedürfnis, Itô möglichst rasch wiederzusehen, stellten sich jedem Gedanken in den Weg. Einen einzigen neu übertragenen Absatz vollendete Ôsugi, dann legte er das Heft zur Seite. Kopfschmerzen pressten auf seine Schläfen. Außer Reichweite lagen die zu einer neuartigen Gesellschaftsordnung weisenden Sätze. Normalerweise gaben ihm diese Thesen so viel Mut, Kraft, Zuversicht, heute aber war die Welt auf jenes Hotelzimmer im Hikage reduziert, das nicht weiter ihm allein gehörte. Ôsugi wurde das Gefühl nicht los, dass er dieses Zimmer nie mehr lebendig verlassen würde.

Es muss erzeugt werden, was der Befriedigung dringlichster menschlicher Bedürfnisse dient, las Ôsugi Korrektur. *Hierzu ge-*

nügt, dass alle Erwachsenen, einem Gesellschaftsvertrag folgend, täglich fünf Stunden lang eine der notwendigen körperlichen Arbeiten verrichten. Sie wählen eine Gruppe, der sie sich anschließen, oder gründen eine neue. Den Rest der Zeit verbringen sie nach Belieben mit Freizeitaktivitäten und wissenschaftlichen oder künstlerischen Projekten.

Ôsugis letzte Energie war aufgebraucht. Er setzte sich auf den Boden und meditierte, er legte sich hin, schloss die Augen. Doch die Furcht vor Kamichikas Rückkehr und das Echo ihrer Todesdrohung, das in seinem Kopf rotierte, ließen ihn nicht zur Ruhe zu kommen.

Rastlos und weiterhin von Kopfschmerzen geplagt, setzte sich Ôsugi nachmittags erneut an den Arbeitstisch, um wenigstens einen Artikel, den er schon länger in Planung hatte, aufzusetzen. Gerade den Titel – »Was ist eine gerechte Regierung?« – hatte er zu Papier gebracht, da öffnete sich die Zimmertür. Kamichika trat ein.

»Was für eine wundervolle Küste das ist«, berichtete sie.

Ihre Augen fixierten Ôsugi.

»Die dunklen Felsen, die so weit ins Meer hinausragen. Bis nach Katase, ja bis nach Enoshima reichte mein Blick zwischen ihnen hindurch.«

Kamichika wollte wissen, wie er mit seiner Arbeit vorangekommen war. Sie warf einen Blick auf das leere Blatt Papier unter seinen Händen. Nichts als der Titel des geplanten Artikels war darauf zu lesen.

»K-Kamichika ...«, sagte Ôsugi.

Er konzentrierte sich auf jedes Wort, um so wenig wie möglich zu stottern.

»Ich g-glaube, wir sollten unsere Beziehung beenden.«

Kamichika tat, als hörte sie ihn nicht.

»Du bist gestern mit Itô am Strand spazieren gewesen, hörte ich«, sagte sie.

»Ich m-meine es ernst, K-K-Kamichika.«

»K-K-Kamichika …«, äffte sie ihn nach.

»Ich finde, wir sollten unsere B-Beziehung beenden«, wiederholte Ôsugi.

»Sollten wir das, ja?«

Kamichikas Stimme klang spitz und scharf. Ein Schmunzeln huschte über ihr Gesicht. Einen Augenblick später fror Kamichikas Miene wieder ein. Sie fuhr fort zu reden, als handelte es sich um ein belangloses Thema.

»Vielleicht hast du recht«, sagte sie. »Vielleicht sollten wir ein Ende setzen. Doch bitte nicht hier und jetzt. Nicht auf der Stelle. Das Abendessen wird bald serviert. Wir sollten uns den Appetit nicht verderben lassen.«

Leichtfüßig verschwand Kamichika im Badezimmer, um sich für den Abend zurechtzumachen.

Wie eine Henkersmahlzeit schmeckten die gebratenen Fische, der Reis, der eingelegte Rettich, die getrockneten Algen, die aufgetischt wurden. Jeder Bissen womöglich der letzte Genuss vor dem Ende. Nach dem Essen aber fühlte sich Ôsugi gestärkt. Bei einer Tasse Tee wagte er es, Kamichika erneut auf die Trennung anzusprechen:

»Wenn es dir ums G-G-Geld geht … Ich werde dir jeden Sen zurückzahlen.«

»Wirklich? Wie willst du das machen?«

»Ich werde mir Geld von G-Genossen leihen, die sich nicht daran stören, dass Itô einen hübschen Kimono trägt.«

»So, so … Genossen! Oder Genossinnen? Mein lieber Ôsugi,

du hast bereits von allen Geld geborgt, und niemandem hast du je zurückgegeben, was du ihm schuldest ...«

Ôsugi schluckte seine Wut hinunter.

»Wie ich höre, hat Arishima dir und Itô mehr zugeschossen als allen anderen Aktivisten ...«, sagte Kamichika.

Dieses Gespräch konnte nirgends hinführen. Alles war bereits und gleichzeitig war nichts gesagt.

Im Stillen entschied Ôsugi, sollte er die bevorstehende Nacht überleben, jegliche Beziehung zu Kamichika zu beenden, die Zweckehe mit Yasuko aufzulösen und das Experiment der freien Liebe aufzugeben. Es war notwendig umzudenken, womöglich war es bereits zu spät? Theorien mussten stets aufs Neue geprüft werden. Hatten sie in der Praxis keinen Bestand, mussten sie angepasst werden. Flexibilität in Geist und Tat erwartete Ôsugi von den Menschen wie von sich selbst. Er sah das Scheitern seiner freien Liebe ein. Sie war in dieser Konstellation nicht durchführbar und raubte ihm die nötige Energie, um wichtigere Visionen voranzutreiben.

Nur mit Itô würde Ôsugi zusammenbleiben, sobald er dieses Gästehaus verlassen und die Arbeit in Tôkyô wiederaufgenommen haben würde. Itô war seine Partnerin. Sie war die einzige Frau, die er liebte. Yasuko bedeutete ihm nichts, und Kamichika fürchtete er. Auch wenn Itô mittellos wie er selber war und ihm finanziell keinen Vorteil verschaffen konnte, moralisch unterstützte sie ihn wie keine andere. Mit Itô an seiner Seite würde Ôsugi zu neuer Stärke finden, gemeinsam würden sie aus der Sackgasse herausfinden, in die sie sich verirrt hatten, und neue Wege erschließen, die Revolution voranzutreiben.

Itô war bereit, für Ideologien bis in den Tod zu gehen. Das hatte sie bei zahlreichen Anlässen ausgedrückt.

»Wir führen kein Leben, bei dem man auf der Tatamimatte sterben kann. Und wir führen auch nicht im Sinn, dies jemals zu tun«, hatte sie gesagt. »Wir tun ausschließlich, was wir für richtig halten. Wir treten für Dinge ein, die wohl noch Jahre in der Zukunft liegen. Dass wir im Heute deshalb verfolgt werden, ist ebenso wenig überraschend, wie wenn wir als Folge unseres Handelns eines Tages umgebracht werden.«

Diese Worte, die ich aus einem Protokoll von Itô kannte, schossen mir ins Bewusstsein, nachdem wir 1923, kurz nach dem großen Erdbeben, ihre Leiche entsorgt hatten. Früher hatten mich Itôs Aussagen in meinem Tun bestärkt. Sie hatten meinen Willen befeuert, meinen Auftrag legitimiert. Sie hatten mich vor sich hergetrieben, hinein in die Tat, sobald die Erde gebebt hatte. Nach Itôs Tod aber holten mich Skrupel und Schuldgefühle ein, als hätten wir uns an einer Unschuldigen vergangen. Wie oft habe ich mir im Nachhinein versucht einzureden, dass sie keine unschuldige Frau war. Itô war ein Feind des Staates, unserer Gesellschaft, unserer Kultur. Ich hatte keine Wahl. Es wurde von mir erwartet, sie auszuschalten. Und doch konnte ich nie wieder das Bild der Toten, erwürgt auf ihrem Stuhl, aus meinem Gedächtnis löschen.

Sieben Jahre vor Itôs und seinem Tod saß Ôsugi stumm beim Abendmahl im Hikage Kamichika gegenüber. Er hatte der Polyamoris abgeschworen und schmiedete im Geheimen Zukunftspläne. Mit Itô wollte er Kinder bekommen, und diese Kinder sollten in einem anderen Japan aufwachsen. Die Entscheidung war gefällt. Nur diese eine Nacht im Hotelzimmer musste Ôsugi überstehen. Zurück in Tôkyô, würde er sich mit

Itô besprechen und spätestens in ein paar Tagen Kamichika wissen lassen, dass er in keiner weiteren Beziehung mehr mit ihr zu stehen gedachte. Noch aber behielt er den Entschluss für sich. Ôsugi hoffte, seine Gedanken nicht bereits zu deutlich zu erkennen gegeben zu haben. Kamichika war zu allem fähig. Ôsugi ging davon aus, dass eine Bluttat bevorstand. Er überlegte, wo Kamichika ihr Mordinstrument versteckt hielt und ob es sich um einen Dolch oder eine Pistole handelte.

Nachts wurden die Futons ausgebreitet. Die beiden legten sich nebeneinander ins Bett. Sie wünschten sich eine gute Nacht. Ôsugi aber wagte lange Zeit nicht, die Augen zu schließen. Er starrte in die Dunkelheit und achtete auf jede Bewegung, die Kamichika neben ihm machte. Holte sie die Waffe, mit der sie ihn richten wollte, unter ihrer Decke hervor? Das Fieber, die Kopfschmerzen, die Schwäche kamen zurück, aber sobald Ôsugi wegzudämmern drohte, zwang er sich, den Schlaf zu verscheuchen, den die vermeintliche Mörderin an seiner Seite vielleicht in die Ewigkeit zu strecken trachtete. »Koroshimasu« – jedes Geräusch dieser totenstillen Nacht, die sich wie ein Vorhang über das am Ende seiner Liebe angelangte Paar legte, ließ Ôsugi hochschrecken. Das leiseste Rascheln der Bettdecke. Der leichteste Luftzug. Ôsugi ging zwar davon aus, dass er auch in schlechter Verfassung stärker als Kamichika war und ihren Angriff abwehren konnte. Doch wenn er einschlief? Es wäre Kamichika ein Leichtes, seinem Leben ein Ende setzen. Ein scharf gesetzter Stich mit dem Messer, eine gut platzierte Kugel aus dem Pistolenlauf. Ôsugi durfte sich die Wehrlosigkeit des Schlafenden nicht erlauben.

Je weiter die Nacht voranschritt, desto schwerer fiel es Ôsugi, die Lider offen zu halten. Stunden gingen vorbei, hin und wieder war der Ruf einer Eule oder das Pfeifen eines Windzugs zu hören, an dem sich Ôsugi wach zu halten versuchte.

Um etwa zwei Uhr morgens vernahm er endlich Kamichikas gleichmäßiges, tiefes Atmen neben sich und kam zur Überzeugung, dass sie eingeschlafen war. Sie hatte aufgegeben. Nun würde sie die Nacht über keine Gefahr mehr darstellen. Ôsugi kannte Kamichikas festen Schlaf. War sie einmal eingeschlafen, konnte sie kaum geweckt werden. Wann immer er Nächte mit Kamichika verbracht hatte, Ôsugi war stets lang vor ihr wach geworden. Meist hatte er schon Tee bereitet und zu arbeiten begonnen, ehe sie zu sich kam. Jetzt atmete er auf. Lange genug hatte er durchgehalten. Kamichika schlief tief und fest. Vielleicht hätte er sie nun sogar nach einer Waffe absuchen können? Doch Ôsugi war selbst so müde, dass er innerhalb weniger Minuten einschlief. Bald regte sich nichts mehr in diesem verfluchten Zimmer des Hikage-Hotels. Seite an Seite schliefen Kamichika und Ôsugi, die einst eine enge Partnerschaft verbunden hatte und die sich mittlerweile gegenseitig den Tod wünschten.

Stunden später, der Morgen graute bereits, schreckte Ôsugi jäh auf seinem Futon hoch. Zuerst meinte er, ein Fiebertraum hätte ihn aus dem Schlaf gerissen. Ein pulsierender Schmerz schnürte ihm die Kehle zu. Ôsugi griff sich an den Hals. Er spürte eine warme Flüssigkeit hinabrinnen. Doch das Entsetzen drang nicht augenblicklich in sein Bewusstsein vor. Erst das Klirren des Dolchs, den Kamichika, erschrocken über ihre eigene Tat, kurz darauf aus der Hand auf den Boden fallen ließ, katapultierte Ôsugi in die Wirklichkeit.

Kamichika hatte sich im Dämmerlicht zu Ôsugi geschlichen. Eine Weile war sie reglos neben dem am Rücken Liegenden gekniet. Dann hatte sie ausgeholt und wie ferngesteuert plötzlich auf ihn eingestochen. Mit einer ruckartigen Bewegung fuhr sie die Klinge tief ins Fleisch hinein. Der erste Stich traf den Schlafenden knapp neben der Halsschlagader. Die Spitze reichte bis in den Futon hinein, sodass der Dolch Ôsugi auf seiner Liegestätte festgenagelt hätte, hätte Kamichika ihn nicht sofort wieder zurückgezogen. Blut quoll aus der offenen Wunde. Als wollte Kamichika dieses aufhalten, stach sie ein weiteres Mal unkontrolliert zu. Der zweite Stich streifte Ôsugis Kehlkopf. Er zuckte, röchelte. Er griff sich an den Hals, riss Mund und Augen auf. In Todesangst starrte er auf die schwarze Gestalt über sich. Nach dem ersten Schock begann er, reflexartig um sich zu schlagen. Kamichika, nun selber entsetzt über das, was sie getan hatte, zog den Dolch erneut aus Ôsugis Hals heraus. Anstatt ihr Werk zu vollenden und ein drittes Mal gezielt und endgültig zuzustechen, ließ sie von ihrem Opfer ab. Ihr Wille versagte. Die Wut in ihr war nicht stark genug gewesen.

Ôsugi richtete sich ein wenig auf und gab befremdliche Geräusche von sich. Kamichika kniete neben ihm, fassungslos. Bestürzt über ihre Tat, hielt sie die Waffe in ihrer mit Blut bespritzten Hand. Eine Weile rührte sie sich nicht, dann wich sie taumelnd zurück und ließ das Mordwerkzeug aus ihren Fingern gleiten. Der Dolch klirrte auf dem Boden. Jetzt endlich begriff Ôsugi, was geschehen war. Während aus seinem Rachen nur gurgelnde Laute drangen, schrie Kamichika gellend auf. Schrill und durchdringend bohrte sich ihr Schreien durch die dünnen Wände des Gästehauses.

»Es tut mir leid! Es tut mir leid!«, schrie sie.

Ôsugi versuchte einzuordnen, was vor sich ging. An der Schwelle vom Schlaf zum Tod, an der er sich befand, konnte er nicht einschätzen, wie schwer verletzt er war.

Kamichika, inzwischen unbewaffnet und nur mit ihrem Schlafkimono bekleidet, erhob sich und torkelte rückwärts zur Wand hin.

»Es tut mir leid! Es tut mir leid!«

Unablässig schrie sie diesen Satz mit einer grellen, körperlosen Stimme. Nichts als diese paar Wörter gab sie im Lauf der kommenden Stunden von sich.

Das Bild dieses von ihm ablassenden Racheengels, der sich im unwirklichen Dämmerlicht wie über den Boden schwebend von ihm entfernte und dabei spitze Laute ausstieß, bekam Ôsugi nie wieder aus dem Kopf.

Er ist nun hellwach.

»K-K-Kamichika! Was ... Was hast du g-g-ge...?«

Seine Worte sind kaum mehr als rasselnde Geräusche.

Ôsugi versucht aufzustehen.

Kamichika rennt barfuß zur Zimmertür. Reißt sie auf, weiterhin schreiend, weinend, klagend. Sie stürzt in den Hotelflur.

Ôsugi, nun halb stehend, versucht, ihr zu folgen. Doch er ist zu schwach. Er lehnt sich an die Wand. Das Blut quillt aus seiner Wunde.

Im Flur werden panisch Türen aufgerissen.

Kamichika stürmt an den Hausmädchen vorbei, die zu verstehen versuchen, was vor sich geht. Auf der einen Seite des Flurs sehen sie Kamichika durch die Haustür ins Freie hasten, zur anderen wankt der schwer verletzte Ôsugi aus dem Zimmer und bricht zusammen.

»Herr Ôsugi!?«

Beide Hausmädchen stürzen auf ihn zu. Sie erkennen die klaffende Wunde an seinem Hals. Obwohl unvermindert Blut aus seinem Hals tritt, versucht Ôsugi ihnen mitzuteilen, dass sie Kamichika verfolgen und davor bewahren sollen, sich im Zuge ihres Entsetzens selbst zu richten. Doch während Ôsugi zu sprechen versucht, verliert er das Bewusstsein.

Anstatt Kamichikas Verfolgung aufzunehmen, kümmern sich die Hausmädchen um den Mann, der in ihren Armen zu sterben droht. Ohne Zeit zu verlieren, verarzten sie ihn, so gut sie können. Mit Handtüchern, die sie aus dem Badezimmer holen, legen sie einen Druckverband um seinen Hals. Der Stoff nimmt schnell ein dunkles Rot an und muss erneuert werden. Wieder und wieder umwickeln die Hausmädchen Ôsugis Hals mit frischen Tüchern, bis Ôsugi schließlich eine dicke Halskrause umgebunden hat und auf dem Schoß der Älteren der beiden zu liegen kommt. Manchmal wird er noch von Krämpfen geschüttelt, bald aber durchfährt ihn nur noch vereinzelt ein mechanisches Zucken.

Wenig später trifft ein Arzt ein. Zu diesem Zeitpunkt verharrt Ôsugi so leblos in seiner Position, dass die Hausmädchen annehmen, jede Hilfe wäre zu spät gekommen. Noch bevor die Polizei zum Tatort kommt und sich auf die Suche nach der vermeintlichen Mörderin macht, wird Ôsugi auf einer Trage aus dem Gästehaus gebracht und ins Krankenhaus nach Zushi transportiert. Ohne Verzögerung wird er operiert. Sein Leben wird gerettet. Noch war seine Zeit zu sterben nicht gekommen.

Es dauerte viele Wochen, bis Ôsugi zu Kräften kam und die Fähigkeiten zu sprechen, zu schlucken und frei zu atmen wiedererlangte. Haarscharf war er dem Tod entkommen. Nach und nach fand er zurück ins Leben.

Itô reiste an. Tagelang saß sie schweigend an Ôsugis Krankenbett in Zushi und hielt ihm die Hand. Auch Yasuko besuchte ihn mehrmals. Geduldig wartete sie an seiner Seite, bis genügend Zeit verstrichen war, um dem Ehemann Respekt und Beistand erwiesen zu haben, wie es sich für eine Frau geziemte. Dann stand Yasuko auf, verbeugte sich und verließ das Krankenzimmer. Vielleicht liebte sie Ôsugi, vielleicht hasste sie ihn. Erst als er Monate später wieder genesen war und mit Itô zusammenzog, trennte sich Yasuko endgültig von ihm. Sie sagte es ihm nicht ins Gesicht, sondern ließ ihn und ganz Japan über einen Zeitungsartikel von der Scheidung wissen. Danach lebte sie zurückgezogen und an Depressionen leidend ein einsames Leben zu Ende. 1924, im dreizehnten Jahr Taishô, raffte eine Nierenentzündung Yasuko dahin. Ein knappes Jahr hatte sie Itô und Ôsugi überlebt.

Im Krankenhaus, wo Ôsugi behandelt wurde, tauchten in regelmäßigen Abständen Polizeibeamte auf, die ihn verhörten, und ebenso Genossen, die um sein Wohl besorgt waren. Keiner der Besucher, egal aus welchem Umfeld, konnte Verständnis für seinen Irrweg der freien Liebe aufbringen. Alle hofften, Ôsugi wäre geläutert, nun da er mit dem Leben davongekommen war. Hoffentlich würde er in Zukunft von derartigen Lebensentwürfen und Experimenten absehen.

Die Liste der Besucher wurde immer länger. Journalisten und Fotografen kamen hinzu, die über diese Geschichte berichten wollten. Bald wurde japanweit in den Zeitungen über die »Hikage-Hotel-Affäre« verhandelt. Ausführlich und schonungslos wurde der Skandal ausgeschöpft. Fotografien des verletzten und rekonvaleszenten Sakae Ôsugi gingen durch die Gazetten. Menschen im ganzen Land diskutierten den Fall mit Empörung und schmähten Ôsugi für seinen lächerlichen Versuch, die Sitten und Manieren zu übergehen. Jeder hatte gesehen, wohin so etwas führte. Spott wurde über Ôsugi ausgeschüttet, nach und nach wandten sich auch namhafte Sozialisten von ihm und seinen Ideen ab. Ôsugis Versuch, die Moral herauszufordern, war gescheitert.

Kamichika hatte Ôsugi zwar nicht umgebracht, mit ihrer Attacke aber hatte sie dem Geheimdienst einen großen Dienst erwiesen. Sie hatte ihren ehemaligen Liebhaber dort abgeliefert, wo wir ihn am liebsten hatten: in der Scham-Ecke, wo Augen und Finger der Öffentlichkeit auf ihn gerichtet waren. Wäre er kein Staatsfeind gewesen, er hätte mir leidgetan, wie er an den Pranger gestellt wurde. Ich hoffte inständig, dass Ôsugi nun ein Einsehen haben und die Gesellschaftsumbrüche, die ihm vorschwebten, endlich aufgeben würde. Vielleicht konnte er sich mit rein naturwissenschaftlichen Studien zufriedengeben, ohne diese fanatisch hinein in die Politik zu tragen?

Doch Ôsugi entschied sich nicht für die Mäßigung. Er hatte diesen Angriff auf sein Leben überstanden. Sobald er wieder auf die Beine kam, machte er dort weiter, wo er stehengeblieben war. Ein paar Wochen waren verloren gegangen, mehr nicht. Keine Läuterung setzte ein. Wie vorprogrammiert nahm Ôsugis Werdegang wieder seinen Lauf. Es war nur eine Frage der Zeit, wann sich der nächste Anlass, eines gewaltsamen Todes zu sterben, für Ôsugi ergeben würde. Alles wäre anders gekommen, hätte Kamichika ihr Ziel mit dem Dolch nicht verfehlt.

Kamichika selbst wurde erst am Nachmittag des Unglücks-tages unter einer Brücke in Hayama, einige Kilometer vom Hotel entfernt, aufgefunden. Die Suchtrupps der Polizei stie-ßen auf ein zitterndes Häufchen Elend. In sich zusammenge-kauert, wollte sich die Frau im Schatten des Brückenpfeilers zwischen hohen Halmen Schilfgras vor sich und der Welt ver-stecken. Zum Selbstmord, der die logische Konsequenz ihrer Tat gewesen wäre, fehlte ihr die Energie und auch das Werk-zeug. Nichts als ihren kostbaren Kimono trug Kamichika. Wi-derstandslos ließ sie sich von den Polizisten abführen.

In den Verhören, die folgten, gestand Kamichika unum-wunden ihre Tat. Schon ein paar Tage nach der Tat hatte sie sich gefasst und nahm sämtliche Schuld auf sich. Es tue ihr leid, beteuerte sie nach wie vor. Doch es klang inzwischen kühl und unaufrichtig. Kamichika vermochte auch nicht, ihr Motiv nachvollziehbar zu erklären. Ja, es sei wohl Eifersucht gewesen, die sie in diese unkontrollierte Wut getrieben habe, sagte sie. Doch ebenso habe Ôsugi ja seine eigenen Ideale ver-raten und schamlos das Vertrauen seiner Partnerinnen ausge-nützt. Er habe Itô, Yasuko und sie gegeneinander ausgespielt. Ein solches Verhalten verdiene doch Bestrafung? Vielleicht habe sie bloß mutig für die Frauen der Welt gehandelt, indem sie Widerstand gegen einen Despoten leistete? Und selbst wenn es eine Tat aus purer Leidenschaft gewesen wäre, Eifer-sucht sei doch nicht die schlimmste und schändlichste Eigen-schaft des Menschen. Es sei natürlich, eifersüchtig zu werden. Wegen so etwas wolle sie sich nicht bis ans Ende ihrer Tage schämen müssen, erklärte Kamichika.

Den Beamten, die ihre Befragung führten, wurde auch nach mehreren Vernehmungen nicht ersichtlich, ob Kamichika wirklich Reue zeigte.

»Doch! Es tut mir leid, dass es geschehen ist«, gab Kamichika zu Protokoll. »Aber irgendetwas musste ja geschehen …«

Die lebenslange Kränkung, die sie aufgrund ihres Äußeren
erfuhr, erwähnte Kamichika mit keinem Wort. Gleich wenig
den unsagbaren Schmerz, der in ihr steckte, die Enttäuschung,
weil auch Ôsugi nicht besser als alle anderen Männer war und
sich für eine jüngere, schönere Frau entschieden hatte. Zu
qualvoll muss es gewesen sein, dies auszusprechen.

Kamichika wurde für versuchten Mord zu vier Jahren Gefängnis verurteilt. Zwei Jahre davon saß sie ab, dann wurde sie
dank guter Führung aus der Haft entlassen. Die Geheimpolizei hatte in der Folge keine Probleme mehr mit ihr. Ob sie nun
Reue zeigte oder nicht für das, was sie getan hatte, es war
nicht davon auszugehen, dass sie jemals wieder einen Mann
mit einem Dolch attackieren würde. Selbst Ôsugi stimmte ihrer Freilassung zu. Die beiden sahen sich nie wieder.

Einige Jahre später begann Kamichika zwar, sich erneut für
sozial benachteiligte Gesellschaftsschichten zu engagieren,
und auch mit der Frauenbewegung sympathisierte sie nach
wie vor. Doch sie betrieb dies in moderater, unaufdringlicher
Weise und grenzte sich von den sich zunehmend radikalisie-
renden Dissidenten ab. Nur im vorgegebenen Rahmen versuchte Kamichika von nun an, bestimmte Verhältnisse ihren
Vorstellungen entsprechend zu verändern.

Kamichika verdiente weiterhin Geld mit Übersetzungen
und gemäßigten Artikeln, die sie publizierte. Irgendwann hei-
ratete sie den mittellosen Literaten Atsushi Suzuki, mit dem
sie drei Kinder bekam, und nahm sich vor, seinen Alkoholis-
mus gleich wie das restliche Leben zu ertragen, das ihr blieb.

Dass sich Kamichika siebzehn Jahre später wieder von

Suzuki scheiden ließ, habe ich bloß zufällig vor einiger Zeit erfahren. Längst hatte Kamichika keine Bedeutung mehr für mich. Noch bevor das Jahr des großen Bebens kam, hatte der Geheimdienst ihre Beschattung aufgegeben. Wir mussten uns mit genügend anderen Chaoten auseinandersetzen. Gewerkschaftler, Frauenrechtlerinnen, Sozialisten aller Schattierungen. Und eben auch Ôsugi wurde, nach einer Verschnaufpause, erneut aktiv.

七、

EIN HAUS AUS
STEIN

Geschmäht von Freund und Feind, geschwächt von Kamichikas Attacke, eine Weile blieb Ôsugi nichts anderes übrig, als
sich zurückzuziehen. Itô und er bezogen eine kleine, unschein-
bare Wohnung in Banchô, einem bürgerlichen Wohnviertel.
Bald erwartete Itô ein erstes Kind von ihm. Spätestens als
diese Tochter auf die Welt kam und Ôsugi ihr den Namen
Mako – »Teufelskind« – gab, wussten wir, dass er weiterhin im
Sinn hatte, mit allem, was ihm zur Verfügung stand, den Staat
zu bekämpfen. Ôsugi blieb seinen Überzeugungen treu. Er
war von dem Gedanken besessen, die Welt auf den Kopf zu
stellen.

Rasch folgten weitere Töchter. Ema, die nächste, wurde
nach der amerikanischen Anarchistin Emma Goldman benannt, die Ôsugi und Itô glorifizierten. Der Abstand zwischen
den zwei Kindern war jedoch so gering, dass Itô entschied,
Ema Ôsugis Schwester zur Adoption zu überlassen. Diese war
besser dazu in der Lage, sich um den Säugling zu kümmern,
und stimmte bereitwillig zu. Ôsugis Schwester gab der kleinen Ema einen neuen, traditionellen Namen: Sachiko. Die folgenden zwei Töchter aber behielt das Paar bei sich. Wieder
nannten sie die erste Ema. Die zweite wurde Luisu genannt –

nach der französischen Feministin und Anarchistin Louise
Michel. Und schließlich kam, knapp sieben Jahre nach der Hikage-Hotel-Affäre, im Sommer vor Ôsugis und Itôs Tod noch
ein Sohn zur Welt, Nesutoru, benannt nach Nestor Machno,
dem ukrainischen Dissidenten.

Jeder weiß, wie sehr ich Kinder liebe und ihre Unschuld
ehre. Doch mit dieser Namensgebung stellte Ôsugi klar, dass
er den Klassenkampf nie aufgeben würde. Er blieb ein Feind
Japans. Auch die neuen Schriften, die er nach seiner Genesung
veröffentlichte, zeigten das. Gemeinsam mit Itô gab Ôsugi
zwei neue Hefte heraus, *Bunmei hihyô* (*Kritik der Zivilisation*)
und das subversive Blatt *Rôdô undô* (*Arbeiterbewegung*), das
wir unter keinen Umständen dulden konnten. Besonders der
Text »Ruhm des Bettlers« missfiel den Polizeibehörden.

Ôsugi zog aus, Neues zu erschaffen, und riss damit alles,
was er kannte, in den Abgrund. Das, was er hasste, gleicher-
maßen wie das, was er liebte. Eine destruktive Lust glühte in
ihm, und eine nicht minder starrsinnige Frau stand ihm zur
Seite. Ôsugi und Itô steckten sich gegenseitig an. Unaufhalt-
sam schmiedeten sie Pläne, kein Stein durfte auf dem anderen bleiben. Jahre dauerte es, das Durcheinander aufzuräumen, das sie verursachten.

Beim Aufräumen fing die Kempeitai übrigens mit den Namen ihrer Kinder an, sobald das Elternpaar zu Tode gekommen war. Die drei Mädchen und der Junge wurden auf Ôsugis
und Itôs Familien aufgeteilt und, nun da sie behördlich regis-
triert wurden, neu benannt. Die Schriftzeichen der sechsjährigen Mako ließen sich von »Teufelskind« problemlos in »Kind
der Wahrheit« umwandeln. Aus Ema wurde Emiko: »Kind des
Lächelns«. Aus Luisu wurde Ruiko: »Kind des Bleibens«. Und
das Wickelkind Nesutoru, Ôsugis erster und einziger Sohn,

wurde der Tradition entsprechend nach seinem Vater Sakae (»Gedeihen«) benannt.

Mit frischem Elan beginnen Itô und Ôsugi erneut, die Massen zum zivilen Ungehorsam zu mobilisieren. Sie denken sich neue Parolen aus und ziehen mit Flugblättern an die Tore der Musselin-Fabrik und anderer Industrien. Von den Fabriksarbeitern, die sie aufzuwiegeln versuchen, ernten sie verdutztes Kopfschütteln. Ôsugi wirkt wie ein Fremdkörper, ein Gesandter aus einer abstrakten Welt, für den sie kein Verständnis aufbringen können. Er wird ignoriert und an den Fabrikstoren stehengelassen. Die in täglicher Erschöpfung gehaltenen Arbeiter haben keine Muße, sich mit seinen Theorien auseinanderzusetzen. Sie müssen an ihre Maschinen und können nicht auf der Straße diskutierend ihre Zeit vertun.

Ôsugi gibt nicht auf. Er fühlt sich dazu auserkoren, für die Arbeiter zu denken. Tagein, tagaus stehen diese Leute an den Fließbändern, sie wissen nicht, wie ihnen geschieht. Der Arbeitstrott hat ihnen das Selbstbewusstsein geraubt. Ôsugi will sie von ihren Fesseln befreien. Selbst wenn alle Visionen aus den Köpfen der Arbeiterklasse verschwunden wären, Ôsugi will versuchen, sie zu neuem Denken und zum Aufbegehren zu motivieren. Das mag ein langwieriger, vielleicht nie endender Prozess sein, einem wie Ôsugi aber, der hunderttausende Buchseiten studiert und Jahre hinter Gittern verbracht hat, dem fehlt es nicht an Geduld.

Um die Kluft zwischen seinem intellektuellen Anspruch und dem unfruchtbaren Boden, wo er zu wirken hat, zu überbrücken, entscheidet Ôsugi, seine Kampagnen zu entintellektualisieren. Um die Welt des kleinen Mannes besser zu verstehen, ziehen Itô und er in die Arbeitervorstadt Kameido um.

Sie wollen lernen, zu denken und zu fühlen wie die einfachen Leute. Sie versuchen, vor Ort gegenseitiges Verständnis mit ihnen aufzubauen.

Doch auch in Kameido setzen sie sich verblüfften und anfeindenden Blicken aus oder werden plump ignoriert, sobald sie einen Schritt auf die Straße tun. Itô fühlt sich, wenn sie unbegleitet zum öffentlichen Brunnen geht, um mit Schüsseln Wasser zu holen, wie alle Frauen es hier tun, so fehl am Platz, dass sie hinter einer Ecke versteckt abwartet, bis sich niemand mehr am Brunnen befindet, um Wasser hochzupumpen. Die Arbeiterinnen, die zu Tausenden dieses Viertel bewohnen, reden sie mit einer derben, vulgären Sprache an und lachen sie aus oder beschimpfen sie, sobald Itô, vielleicht nur um zu grüßen, den Mund aufmacht und somit ihre Zugehörigkeit zur Bildungsschicht verrät. Eine Weile probiert Itô, ihr Sprechen dem hiesigen Umgangston anzugleichen. Noch angreifbarer macht sie sich dabei. Beim Einkaufen wird Itô wie eine Aussätzige geschnitten und behandelt wie ein Hindernis. Es kommt ihr vor, als falle sie den Frauen zur Last und vergrößere deren Mühsal sogar, so sehr wird ihr zu verstehen gegeben, dass ihre Anwesenheit stört.

»Die Bewohnerinnen Kameidos wirken irritiert, wenn eine wie ich sich zu ihnen gesellt«, erzählt sie Ôsugi.

»Irritation ist gut«, sagt dieser. »Es k-könnte ein erster Schritt sein, ihnen die Augen zu öffnen.«

Doch auch Ôsugi ist von den Alltagserfahrungen zermürbt. Dass der Staat Itô und ihn wie die meisten Sozialisten pausenlos bespitzelt und beobachtet, ist für Ôsugi zur Selbstverständlichkeit geworden. Doch dass die unterprivilegierten Brüder und Schwestern in den schmucklosen Gassen Kameidos sie anstarren und ausgrenzen, erschüttert und enttäuscht ihn. Immer ratloser, desillusionierter wird Ôsugi. In seiner Verzweiflung rät er Itô, in ein öffentliches Frauenbad zu gehen, um dort vielleicht Kontakte mit den Einheimischen zu knüpfen.

Doch schon am Eingang, wo Itô für sich und ihre Töchter Eintritt zahlen will, wird ihr selbstredend ein höherer Preis abverlangt und ein besserer Waschraum zugewiesen als dem Pöbel.

»Nur weil sie einen Sen mehr bezahlen kann, denkt sie wohl, sie sei etwas Besseres«, reden die Frauen unverhohlen in ihrer Anwesenheit.

»Wer ist das überhaupt?«, fragt eine.

»Vielleicht Schauspielerin ...«, sagt eine andere.

Sie reden laut und ohne Scham. Als könnte Itô sie nicht verstehen.

»Schauspielerin kann sie nicht sein. Sieh doch, sie hat ja Kinder.«

»Es gibt auch eine Schauspielerin, die Kinder hat. Wie heißt die noch mal?«

»Schauspielerinnen, die Kinder haben, gibt es nicht.«

»Und wenn ich selber welche gesehen habe!«

»Frag sie doch, was sie ist.«

»Und warum sie mit uns baden will.«

»Sie wird dir keine Antwort geben. Dazu ist sie zu fein.«

»Wir reiben uns hier wie Süßkartoffeln aneinander. Und sie wäscht sich und ihre Kleinen im eigenen Abteil.«

»Wie schön geschnitten und verziert ihr Eimer ist.«

»Und sieh nur, wie viel Seife die verwendet.«

»Nur weil sie einen Sen mehr bezahlt, kann sie sich alles erlauben!«

Itô überlegt, sich für ihr Verhalten zu entschuldigen. Sie zieht ihre Töchter zu sich und hält den Blick auf den Boden gesenkt.

Wahrscheinlich tat die Polizei Itô und Ôsugi einen Gefallen, als sie die nächste Gelegenheit nutzte, um Ôsugi hinter Gitter zu bringen. Denn ohne einen Mann im Haus war es Frau und Kindern unmöglich, weiter in der Arbeitervorstadt zu wohnen, und sie sahen sich gezwungen umzuziehen. Ôsugi wurde noch im selben Jahr eingesperrt. Daraufhin bezog Itô mit ihren Töchtern eine kleine Wohnung südwestlich von Tôkyô in Kamakura, einer ruhigen Gegend, wo sie sich frei bewegen konnte, ohne angepöbelt zu werden. In Kamakura gewöhnten sich Itô und die Kinder an die wiederkehrenden Abwesenheiten des Vaters.

Auf den Straßen Kameidos war Ôsugi eines Abends auf eine größere Menschenansammlung gestoßen. Aufgeregt schrien Männer durcheinander, weil ein betrunkener Arbeiter die Fensterscheibe einer Bar, in der er mit Kumpanen zechte, von innen her zerschlagen hatte. Durch die Scheibe hindurch war er auf die Straße gestürzt. Dort saß er in den Scherben und rührte sich nicht mehr. Unabsichtlich sei es passiert, meinten einige zu seiner Verteidigung. Er sei in das Fenster gestolpert. Zum Glück habe er sich keine gröberen Verletzungen zugezogen. Andere warfen ihm vor, randaliert zu haben. Einer wollte gesehen haben, wie er sein Reisschnapsglas in die Scheibe geworfen hat.

»Er soll mir den Schaden bezahlen!«, schimpfte der Wirt.

»Den Schaden, den Schaden!«, wurde er angefahren. »Dieser Mann sitzt blutend in den Scherben. Und du redest von zerbrochenem Glas!«

»Ja, ist es denn meine Schuld?«

»Du hast ihm den Schnaps verkauft!«

Es dauerte nicht lange, bis ein Straßenpolizist hinzukam.

»Sie müssen diesen Saufbold festnehmen und so lange einsperren, bis er den Schaden begleicht, den er angerichtet hat«, forderte der Wirt.

»Wie soll er das jemals bezahlen, bei seinem Gehalt?«, fragte einer.

Der Täter selbst kauerte beschämt am Boden und brachte nur reumütige Entschuldigungen hervor.

»Ich wollte es nicht ... Ich wollte es ja nicht!«

Ôsugi konnte das Geschehen nicht mitansehen und drängte sich zwischen die Leute. Er begutachtete den Beschuldigten und wandte sich den anderen zu.

»Da dieser Mann hier k-k-keinen Sen in der Tasche hat, mit dem er den Wirt auszahlen k-könnte, werde ich für den Schaden aufkommen, den er angerichtet hat. Damit wird die Angelegenheit erledigt sein. Die Polizei hat hier nichts weiter zu verbuchen. Was soll es bringen, jeden wegzusperren, dem ein M-Missgeschick passiert?«

Der Straßenpolizist, der ein wenig im Abseits stand und die Aussage eines Zeugen aufnahm, wurde hellhörig.

»Es bringt nichts, die Autoritäten in unser Leben miteinzubeziehen«, hörte er Ôsugi sprechen. »So g-gut wie alle Probleme können direkt unter uns Bürgern geklärt werden. Wir sind freie Menschen! Verständigen wir uns untereinander. Dann sehen wir, wie überflüssig die Staatsgewalt bald sein wird!«

»Mein Herr, was reden Sie da?«, fragte der Polizist und stellte sich Ôsugi gegenüber.

»Ich rede von der Selbstbestimmung«, sagte Ôsugi. »Wir

alle sind freie Männer. Wir bestehen auf der Möglichkeit, uns frei zu entscheiden. Wir b-brauchen keine Bevormundung!«

»Wer hier heute als freier Mann nach Hause geht und wer nicht, das entscheiden nicht Sie, mein Herr. Was nehmen Sie sich heraus?«

»Ich nehme mir die Freiheit heraus, eigenständige Gedanken zu führen und mich von dem leiten zu lassen, was mir richtig und g-gerecht erscheint. Nichts, auch nicht die Angst vor der Brutalität des Polizeiapparats, wird mich d-daran hindern, meine Meinung zu äußern.«

»Sie sind wohl ein Sozialist, was?«

»Ein Sozialist? Wenn Sie so wollen. Bezeichnen Sie mich ruhig als s-solchen.«

»Als solchen können Sie sich selbst bezeichnen und im Untersuchungsgefängnis darüber nachdenken! Ich nehme Sie hiermit wegen Widerstands gegen die Staatsgewalt und wegen gefährlichen Gedankenguts fest!«

Anstandslos ließ sich Ôsugi die Handschellen anlegen. Es sollte den anderen als Beispiel dienen, dass er die Repressalien nicht fürchtete. Seht her!, bedeutete sein Gebaren. Die feige Staatsgewalt kann mir nichts anhaben! Ich lasse mich nicht unterdrücken! Es machte den Anschein, als erfüllte der Polizist Ôsugi einen Wunsch, wenn er ihn abführte.

Die restlichen Männer standen eine Weile noch stumm herum. Einige murrten, andere verzogen sich in die Dunkelheit. Bald kamen weitere Beamte hinzu, da löste sich die Versammlung auf. Auch der Randalierer ließ sich widerstandslos abführen. Womöglich empfand er es als seine gerechte Strafe? Am Schluss folgte auch der Wirt den Polizisten, um auf der nächstgelegenen Wache seine Aussage zu Protokoll zu geben.

Ôsugi wurde ins Ichigaya-Gefängnis in Tôkyô gebracht. Dort hatte er seine Kleidung, seinen Namen und seinen Hochmut abzulegen. Er wurde in die Einheitskleidung der Strafgefangenen gesteckt, die ihm zu eng war, weil ihm selbst die größte Größe kaum passte. Nachts plagten ihn die Wanzen auf der Pritsche. Dutzende Bisse zählte er jeden Morgen und versuchte, sich an das andauernde Jucken zu gewöhnen. Aus der Latrine, einem mit einer Holzplatte abgedeckten Loch in der Ecke seiner Zelle, drang Tag und Nacht ein fauliger Gestank – nach wenigen Wochen fiel Ôsugi dieser Umstand nicht weiter auf. Ein einziges schmales Fenster war so weit oben in der Wand angebracht, dass es keiner Aussicht diente. Höchstens an der Stärke des einfallenden Lichts konnte Ôsugi erahnen, welches Wetter draußen herrschte. Der Zweck dieses Fensters war, die Erinnerung des Sträflings an die freie Welt wachzuhalten und seine Sehnsucht zu befeuern, diese Welt dort draußen eines Tages wieder aus freien Stücken durchmessen zu können.

Ôsugi wurde die Nummer 979 zugeteilt. »Nummer 979« blieb er für das nächste halbe Jahr. »979«, nichts weiter. In seinem Erwachsenenleben hörte Ôsugi nahezu länger auf eine Nummer als auf seinen richtigen Namen. Doch statt sich dem dumpfen Alltagstrott des Gefängnislebens zu ergeben, ließ er sich Bücher über Bücher kommen, wie es sein Recht war, und studierte während der Tage und Nächte, die er in grauen, feuchten, kalten, stinkenden Zellen abzusitzen hatte, in einem fort. Sechs Bücher pro Woche waren erlaubt. Ôsugi bestellte dicke naturwissenschaftliche Wälzer, und am Ende jeder Woche verlangte er neue Bände, weil er die alten ausgelesen hatte. Aus astronomischen, biologischen und anthropologischen Schriften destillierte er, was ihm bemerkenswert schien. Zusätzlich nahm er sich als neue Sprache, die er zu erlernen gedachte, Esperanto vor, ein Konstrukt aus indogermanischen Sprachbausteinen, das als internationale Weltsprache entwickelt worden und darauf ausgerichtet war, die Kommunikation zwischen allen Ländern zu ermöglichen. Der polnische Augenarzt Dr. Ludwig Lazarus Zamenhof hatte »La Internacia Lingvo« 1887, zwei Jahre nach Ôsugis Geburt, in Warschau entworfen. Er meinte, mit einer Lingua franca könnten die Missverständnisse, die es unter den Völkern gab, überwunden werden. Bald wurde seine Plansprache nur mehr als *Die Hoffende – Esperanto –* bezeichnet. Im ersten Buch, dem »Unua Libro«, das Ôsugi studierte, hatte Zamenhof die 920 Bausteine seiner Sprache zusammengestellt. Gemeinsam mit den sechzehn *Fundamenta Gramatiko*, den so einfach wie möglich gehaltenen Grammatikregeln, sollten sie von allen Erdenbürgern verstanden werden. Diese Idee, die auf die Gleichheit aller Menschen abzielte, entsprach ganz Ôsugis Vorstellungen. Seit einem Kongress, der 1905 in Frankreich abgehalten worden war, hatten sich weltweit einige tausend Esperanto-Sprachige hervorgetan, die nun die weitere Verbreitung vorantrieben. Hingebungsvoll verfiel der Häftling mit der Nummer 979 dem Bann ihrer Schriften.

Wieder hatte Ôsugi etwas entdeckt, von dem er sich das Heil der Welt versprach. Mit jedem amerikanischen Stahlarbeiter, italienischen Weinbauern, deutschen Universitätsprofessor, ukrainischen Muschik oder chinesischen Armeesoldaten würde er sich in Zukunft unterhalten können, träumte er. Ich konnte dieses Wunschdenken nicht nachvollziehen. Was sollte ich mich danach sehnen, mit irgendwelchen Ausländern ins Gespräch zu kommen? Ich glaubte ja nicht einmal an den Dialog mit Arbeitern der japanischen Unterschicht. Sie und ich, wir lebten in Parallelwelten. Ich verkehrte mit meinesgleichen, sie verkehrten mit ihresgleichen. Eine gesellschaftliche Hierarchie lag dem Nationalstaat zugrunde. Sie ordnete das Zusammenleben. Die Stärke der Nation beruhte darauf. Ôsugi aber führte die Sprengung von allem, was sich gefestigt hatte, im Sinn. Er ging davon aus, dass sich Ordnung von selber herstellte, sobald alles erst einmal niedergerissen war.

Ab sofort sollte Esperanto diesem waghalsigen Plan dienen. Stunden um Stunden verbrachte Ôsugi damit, sich hinter dicken Gefängnismauern, abgesondert vom Rest der Welt, das esperantische Vokabular anzueignen.

Die Einrichtungen der Gesellschaft müssen niedergerissen werden, um sie neu gestalten zu können. Das Erste an der sozialen Revolution wird ein Werk der Zerstörung sein, schrieb er in sein Heft und übersetzte es auf Esperanto: *Socia revolucio dev komenciĝas per detruo.*

Einem Gefängniswärter, zu dem er ein fast kollegiales Verhältnis aufgebaut hatte, drückte Ôsugi einen Zettel in die Hand. *Detruo ĉiame estas nova komenco*, stand darauf. Der Wärter schüttelte den Kopf, anstatt überhaupt zu versuchen, es zu lesen.

Ôsugi ließ sich durch nichts beirren. Aufgrund der zu klein gehaltenen Essensrationen knurrte ihm der Magen, dennoch brachte er akribisch die Sätze Kropotkins und seine eigenen Überlegungen auf Esperanto zu Papier.

Ein Leben ist nur erfüllt, wenn es gleichzeitig den Intellekt, das Gefühl und den Willen bedient. Nur dann darf es »Leben« genannt werden. – Se vivo estos fruktodona, oni devas tiamaniere tuj en strategiaj informoj, en sento kaj en volo. Ĉi tiu fekundeco ĉiudirekten estas »vivo«.

186

Laut sprach Ôsugi das Esperanto in die Leere seiner Gefängniszelle hinein. Und dabei stellte er fest, was ihm schon bei anderen Fremdsprachen aufgefallen war, die er gesprochen hatte, nämlich dass er verblüffenderweise kein einziges Mal ins Stottern geriet. Makellos gingen Ôsugi die fremden Silben über die Lippen. Genussvoll wiederholte er die Sätze, sprach sie laut und fehlerfrei vor sich hin. Dieser Umstand bestätigte Ôsugis Weltumarmung. Die Welt als eine musste besser sein, als wenn sie in nationale Herrschaftsgebiete unterteilt war. Seiner Meinung nach gehörte unser Vaterland wie unsere Muttersprache in ein gemeinschaftliches Weltensystem eingegliedert.

Ôsugis Gedankenkonstrukte wurden bedrohlicher. Der Geheimdienst stellte Überlegungen an, ihn für immer in Gewahrsam zu halten oder hinrichten zu lassen. Doch wie konnte so etwas gerechtfertigt werden? Ôsugi war eine bekannte Persönlichkeit, spätestens seit der Hikage-Hotel-Affäre. Auch wenn viele über ihn den Kopf schüttelten, ein sensationslüsternes Interesse daran, was er als Nächstes plante, blieb bestehen. Die Menschen waren fasziniert von Ôsugi. Seine Tötung würde in der Bevölkerung unberechenbare Empörung hervorrufen. Die Regierung benötigte eine Ablenkung, groß genug, dass die Leute mit anderem als mit Ôsugis Befinden beschäftigt wären. Ein nationales Ereignis, unter dem als Schutzmantel der Staat operieren konnte, ein Krieg oder eine Naturkatastrophe, ein Erdbeben, das den Boden so weit aufreißen würde, dass Ôsugi unbemerkt darin verschwinden konnte. Solange dies nicht geschah, wagte er, uns mehr und mehr zu provozieren.

Ôsugi wusste um den Schutz, den ihm sein Bekanntheitsgrad verlieh. Sofern er dem Staat keinen eindeutigen Grund bot, die Todestrafe über ihn zu verhängen, hatte er nichts als die wiederkehrenden Inhaftierungen zu befürchten. Wäre er ein kleiner, namenloser Anarchist gewesen, hätte er längst den letzten Atemzug getan. Sakae Ôsugis Märtyrertod hingegen hätte weitläufige Unruhen losgetreten. Wir konnten ihm diesen Gefallen nicht tun. Wir mussten den geeigneten Zeitpunkt abwarten, eine Katastrophe abwarten, die größer als Ôsugi war und ihn verschlucken würde. Solange dies nicht eintrat, blieb es bei der Observation und diesem Wechselspiel von Haft und Freiheit für ihn. Ob hinter Gittern oder auf freiem Fuß, andauernd befand er sich unter Beobachtung. Außerhalb des Gefängnisses war er mit Itô und den Kindern vereint, er konnte essen, was er wollte, und sich innerhalb des Landes bewegen, wohin es ihm beliebte. Doch unaufhörlich klebten die Augen des Geheimdienstes an ihm.

Bei Ôsugis Überwachung wurde bewusst nicht auf Unauffälligkeit geachtet. Er sollte stets daran erinnert werden, dass er nichts ohne unser Wissen tat. Und tatsächlich: Ein solches Leben unter ständiger Observation zermürbte auf Dauer selbst ihn. Allmählich zeigten die Maßnahmen Wirkung, schien mir. Ôsugi wirkte von der Dauerbeschattung und vom täglichen Überlebenskampf, den er zu bewältigen hatte, immer stärker gezeichnet. Ständig pendelte er bloß zwischen den Gefängniszellen und der Wohnung in Kamakura hin und her, wo er mit Itô und den Kindern zwar am Leben gelassen wurde, er sich aber mit einem immer eingeschränkteren Handlungsspielraum zufriedengeben musste. Von dem, was Ôsugi vorrangig verlangte, einem freien und selbstbestimmten Leben, war er von Woche zu Woche weiter entfernt. Zudem fehlte es ihm an Geld und Unterstützern. »Ausgebrannt« – ich weiß noch, wie ich dieses Wort in einem Bericht verwendete – kam mir Ôsugi in dieser Phase vor. Er ließ keine echte Leidenschaft mehr erkennen, weder im Gefängnis noch auf freiem Fuß, als hätte er den Kampfgeist verloren, die Hoffnung aufgegeben.

Ich wertete es als Erfolg unserer Polizeiarbeit und dachte keine Sekunde daran, dass die Trägheit, in die sich Ôsugi fallen ließ, seine Depression, wie ich meinte, gespielt sein könnte. Die Beharrlichkeit, mit der wir all seine Aktionen vereitelten, und die Haftbedingungen, denen er ausgesetzt wurde, lohnten sich, dachte ich. Im Gefängnis wurden seine Essensrationen verkleinert, und auch die Qualität der ihm vorgesetzten Nahrung wurde mehr und mehr verringert. Nach wochenlangem Shibu-Roku und nichts als eingelegtem Rettich oder gesalzenen Pflaumen verzweifelte Ôsugi. Außerdem genoss er in den dunklen, klammen Steingemäuern des Sugamo-Gefängnisses, wo er meist einsaß, immer weniger Privilegien. Das Wachpersonal, das direkt vor seiner Zelle positioniert war, war angewiesen, sich von ihm in kein Gespräch verwickeln zu lassen, und behielt Ôsugi durch das breite, vergitterte Guckloch der Zellentür im Blick. Dieser Umstand raubte ihm die Konzentration. Wenn Ôsugi las, schrieb, schlief, wenn er aß oder seine Notdurft verrichtete, wenn er meditierte, im Kreis ging oder stumpf am Boden kauerte, stets waren die Augen der Aufseher auf ihn gerichtet. Darüber hinaus bekam er unter verschiedenen Vorwänden weniger Lesematerial als früher ausgehändigt. Doch auch von sich aus verlangte Ôsugi inzwischen seltener nach neuen Büchern. Er kam mit seinen Studien nur mehr stockend voran.

Der vermeintliche Erfolg unseres Plans, ihn auszuhungern, offenbarte sich auch in den Schriften, die Ôsugi in jenen Hafttagen verfasste. Nur sporadisch sickerten dort anarchistische

Durchhalteparolen ein, immer deutlicher war die Resignation herauszulesen, die ihn erfasste.

Wer in einem Haus aus Stein lebt, hat ein kaltes Herz, zitierte Ôsugi in seinen Aufzeichnungen einen russischen Sinnspruch. Berührte er nur mit seinem Zeigefinger den Mörtel zwischen den Ziegelsteinen, so fröstelte ihn und jagte ihm ein Schauer über den Rücken, schrieb er. Und nach und nach hörte Ôsugi auf, seine Gedanken in Esperanto zu übersetzen. Immer leerer, inhaltloser blieben die Seiten seines Schreibheftes.

Ich meinte auch zu erkennen, dass Ôsugi inzwischen kein ungebundener Rebell mehr war, sondern ein Familienvater. Itôs und seine dritte Tochter Ema war zur Welt gekommen. Er sehnte sich danach, sie in den Armen halten zu können. Ôsugi litt unter der Trennung von seiner Frau und den Kindern, davon war ich überzeugt. Und draußen erwartete ebenso sehnsüchtig Itô seine Rückkehr. Sie vermisste ihren Mann, auch wenn sie dies in Artikeln, die sie in feministischen Blättern publizierte, nicht zur Sprache brachte. Sie liebe zwar ihren Mann, schrieb sie, aber es wäre gut, getrennt von ihm zu leben. Würde der Staat diese Trennung durch Ôsugis Festnahmen nicht wieder und wieder erzwingen, würde sich auch in ihrer Ehe der altbekannte Mechanismus der Unterdrückung einstellen, den sie, sosehr sie versuchte, die Frau einer neuen Zeit zu sein, kaum abwenden könnte. Kehrte der Mann heim, kehrte mit ihm die Unterwürfigkeit seiner Gattin zurück. Die Ehefrau war dann nur mehr die Stütze ihres Mannes. Sie orientierte ihr Leben dahingehend, ihm zu gefallen und ihm loyal beiseitezustehen. Sie gäbe sich mit ihrem Platz in seinem Schatten zufrieden. Unwürdig wäre das. Ein solches Dasein genügte einer freien Menschenseele nicht und entspräche nicht der von Itô angestrebten Gleichberechtigung.

Auf diese Weise stellte Itô die Regierung als Komplizen der Emanzipation dar. Indem der Staat ihr den Mann fernhielt, ermöglichte er Itô, das Leben einer selbstständigen Frau zu führen. Itô betonte die Vorzüge, die sie aus Ôsugis Haftzeiten zog. Schamlos versuchte sie damit, das Handeln des Geheimdienstes zu beeinflussen. Sie wagte es, uns herauszufordern, denn sie wusste, dass die Polizei eine Mutter dreier kleiner Kinder nicht ohne echten Tatbestand ins Gefängnis bringen konnte.

Ich meinte, ihr Spiel zu durchschauen.

In Wahrheit trieben Itô und Ôsugi ein ganz anderes Spiel mit uns. Sie lenkte die Aufmerksamkeit auf sich, und Ôsugi mimte den Gebrochenen. Immer entmutigter stellte er sich dar. Ein melancholischer Ton durchzog seine neuen Schriften. Statt für gesellschaftliche Umstürze interessierte er sich für naturwissenschaftliche Phänomene, die in keinem Zusammenhang mit soziologischen Entwicklungen standen. Ôsugis Interesse galt nun dem französischen Zoologen Jean-Henri Fabre und dessen »Souvenirs Entomologiques« (»Bilder aus der Insektenwelt«). Vielleicht war dies darin begründet, mutmaßte ich, dass Ôsugi in Haft hauptsächlich Kakerlaken, Wanzen, Spinnen oder Fliegen zu Gesicht bekam? Er setzte sich mit der Insektenwelt auseinander und übersetzte Fabres empirische Studien ins Japanische. »Fâburu Konchû-ki«, den Titel des ersten Bandes, schrieb Ôsugi mit matten Federstrichen auf ein Deckblatt. Auf den Seiten dieses Heftes wurde die Erschöpfung seines politischen Widerstands ersichtlich. Ôsugi verlor sich in der Entomologie. Er verschwendete seine Zeit mit einer Sache, die für den Staat keine Gefahr darstellte.

Und sogar ein läppisches Kinderlied an seine Lieblingstochter verfasste Ôsugi eines Tages. Mako, das »Teufelskind«, war bald drei Jahre alt und bekam ihren Vater, der sie vergötterte, selten zu Gesicht. Der Staat hatte sich zwischen Ôsugi und sein Töchterchen gestellt. Die Rechnung ging auf. Der einstige Aufrührer nahm Züge eines geistig Kranken an. Er vereinsamte. Gebückt durchkreiste er seine Zelle, den Kopf zu Boden gewandt, um Ausschau nach Tausendfüßlern oder Käfern zu halten, und intonierte ein stupides Kinderlied. In unzähligen Wiederholungen gab er es ohne zu stottern von sich:

»Mako, oh Mako, Papa ist im Gefängnis.

Mako, oh Mako, mach dir keine Sorgen.

Er leckt nicht an Ziegeln, sondern an Schokoladen und zieht an einer Zigarre.

Bald bringt er all die Süßigkeiten mit, und einen Kuss auf deine Wange obendrein.

Mako, oh Mako, tanze auch du, warte tanzend auf mich.

Erwarte mich und vergiss mich nicht, Mako, oh Mako!«

Wenig später wurde Ôsugi aus der Haft entlassen.

Es war berührend, wie Ôsugi es genoss, wieder zurück im Kreis seiner Lieben zu sein. Er verbrachte die Tage damit, zu schlafen und spazieren zu gehen. Itô bereitete ihm Curry-Reis, Kartoffelkroketten oder Gyôza, gebratene Teigtaschen, zu. Er unterhielt sich mit seiner Frau über die Dinge, die in seiner Abwesenheit vorgefallen waren, und spielte mit den Kindern. Mako forderte die Schokolade ein, die er versprochen hatte, und er kaufte Süßigkeiten in der Stadt, die noch viel besser wären, als jene, über die er in seinem Lied aus dem Gefängnis berichtet hatte. Literweise tranken er und seine Tochter Ramune, seine Lieblingslimonade, nach der er im Gefängnis so oft und vergeblich verlangt hatte. Ôsugi war fast ein normaler Bürger geworden. Seine Beschattung konnte gelockert werden.

Im Oktober 1920 wurde in Tôkyô zum großen Druckerstreik aufgerufen. Der Druckereiarbeiter Kuwabara lud Ôsugi ein, einen Text zu verfassen und die Belegschaft in ihrer Forderung nach besseren Arbeitsbedingungen zu unterstützen. Es war zwar nicht mehr üblich, dass die Arbeiter sieben Tage die Woche von sieben Uhr morgens bis elf Uhr nachts an den Maschinen standen, nun aber war ihnen der freie Sonntag nicht mehr genug. Auch die bereits auf zwölf Stunden reduzierten Dienstschichten beanstandeten sie. Viele Arbeiter bräuchten für den Hin- und Rückweg zur Fabrik zwei Stunden oder mehr, und besonders die Arbeiterinnen hätten daheim noch häusliche Tätigkeiten zu verrichten, wodurch sie über eine Schlafenszeit von vier bis fünf Stunden nicht hinauskämen, hieß es. Zumindest müsste ihr Lohn jedes Jahr um einen Sen erhöht werden, wurde gefordert.

Ôsugi verstand es als seine Pflicht, sich für diese Anliegen einzusetzen. Er fertigte eine Rede an, die ein Genosse vor der versammelten Belegschaft vortragen sollte, und machte sich am Streiktag auf den Weg zur Druckerei, um der Veranstaltung beizuwohnen.

Doch dort traf er niemals ein.

Auf halbem Weg setzte sich Ôsugi ab. Er hätte noch etwas zu erledigen, ließ er den überraschten Kuwabara wissen, der ihn auf der Zugfahrt begleitete. Gerade hatten die beiden noch in Bambusblätter gewickelte Reisklöße gegessen und sich über die Konsistenz der Reiskörner unterhalten, da erhob sich Ôsugi an einer unscheinbaren Vorortstation im Süden Tôkyôs vom harten Holzsitz ihres Abteils. Ohne nähere Ausführungen drückte er Kuwabara den Redetext in die Hand und verabschiedete sich mit der Bitte, die Genossen sollten die Ansprache auch ohne sein Beisein vortragen, sollte er sich wider Erwarten verspäten. Kuwabara wollte nachfragen, was der Grund für seinen plötzlichen Aufbruch sei, aber Ôsugi stieg bereits aus dem Zug. Nicht einmal für eine Verbeugung reichte es. Ôsugi wollte keine Minute verlieren, er hatte Größeres als einen Druckerstreik im Sinn. Er verschwand, ohne eine Spur zu hinterlassen. Die Veranstaltung in Tôkyô wurde ohne ihn abgehalten, niemand in der Druckerei wusste, wo Ôsugi sich befand.

Am nächsten Morgen befragte die Polizei Itô. Sie gab vor, überrascht zu sein und keine Ahnung zu haben, wohin ihr Ehemann verschwunden sein könnte.

»Ich weiß weder, wo er sich befindet, noch wann er zurückkehrt«, sagte sie aus. »Aber ich mache mir keine Sorgen. Er wird seine Gründe haben. Ôsugi ist ein freier Mann, er schuldet niemandem eine Erklärung, auch mir nicht, wenn er entscheidet, dieses oder jenes zu tun. Auch er verlangt von mir keine Rechtfertigung, wenn ich meine eigenen Wege gehe. So und nicht anders sollte es sein in einer freien Welt, nicht wahr?«

Es war aussichtslos, mit Itô zu diskutieren. Wir hätten sie tagelang foltern können, sie hätte Ôsugis Aufenthaltsort nicht verraten. Wir hätten ihre Kinder in Gewalt nehmen müssen und Itô auf diese Weise erpressen, aber das war unmöglich. Kinder sind etwas Heiliges. Sosehr sich die Fronten im politischen Kampf verhärten, Kinder dürfen niemals hineingezogen, missbraucht werden. Sie stehen außerhalb der Konflikte. Ein Erwachsener entscheidet sich für die eine oder andere Seite und kann zur Rechenschaft gezogen werden. Die Kindheit aber ist frei von dieser Verantwortung. Sie gehört geschützt. Ich meine es, wie ich es sage. Kinder dürfen nie in die Auseinandersetzungen der Erwachsenen verwickelt werden.

Nach wie vor bin ich dieser Auffassung. Was mit Itôs Neffen passiert ist, hätte niemals passieren dürfen. Niemals. Nie.

Noch waren alle am Leben, Oktober 1920. Itô verriet nichts über ihren Mann.

Ôsugi hatte, ehe wir überhaupt bemerkten, dass er sich abgesetzt hatte, unter falschem Namen einen Dampfer bestiegen. Das Schiff legte von Ôsaka aus nach Shanghai ab. Die Kommunisten streckten in diesen Tagen ihre roten Finger von China nach Japan aus und meinten, in Ôsugi einen Mitstreiter gefunden zu haben.

In Shanghai setzte sich Ôsugi an einen Tisch mit Chen Duxiu, einem Gründungsmitglied der Kommunistischen Partei Chinas, und dem Koreaner Park Yeol, der in Japan wegen Hochverrats angeklagt war. Den beiden war nicht bewusst, welchen Freigeist sie im Begriff waren anzuheuern. Auf Dauer würden sie wie wir daran scheitern, Ôsugi zu bändigen. Doch das ahnte niemand in diesen Zeiten des großen Chaos. Alles war durcheinander, alles schien denkbar, die Welt war ins Schleudern geraten. Die Leute gaben sich Tagträumen hin, versprachen sich irgendetwas von der Zukunft, führten Diskurse, verbündeten sich miteinander, verschworen sich gegeneinander, erhoben die Fäuste. Kaum einer behielt den Überblick. Auch ich darf mich davon nicht ausnehmen.

Hektisch suchten wir die Kantô-Ebene nach Ôsugi ab. Währenddessen saß er im Shanghaier Regionalbüro der Komintern, um Synergien zwischen Anarchisten und Kommunisten auzuloten. Die beiden Gruppierungen verfolgten dasselbe Ziel: Imperialismus und Kapitalismus zu Fall zu bringen. Doch mit welchen Mitteln dies zu erreichen war und welche Neuordnung an die Stelle des alten Systems rücken sollte, darüber gingen die Meinungen auseinander.

Ôsugi kehrte wenig später unerkannt nach Japan zurück und kümmerte sich um die Gründung der »Nippon Shakaishugi Dômei«, einem Zusammenschluss verschiedener linker Gruppierungen. Noch lebten die Hoffnungen, die er in dieses Bündnis steckte, noch diskutierten die unterschiedlichen Revolutionäre einigermaßen gesittet miteinander. Gerne hätten sie sich unter einer allumfassenden Fahne vereint. Doch es wurde immer deutlicher, wie uneins sie waren. Die Bolschewiki formierten sich nach russischem Vorbild, die Anarchisten, ihrerseits in Untergruppen zersplittert, folgten teils Bakunin, teils Kropotkin, andere gründeten Gewerkschaften oder organisierten Arbeitsniederlegungen oder führten Sabotageaktionen durch. Ôsugi distanzierte sich von jenen Kameraden, die Anschläge und Attentate verübten, Brandbomben zündeten oder Banken ausraubten. Er suchte nach einem Weg, der ihn nicht direkt an den Galgen führte.

Keinesfalls wollte Ôsugi Seite an Seite mit den Bolschewiki marschieren. Ihre leninistische Diktatur des Proletariats, wie er es nannte, war nicht die Zukunft, die er erträumte. Eine Monarchie dürfte nicht durch einen Einparteienstaat ersetzt werden. *Lenin kann nicht mit den wirklich revolutionären Persönlichkeiten der Geschichte verglichen werden*, notierte Ôsugi. Revolutionäre Kämpfer folgten Idealen, Lenin hätte keine Ideale. Ôsugi warf den Bolschewiki vor, das Rad der Geschichte zurück ins Mittelalter zu drehen, um eigene Machtansprüche zu sichern. Folter, Kerker, Unterdrückung, all das, was ihm an unserer Regierung zuwider war, wären sie bereit zu tolerieren, sobald es den eigenen Zielen diente. Ihr Autoritätsanspruch wäre der jener Kaiser, Zaren, Könige, die sie zu stürzen trachteten. Unheil könnte nicht durch neues Unheil ersetzt werden, Ungerechtigkeit nicht durch neue Ungerechtigkeit. Vielmehr müsste das Denken der Menschen so weit geöffnet werden, bis sie keine Führer und Herrscher mehr nötig hätten.

Von Monat zu Monat wurde der Ton zwischen Anarchisten und Bolschewisten in diesem Grundsatzstreit schärfer. Einer nach dem anderen verließen die Verschwörer den Verhandlungstisch. Noch im Frühling 1921 brach das linke Bündnis auseinander. Kein Jahr lang hatte die Idee der vereinigten Linken gehalten.

Für die Militärpolizei war es eine Genugtuung, diese Fehden und das Scheitern der Querulanten zu beobachten. Als Zaungäste verfolgten wir ihre internen Scharmützel. Sie rieben einander auf, gefährdeten in ihrer Wut vielleicht die öffentliche Ordnung, aber nicht den Staat an sich. Nein, nach Shanghai zu reisen, um dort mit anderen Dissidenten zu konferieren, das würde Ôsugi nicht wieder versuchen. Vielleicht konnte er uns als Bollwerk gegen die Gefahren, die von jenseits des Gelben Meeres drohten, sogar nützlich werden? Er war zwar gegen den Nationalstaat, stellte sich aber ebenso deutlich gegen die chinesischen Kommunisten. Er schien sich in einem wirren Geflecht politischer Visionen zu verfangen. Ôsugi stand den anderen und sich selbst im Weg, zu diesem Schluss kam ich. Ich meinte, alles würde sich womöglich lösen, ohne dass ich einschreiten musste. Ich müsste nur ein wenig Zeit vergehen lassen. Ein wenig Geduld.

Der Sommer kam, der Winter, ein weiterer Sommer. Meine

Konzentration auf Ôsugi ließ nach. Ich gebe es zu. Wir legten unser Augenmerk auf die Machenschaften der Kommunisten und ihrer Unterstützer. Von ihnen schien die größte Gefahr auszugehen. Doch während wir dies taten, orientierte sich Ôsugi neu. Statt nach China baute er sein Netzwerk heimlich nach Europa aus. Im folgenden Winter entschlüpfte uns Ôsugi erneut. Und das Jahr der großen Katastrophe begann.

八、

EIN PUNKT IN DER EWIGKEIT

Die unheimliche Ewigkeit umgibt mich. Die Ewigkeit ist furchtbar. Manchmal ist sie kalt wie Eis, manchmal leuchtend wie ein Lichtstrahl. Sie bedroht mich als etwas, das kein Ruhen und kein Gehen besitzt, weder Stillstand noch Fortgang. Bloß ein Punkt bin ich, der an den Rand oder in die Mitte der Ewigkeit geworfen ist. Die Geometrie lehrt, dass ein Punkt weder Breite, Höhe noch Länge besitzt. Für die Ewigkeit bin ich ein Punkt, ein Nichts. Augenblicklich werde ich in sie hineingeschmolzen und höre auf zu existieren. Ich bin mir dessen bewusst. Ich habe keine Angst davor zu verschwinden, aber es verängstigt mich, als Punkt in die Ewigkeit hineingeboren zu sein.

Ich, ich, ich! Max Stirners Egoismus, der Ôsugi und Tsuji anstachelte, war auch aus Arishimas Zeilen herauszulesen, die so viele Menschen im ganzen Land berührten. Ich, ich! Dieser angesehene Literat sah sich, bevor er sich Hand in Hand mit seiner Geliebten in den Strick warf, als Beispiel einer neuen, individuellen Lebensführung. Er studierte die Schriften Nietzsches oder die Lyrik Walt Whitmans und gründete die naturalistisch orientierte Zeitschrift *Shirakaba* (*Weiße Birke*). Sie wurde regelmäßig gedruckt und fand mehr Leser als jede Veröffentlichung Ôsugis. Die Ansichten Arishimas, selbst seine Tagebucheinträge, verbreiteten sich bis in die hinterste Provinz.

Als sich die Sozialisten in Tôkyô zusammenzuschließen versuchten, riskierte Arishima immer deutlichere Solidaritätsbekundungen mit der Arbeiterschicht. Diese Entwicklung beunruhigte uns außerordentlich. Ich will es nicht als Entschuldigung gelten lassen, aber es lenkte uns von Ôsugi ab. Ihn meinten wir, bald überwunden zu haben. Arishima und seine weitreichenden Kontakte hingegen verlangten unsere volle Aufmerksamkeit.

Als Sohn einer reichen Beamtenfamilie stand Arishima auf der anderen Seite der Gesellschaft als die Arbeiter, für die er sich einsetzte. An Geld hatte es ihm nie gemangelt. Arishima fühlte deshalb eine Erblast auf seinen Schultern. Er meinte, Nutznießer einer ungerechten Verteilung zu sein, und empfand es als seine Pflicht, sein Möglichstes zur Befreiung der Massen beizutragen. Nach und nach gab Arishima seinen Landbesitz zur kollektiven Bewirtschaftung frei. Irgendwann besaß er nur mehr das eine abgelegene Landhaus, wo er sich später das Leben nehmen sollte. Sein gesamtes Vermögen verteilte er an die kleinen Leute und an jene, die für die Verbesserung ihrer Lebensbedingungen eintraten. Wir würden in einem Zeitalter leben, behauptete Arishima, in dem die besitzende Klasse zu stürzen begann, und er wollte seinen Beitrag hierzu leisten.

Eine Weile hatte Arishima nichts als schwermütige poetische Texte über die Seelenqualen seiner Existenz verfasst. Dann aber zog er mit einem aufrührerischen Manifest, das sich in allen Gesellschaftsklassen verbreitete, die Aufmerksamkeit auf sich.

Bisher haben die Arbeiter den Gelehrten das Privileg zugestan-

den, sie zu beherrschen, schrieb Arishima darin. *Sie hingen dem Aberglauben nach, dass die Ideen der Gelehrten das Schicksal des vierten Standes im positiven Sinne lenkten. Nun aber sind sie dabei, sich von diesem Aberglauben zu befreien.*

Ein halbes Jahr, bevor ihn die Depressionen, an denen Arishima seit seiner Studentenzeit gelitten hatte, in seinen Rückzug und schließlich in den Doppelselbstmord trieben, übergab er Ôsugi eine große Geldmenge, mindestens eintausend Yen, die dieser im Sinne der anarchistischen Ideen verwenden sollte. Ôsugi bedankte sich und versprach, etwas Sinnvolles damit anzustellen. Was dies sein würde, ließ er offen.

Für uns hatte es den Anschein, als würde Ôsugi diesen Zuschuss höchstens für die Verbesserung seines eigenen Wohlbefindens verwenden können, denn er machte einen blassen, kränklichen Eindruck. Der kalte Winter, der in die unbeheizte Wohnung in Shinjuku drängte – seine fünfköpfige Familie wohnte mittlerweile im Stadtzentrum Tôkyôs –, und das wenig nahrhafte Essen, mit dem sie sich aus Geldmangel abfinden mussten, hatten ihm, Itô und den Mädchen zugesetzt. Zudem hatte sich Ôsugi bei seinem letzten Gefängnisaufenthalt mit Tuberkulose infiziert und litt darüber hinaus an Typhus. Seine einst so stabile körperliche Verfassung war durch die vielen entbehrungsvollen Jahre in Haft in Mitleidenschaft gezogen. Es fehlte ihm schlicht an Kraft, um mit Arishimas Geld wirksame Aktionen zu organisieren. Er musste sich um die eigene Gesundheit und seine Familie kümmern.

Die Beamten, die mit seiner Beschattung beauftragt waren, berichteten, dass Ôsugi nach der Geldübergabe nach Hause ging, sich ins Bett legte und erst einmal nicht mehr aufstand. Er drückte Itô ein paar Geldscheine in die Hand, sie ging ein-

kaufen und kam mit Medikamenten, Lebensmitteln und ge-
fütterten Kimonos zurück. Tagelang bewegte sich Ôsugi nicht
mehr von der Stelle, er schien zu fiebern, mit mehreren Laken
zugedeckt verharrte er daheim auf dem Futon. Solange Ôsugi
mit Schüttelfrost im Bett lag, würde er keine neuen Pläne
schmieden, davon war ich überzeugt.

Itô und mehrere Genossen kümmerten sich liebevoll um
Ôsugi. Itô war zum siebten Mal schwanger geworden. Nach
den zwei Söhnen mit Tsuji und insgesamt vier Töchtern, die
sie von Ôsugi empfangen hatte, sollte sie im August dessen
ersten Sohn, Nesutoru, auf die Welt bringen. Ein Kind im
Bauch zu tragen war dieser 27-jährigen Frau zur Selbstverständlichkeit geworden. Sie sorgte sich nicht um sich, umso
mehr jedoch um Ôsugis Gesundheit. Sie bat sogar einen Poli-
zeibeamten, der Ôsugi überwachte, Eis und Medizin zu bringen. Als sich der Zustand ihres Ehemanns nicht besserte, ließ
Itô einen Arzt kommen. Die Polizei beobachtete, wie dieser
das Haus in Shinjuku betrat und es eine Stunde später mit be-
sorgter Miene wieder verließ. All dies zog sich etliche Tage so
dahin.

Es war ein fürchterliches Laientheater, auf das wir wie An-
fänger hereinfielen. In Wahrheit lag nämlich ein Freund Ôsugis schwitzend in dessen Bett und mimte den Kranken. Ôsugi
selbst hatte sich den Schnurrbart, der sein Markenzeichen
geworden war, abrasiert und stand, gesund und voller Tatendrang, an der Reling eines Dampfschiffs, das von Kôbe aus
Fahrt Richtung Europa aufgenommen hatte. Mit einem chinesischen Pass hatte er sich an Bord für die Überfahrt nach Marseille begeben. Erneut war uns Ôsugi entwischt.

Im April 1923 war in Berlin ein internationaler anarchistischer Kongress geplant, an dem Ôsugi teilnehmen wollte. Kropotkin war zwar kurz zuvor gestorben, aber Ôsugi hoffte, Nestor Machno und andere Gesinnungsgenossen zu treffen, um mit ihnen den Weg ins anarchistische Zeitalter zu koordinieren.

Mit seiner neuen Identität als chinesischer Geschäftsreisender ließ es sich Ôsugi an Bord des Schiffes gut gehen. Seine Sprachkenntnisse schmeichelten einer russischen Gräfin. Es kam ihr gelegen, sich mit dem attraktiven und gewitzten Mann die Zeit auf der wochenlangen, eintönigen Seereise zu vertreiben. Ôsugi ließ sich von ihr aushalten. Fürstlich tranken und speisten die beiden, flanierten im Sonnenuntergang über Deck und vergnügten sich in der komfortablen Kabine der Dame. Ôsugi hielt die fremdsprachigen Unterhaltungen mit ihr, die er ohne ein einziges Mal zu stottern meisterte, auf einem oberflächlichen Niveau. Kam eine heikle Frage, ein heikles Thema auf, schwächelte sein Russisch plötzlich und reichte nicht aus, sich näher dazu zu äußern. Er lächelte verlegen und schmeichelte der Gräfin mit Komplimenten. Zitate Kropotkins kamen ihm auch nach mehreren Flaschen Champagner nicht über die Lippen, nein, eine ganz und gar unkomplizierte, seichte Gesellschaft gab Ôsugi ab, seine Sinne auf rein körperliche Genüsse eingestellt, ein politischer Aktivist auf Erholungsurlaub. Die Gräfin ahnte nicht, dass sie einen Putschisten, der den Feudaladel zu stürzen plante, bewirtete und ihm zu frischen Kräften verhalf. Fernab seiner umstürzlerischen Ambitionen ließ sich Ôsugi ganz in die Rolle des vergnügungssüchtigen chinesischen Geschäftsmanns fallen.

Mit der Ankunft in Marseille änderte sich dies.

»Da ßwidánja«, sagte Ôsugi zu der Frau – auch wenn ihm nicht an einem Wiedersehen gelegen war.

Ôsugi hatte nicht die Absicht, eine zusätzliche Nacht mit der Russin im Grandhotel zu verbringen. Ohne Zeit zu verlieren, schlich er durchs Hafenviertel La Joliette und durch die verdreckten Seitenstraßen der Canebière hoch zum Bahnhof Saint-Charles, von wo aus er den erstbesten Zug nach Lyon nahm. Dort war er mit chinesischen Anarchisten verabredet. Gemeinsam mit ihnen wollte Ôsugi ein Visum für Deutschland erlangen und weiter nach Berlin reisen.

So reibungslos die Reise bislang für ihn verlaufen war, nun geriet sie ins Stocken. Die Ausstellung der Visa verzögerte sich Woche um Woche, und gleichzeitig sickerten aus Berlin Gerüchte durch, dass der anarchistische Kongress zuerst um eine Woche, dann auf unbestimmte Zeit verschoben wurde. Eine Weile wartete Ôsugi tatenlos in Lyon ab. Doch als ersichtlich wurde, dass die Weiterfahrt nach Deutschland nicht klappen würde und wohl auch zwecklos gewesen wäre, entschied er, stattdessen nach Paris zu fahren, um einen Freund, den Maler Shizue Hayashi, zu besuchen, der dort wohnte.

In der französischen Hauptstadt gab es in jenen Tagen für einen Anarchisten viel zu entdecken. In den Gassen und Boulevards zwischen hohen, dunklen, verwunschen wirkenden Stadtbauten drängte ein gemischtes Volk aus Citoyens, Künstlern, Pendlern aus den Banlieues, Straßenhändlern, Bettlern und Clochards zwischen Straßenbahnen, Straßenkötern, berittenen Stadtpolizisten, Pferdewagen oder den Automobilen der Bourgeoisie hindurch zu den Eingängen der Métro. Europa war viel chaotischer und heruntergekommener, als Ôsugi es erwartet hatte. Die Menschen hausten in primitiven, ja ärmlichen, unhygienischen Verhältnissen. Das Paris, das Ôsugi kennenlernte, strahlte keinen Glanz aus, im Gegenteil, im

Vergleich zu Tôkyô wirkte es wie eine verrußte Ansammlung baufälliger Häuser. Der Zerfall einer auslaufenden Weltordnung stellte sich Ôsugi dar. Er erkannte darin die Zerstörung, die einem Neubeginn vorangehen musste. Die destruktive Energie, die Ôsugis Überzeugung nach in den Umbruch münden würde, war allgegenwärtig. Paris machte auf ihn den Eindruck einer Stadt am Wendepunkt. Hier lag der Zusammenbruch einer alten und der Beginn einer neuen Epoche zum Greifen nah.

Besonders die Redaktion der anarchistischen Wochenzeitung *Le Libertaire*, wo Ôsugi seine Tage zubrachte und, soweit es sein Französisch erlaubte, an Artikeln und deren Verbreitung mitarbeitete, beflügelte seinen Kampfgeist. Er spürte einen Zusammenhalt mit den europäischen Mitstreitern. Er und sie waren tatsächlich Teil einer großen internationalen Bewegung, gemeinsam konnten die Anarchisten viel erreichen. Ôsugi wurde nicht müde, mit den französischen Kameraden zu diskutieren. Jeder noch so kleine Punkt schien bedeutend. Manchmal unterhielten sich die Redaktionsmitglieder mit ihm sogar auf Esperanto, um ihren Anspruch auf eine klassenlose Welt zu betonen. Ôsugi sog die abgestandene, verqualmte Büroluft in tiefen Zügen ein, und im Mief der mülligen Pariser Gassen meinte er, den Duft einer kommenden Epoche zu schmecken.

Doch so groß das gegenseitige Verständnis, so betörend die Verheißungen und berauschend die Erfahrungen waren, Ôsugi vergaß nicht, dass sein Platz zu Hause in Tôkyô war. Dort wurde er gebraucht, Japan war sein Ausgangspunkt in eine neue Welt. In Paris war Ôsugi ein Gast, in Tôkyô aber verfügte er über ein Netzwerk und hatte sich Ansehen verschafft. *Japan bekommt Druck aus der ganzen Welt*, hielt Ôsugi in seinen

Notizen fest. *Spaltung oder Revolution. Wir können nicht mehr warten. Jetzt* müssen *wir uns vorbereiten aufzustehen!*

Das Hotelzimmer, in dem er von seinen *Camarades* untergebracht wurde, war winzig, finster und dreckig. Kakerlaken und Ratten krochen durch die Ritzen in den Wänden. Wenn Ôsugi nachts allein auf dem viel zu weichen Bett lag und dem Trippeln des Ungeziefers lauschte, dachte er wehmütig zurück an seine Heimat, wo ihm, aus der Ferne betrachtet, sogar die Zelle im Ichigaya-Gefängnis komfortabler erschien als seine Pariser Unterkunft. Auch vermisste er Itô und die Kinder und konnte es kaum erwarten, zu ihnen zurückzukehren. Doch noch war es zu früh, um heimzufahren. Noch gab es Dinge zu erledigen, zu sehen, zu lernen.

Besonders die Arbeitsbedingungen der Menschen in Frankreich entsetzten Ôsugi. Gerade die Frauen schienen hier in einer noch schlechteren Lage zu sein als in Japan. Die Nähfabriken beuteten Arbeiterinnen schamlos aus, und da diese selbst bei einem Zwölfstundentag nicht genügend Geld erwirtschafteten, um sich und ihre Kinder über die Runden zu bringen, gaben sie in der Mittagspause ihre ausgemergelten Körper Freiern hin, um wenigstens über die Prostitution das nötige Einkommen zu erlangen. Midinetten wurden die Näherinnen genannt: Mittagsmädchen.

Ôsugi kannte die Situation im Yoshiwara-Bordellviertel in Tôkyô und wusste, wie tausende junge Frauen dort wie Nutzvieh gehalten wurden. Doch dass normale, fleißige Näherinnen in die Prostitution getrieben wurden, konnte er kaum fassen. Es führte ihm vor Augen, wie dringlich die Befreiung der Arbeiterklasse vorangetrieben werden musste. Im Vergleich zu Europa schien Japan sogar fortschrittlicher zu sein. Ôsugi kam der Gedanke, dass nicht er von Europa lernen musste, sondern Japan bereits eine Vorreiterrolle eingenommen hatte. Er verspürte das Bedürfnis, seine französischen Verbündeten zu unterstützen, zu inspirieren, zu motivieren. Schließlich war die Revolution niemals auf einzelne Länder beschränkt. Eines stand für alle, und alle standen für eines!

Mit den Feierlichkeiten zum 1. Mai, dem Tag der Arbeit, bot sich für Ôsugi die Möglichkeit, eine große Zuhörerschaft mit einer flammenden Rede zu erreichen. Wenn er französisch sprach, stotterte er nicht, darauf konnte er vertrauen, das hatte sich in Paris längst bestätigt. Im nördlichen Vorort Saint-Denis war eine Großdemonstration angesetzt. Unter dem Beifall der Genossen bestieg Ôsugi das Rednerpult und ergriff das Mikrofon.

»Chers camarades! Le temps est arrivé de ne pas seulement changer les conditions des ouvriers, mais de changer toutes nos vies, partout dans le monde!«, brüllte er der Menge zu.

In dem Französisch, das er sich während seiner Haftzeiten angeeignet hatte, mit exotischem Akzent, berichtete Ôsugi von den Errungenschaften der japanischen Arbeiterbewegung, von erfolgreichen Arbeitsniederlegungen und einem zivilen Ungehorsam, der im Begriff wäre, das Land für immer zu verändern. Er beschrieb eine Welt, die eigentlich nur in seiner Fantasie existierte, aber dank seiner leidenschaftlichen Schilderungen sprang ein Funke der Begeisterung auf die Zuhörerschaft über.

»Gemeinsam werden wir die neue Epoche einläuten!«, verkündete Ôsugi und erhob die Faust. »Eine Epoche der Freiheit und Gerechtigkeit, in Asien, in Europa, in der ganzen Welt!«

Die anwesende Police municipale gewährte Ôsugi, zu Ende

zu reden, wohl weil die Stadtpolizisten darauf vertrauten, dass von einem ausländischen Spinner, dessen Akzent so ungewöhnlich war, dass die Leute ihm kaum folgen konnten, keine besondere Gefahr ausging. Kurz nachdem Ôsugi seine Rede beendet hatte und von der Bühne herabgestiegen war, wurde er aber von Polizisten umstellt. Unter dem Vorwurf der Agitation wurden ihm Handschellen angelegt. Rasch und ohne unnötiges Aufsehen zu erregen, wurde er in einen Polizeiwagen geschoben und abgeführt – ein Vorgang, der Ôsugi nur allzu vertraut war. Er wehrte sich nicht. Logisch erschien ihm die Verhaftung und interessant obendrein.

Mehrere Kameraden und vor allem Frauen, die Gefallen an dem fremdländischen Helden gefunden hatten, verfolgten den Polizeiwagen zur Pariser Wachstation.

»Liberté!«, skandierten sie. »Egalité!«

Doch auch ihre Schimpfgesänge gegen Ôsugis Inhaftierung konnten nichts daran ändern, dass sein Auftritt im europäischen Klassenkampf ein jähes Ende gefunden hatte. Kein zweites Mal würde er Parolen von Pariser Bühnen schmettern.

Das unermüdliche Kämpfen aber, das Ôsugi in seiner Heimat betrieb, ging mit diesem 1. Mai 1923 in eine neue, entscheidende Runde.

Ein paar Fotografien waren geschossen worden, die eine Handvoll Demonstranten vor dem Pariser Polizeirevier zeigten, während sie die Freisetzung Ôsugis forderten. Schnappschüsse einer kleinen Unruhe bloß, die sich nicht bis in den folgenden Tag gehalten hatte. Doch diese Bilder drangen zur japanischen Presse vor und wurden dort mit großem Interesse aufgegriffen. Plötzlich geisterte erneut der Name Ôsugi durch die Gazetten und schaffte es sogar auf Titelseiten. Auch wenn Ôsugi in Europa nichts Nennenswertes zustande gebracht hatte, in den heimischen Medien sorgte er mit seinem skandalträchtigen Pariser Aufenthalt für Aufsehen. Ausführlich wurde darüber berichtet, wie der japanische Rebell von der Polizeiwache ins weltberühmte La-Santé-Gefängnis überstellt wurde, wo er in der Folge drei Wochen lang inhaftiert blieb.

Vor dieser Vollzugsanstalt fanden Solidaritätsbekundungen statt. Sogar Geschenke von französischen Unterstützern erhielt Ôsugi. Sie wurden in japanischen Tageszeitungen abgebildet. Auch dass Ôsugi in den Wochen zuvor eine stürmische Affäre mit einer Tänzerin aus dem Bal-Tabarin-Cabaret an der Rue Pigalle gehabt hatte, wurde nun bekannt. Fotografien, die ihn mit dieser Dolly zeigten, tauchten auf und machten die Runde. Mit solch reißerischen Bildern weckten die Zeitungen das Interesse der Leser im ganzen Land. Ein Japaner auf liebestollem Beutezug in Europa. Derartige Geschichten kamen ausgezeichnet an. Abenteuerliche Affären wie diese entsprachen dem landläufigen Verständnis einer »freien Liebe«. Ein berühmter Mann, der auf ruhmreichen Auslandstourneen Varieté-Tänzerinnen eroberte, während seine hochschwangere Frau zu Hause auf ihn wartete und ihm das Vergnügen nicht neidete, das war ein willkommenes Sujet. Es entsprach dem gegenwärtigen Rollenbild, es rief Anerkennung, Hochachtung, Bewunderung hervor, sowohl für den Erfolg des stürmischen Mannes wie für die Loyalität seiner Ehefrau. Wohl war es nicht Ôsugis ursprünglicher Plan gewesen, sich auf diese Weise in die Herzen der Bürger zu spielen. Noch im Pariser Gefängnis aber erkannte er die Chance, die in seinem dadurch neu gewonnenen Bekanntheitsgrad lag. Je namhafter eine Persön-

lichkeit war, desto leichter war es für sie, politische Ziele zu
verwirklichen.

Itô, zu Hause in Tôkyô, spielte bereitwillig mit. Sie wusste ihre
eigenen Eitelkeiten zurückzustecken und die Gunst der Stunde zu nutzen. Im siebten Schwangerschaftsmonat war Itôs
Bauch bereits deutlich gerundet. Der kleine Nesutoru in ihr
machte sich bemerkbar, Itô verstand es, ihn vorteilhaft einzusetzen. Sie hielt das Bäuchlein vor die Linsen der Fotoappara-
te und erzählte den Journalisten, wie sehr sie hoffte, dass ihr
Mann, der nichts verbrochen und niemandem wehgetan hätte, rechtzeitig zur Geburt des Kindes wieder heimkommen
würde. Die französische Polizei sollte sich schämen, einen Familienvater einzusperren, der nichts als seine Meinung gesagt
hätte! Sie liebte Ôsugi, verkündete Itô, und, nein, sie empfän-
de diese Dolly nicht als Widersacherin. Ôsugi wäre ein freier
Mann. Sie besäße ihn nicht und wollte ihn nicht besitzen.
Kein Mensch sollte einen anderen Menschen besitzen, und
keiner dem anderen vorschreiben, was er zu tun hätte.

Freiheit! Jiyû!

Bis in die hintersten Winkel war dieses Freiheitsgeplärr zu
hören. Ôsugi saß in einem fernen Land hinter Gittern – und
feierte seinen größten Auftritt. Schamlos wagten Itô und er,
die Ereignisse zu ihren Gunsten auszuschlachten. Wie einfach
es ihnen gemacht wurde!

Schon mischten sich andere ein. Jeder dahergelaufene
Schreiberling meinte, Kommentare abgeben zu müssen. In-
terviews mit Unterstützern wie Gegnern wurden geführt. Be-
teiligte und Unbeteiligte meldeten sich zu Wort. Ein Für und
Wider ging durch die Bevölkerung. Überall wurde der Name
Ôsugi herumgereicht. Hochtrabende Analysen wurden eben-

so abgedruckt wie banale Ansichten mancher Leute, die man zum Thema befragte. Selbstverständlich blieb es nicht dabei, bloß das Private abzuhandeln. Auch Ôsugis politische Forderungen wurden erwähnt, wieder und wieder. Plötzlich stand der Umbruch der Gesellschaft, wie er ihn sich vorstellte, offen zur Diskussion. Machtlos musste die Regierung dabei zuschauen, wie sich Ôsugis Ideen verbreiteten. Nichts brauchte er zu tun, als seine Haft im La Santé abzusitzen und seinen Ruf ihm nach Tôkyô vorauseilen zu lassen. Nun war das Momentum auf seiner Seite. Der Sommer 1923 brach an. Nie zuvor hatte es Ôsugi so leicht gehabt, sich Gehör zu verschaffen.

Wenigstens las der Taishô-Kaiser all diese Artikel nicht! Vielleicht war Yoshihito der Einzige, an dem der Medienrummel dieser Tage vorbeiging, denn Tageszeitungen wurden ihm schon lange nicht mehr vorgelegt.

Jede Zeitung, die die Privatgemächer des Palasts erreichte, wurde einer Qualitätskontrolle unterzogen. Höchstens dünne Ausgaben lagen in den kaiserlichen Salons auf. Alles Unnötige musste Ihrer himmlischen Majestät erspart werden. Nach seinen ersten Jahren der Regentschaft, die ihn für immer überfordert hatten, hatte Yoshihito sogar von sich aus darum gebeten, ihm keine tagespolitischen Texte mehr zu lesen zu geben.

Auch von seinen sozialen Aktivitäten war Yoshihito gänzlich abgekommen. Er hatte resigniert. Die Leben, die außerhalb der Palastmauern, hinter denen er festsaß, geführt wurden, würde er nie verstehen. Nie würden er und diese Menschen da draußen Probleme teilen. Außer vielleicht, wenn sich Mutter Natur mit solch gewaltiger Macht erheben würde, dass alle Japaner, unabhängig ihres sozialen Standes, davon betroffen wären? Dann, überlegte Yoshihito, der Naturberauschte, dann würde womöglich alles anders werden? Vor der Natur waren doch alle klein …

Dieser Gedanke gefiel Yoshihito so gut, dass er sich sogleich in sein Schreibzimmer zurückzog und Notizen machte. Vielleicht würde es ihm gelingen, seine Überlegungen in einem rein in chinesischen Zeichen gehaltenen Kanshi zu bündeln?

Oberflächliche Pracht und Selbstbezogenheit ablegen, dichtete er und wandte Stunden dafür auf, angemessene Schriftzeichen zu finden.

Innere Werte stärken, schrieb er weiter.

Auf radikale Handlungen werden wir verzichten. Und Menschlichkeit üben.

In Harmonie werden wir leben. Und die Moral respektieren.

Unser Leben ist gleichwertig. Unsere Existenz verbindend.

Die Schriftzeichen ergaben in ihrer Summe ein prächtiges Bild. Yoshihito betrachtete sie ein paar Minuten lang mit großer Zufriedenheit. Doch sie trugen, dachte er nach einer Weile des Kontemplierens, keine weitreichende Bedeutung in sich. Sie waren nicht wahr. Und was nicht wahr war, konnte nicht bedeutend sein. Es war, wie alles, eine Laune bloß. Nichts weiter.

Yoshihitos Kopfschmerzen kehrten wieder zurück und zwangen ihn, sein poetisches Bemühen abzubrechen. Er ließ das Schreibheft in der Schublade verschwinden, wo es niemand sehen würde. Statt weiterzudichten, konzentrierte sich Yoshihito auf das Blumenarrangement neben seinem Schreibtisch. Heute war das Ikebana besonders gelungen. Nichts spendete so viel Trost wie die harmonische Anordnung solcher Farben, Formen, Linien. Und der Duft, den diese Blüten verströmten! Eine Weile ließ Yoshihito das Ikebana auf sich wirken, dann schloss er die Augen und hielt sie geschlossen, so lange wie irgendwie möglich.

Ôsugi genoss seine glorreichen Wochen in französischer Haft.

Ende des Monats wurde er zurück nach Japan abgeschoben. Damit war Frankreich diesen Aufrührer los, und wir hatten uns wieder seiner anzunehmen. Von Pariser Unterstützern hatte er nicht nur Weinflaschen, Käse und Zigarren ins Gefängnis geschickt bekommen, sondern auch einen französischen weißen Sommeranzug erhalten. Diesen und dazu einen schräg sitzenden Panama-Hut trug Ôsugi bei der Ankunft seines Schiffs in Yokohama im Juli 1923. Als wäre er ein Bühnenstar, der von erfolgreichen Auslandstourneen heimkehrte, wurde er von jeder Menge Presseleuten und einer großen Gefolgschaft empfangen. Seine eigentlich ertraglose Reise nach Europa, die ihn nicht weiter als in eine Gefängniszelle gebracht hatte, hatte sein Ansehen in der Heimat vervielfacht. Was immer es war, womit Ôsugi es verstand, die Mitmenschen für seine Ideen zu begeistern – sein Äußeres, seine Ausstrahlung, seine Wortwahl –, der Erfolg hatte nun eine neue Dimension erreicht. Ôsugi war eine schillernde Figur geworden. Sein Ruhm zog sich durch alle Schichten, und Ôsugi war erpicht darauf, diesen Vorteil auszuschlachten.

In den kommenden Sommerwochen fuhr Ôsugi respektlos fort, die Bevölkerung zu manipulieren. So selbstsicher war er inzwischen, dass er sogar auf Japanisch Reden halten konnte und dabei kaum ins Stottern geriet. Er gab ausführliche Interviews, er verfasste klug und überzeugend wirkende Texte. Ôsugi war ein großer Volksverführer geworden, nicht länger der unbesonnene Rebell, der sich im Überschwang selbst ein Bein stellte. Alles, was Ôsugi nun unternahm, war genau durchdacht. Er achtete darauf, sich nicht strafbar zu machen. Ôsugi wollte nicht länger von einem Gefängnis ins nächste ziehen. Diese Phase war vorbei. Jetzt war der Moment gekommen, um grundlegende Veränderungen einzuleiten. Jetzt spürte Ôsugi, dass es möglich war, das Volk dazu zu bringen, sich geschlossen gegen das System zu erheben.

Am 7. Juli, fast einen Monat, nachdem sich Arishima mit seiner Geliebten das Leben genommen hatte, wurden deren verweste Leichen aufgefunden. In dem darauffolgenden Gesellschaftsskandal starb Arishima nun seinen zweiten Tod. Die empörte Öffentlichkeit verdrängte ihn aus der Erinnerung, und Ôsugi schlüpfte hinein in diese frei gewordene Rolle, die Arishima zeitlebens zugestanden war. Es war Platz geworden für einen neuen Moralisten im Land. Ôsugi konnte zwar nicht weiter auf Arishimas finanzielle Unterstützung hoffen, dafür übernahm er dessen Status als Vordenker und Meinungsmacher.

An neu auf der Bildfläche erscheinenden Förderern, die Ôsugis Arbeit vertrauten, mangelte es ohnehin nicht. Was immer Ôsugi von nun an schrieb, es fanden sich Wege der Veröffentlichung. Die Menschen im Land wandten sich mit Interesse seinen Traktaten zu, sie wollten wissen, was er zu sagen hatte, und Ôsugi verstand es, sie bedachtsam zu beeinflussen. Kein direkter Aufruf zur Absetzung des Kaisers, kein Appell zur Zerschlagung des Nationalstaats kam aus seiner Feder. Und trotzdem war es zwischen den Zeilen genau diese Botschaft, die er vermittelte. Indem er sich ein zweites Mal unerlaubt ins Ausland abgesetzt hatte, hatte er die Geheimpolizei lächerlich gemacht. Jetzt setzte er feine Nadelstiche hier und dort, um unsere Position weiter zu schwächen.

Dieser großgewachsene, inzwischen 38 Jahre alte Mann mit seinem Schnurrbart, dem Panama-Hut und dem maßgeschneiderten Anzug, er besaß, was es brauchte, um die Massen zu mobilisieren. Mit jedem Tag seit seiner Rückkehr stieg die Gefahr, dass Ôsugi unser aus dem Gleichgewicht geratenes Land zu Fall bringen würde. Endgültig war das Dilemma der Taishô-Zeit ersichtlich geworden. Ein schwacher Kaiser vernachlässigte das Volk, ein Aufrührer bearbeitete es von unten her. Itô, aus dem Wochenbett zurückgekehrt, stand Ôsugi mit frischem Tatendrang zur Seite. Der neugeborene Nesutoru und die drei Mädchen wurden von einer Haushaltshilfe umsorgt, die das Paar im Zuge seines Aufstiegs eingestellt hatte, um sich ganz dem politischen Kampf zu widmen.

Es stand außer Frage: Ôsugi musste unschädlich gemacht werden, verschwinden, so schnell und unauffällig wie möglich. Ohne Aufsehen. Er musste einfach eines Tages nicht mehr da sein, ohne dass es auffiel. Der geeignete Moment würde sich ergeben, darauf vertraute ich. Und wenn es so weit war, durfte ich keine Sekunde lang zögern.

In diesem unheilvollen Sommer erinnerte ich mich daran, wie ich Jahre zuvor ins Büro meines Vorgesetzten gerufen worden war.

»Wir werden sehr wachsam sein müssen«, hatte der Oberstleutnant gesagt. »Tun Sie Ihr Bestes, Amakasu.«

»Selbstverständlich«, hatte ich geantwortet. »Tag und Nacht werde ich wachsam bleiben. Doppelt wachsam.«

Mittlerweile hatte ich mein eigenes Büro in Kanazawa bezogen und leitete als Hauptoffizier eine angesehene Einheit der Militärpolizei. Ich hatte Wort zu halten. Ich musste mich ganz dieser Aufgabe widmen. Der Sommer war stickig und heiß. Doch ich ließ mich von der schwülen Hitze nicht lähmen. Ein Ventilator surrte an der Decke meines Büros. Nichts würde mir von nun an je wieder die Konzentration rauben.

Als der August zu Ende ging, verstarb unser Ministerpräsident. Die Situation verschärfte sich somit erneut. Nun klaffte eine weitere Lücke an der Spitze des Staates auf. Nicht nur der Chrysanthementhron war praktisch unbesetzt, auch der Vorsitz unserer Regierung würde so lange offenbleiben, bis ein Nachfolger bestimmt war. Dies konnte Wochen, wenn nicht Monate dauern. Ôsugi würde versuchen, in diese neue Wunde hineinzustoßen, davon war ich überzeugt. Er verhielt sich zwar erstaunlich ruhig in diesen Tagen der letzten Sommerhitze, gerade so, als gewährte er sich ein wenig Erholung. Womöglich aber war das nur eine weitere Finte? Ich würde mich nie wieder von Ôsugi täuschen lassen. Ich traute einer trügerischen Stille nicht länger. Ich hatte aus den Fehlern gelernt, die ich gemacht hatte. Ich verstärkte meine Bemühungen. Doppelt wachsam zu sein hatte ich geschworen.

Ein neuer Kollege, Unteroffizier Mori, wurde mir als Verstärkung zugeteilt. Ôsugi dürfe uns unter keinen Umständen noch einmal übertölpeln, stellte ich klar. Ich warnte meinen Kollegen vor Ôsugis Verschlagenheit.

»Sie dürfen seine Intelligenz und seinen Willen niemals unterschätzen«, sagte ich.

Unteroffizier Mori verstand. Er wirkte motiviert wie ich und ging mit besonderem Eifer an die Arbeit.

In dieser letzten Augustwoche beschatteten wir Ôsugi und seine Familie in Shinjuku Tag und Nacht. Gleichzeitig tagten im Parlamentsgebäude die Abgeordneten und waren darum bemüht, so rasch wie möglich einen neuen Ministerpräsidenten zu ernennen. Alle waren sich der Dringlichkeit bewusst. Ich persönlich trug meinen ehrenhaften Teil dazu bei, die Ordnung im Land aufrechtzuerhalten. Ich handelte so gewissenhaft, wie irgendwie möglich. Als hätte ich gewusst, dass mit dem ersten September alles auseinanderbrechen würde und ich mich dafür bereitmachen wollte. Vielleicht hatten wir alle bloß darauf gewartet? Im Rückblick bilde ich mir ein, gespürt zu haben, dass etwas in der Luft lag. Ich stellte mich auf etwas Unvorhersehbares ein. Als es dann einsetzte, dachte ich, ich wäre auf alles vorbereitet. Doch das war ich nicht.

Ich will mich an diesem heutigen Tag weder rühmen, noch will ich mich schämen müssen. Es gibt Dinge, die lassen sich nicht umkehren. Und am Ende gibt es den Tag, an dem alles einfach vorübergeht. Dieser Tag ist nicht das Schlimmste. Das Schlimmste ist, ihn tatenlos auf sich zukommen lassen zu müssen. Das Schlimmste in meinem Leben war die Ohnmacht, in die ich mich in diesem September 1923 hineinkatapultiert habe.

九、

DIE ROTE
DORADE

Am Samstag, dem 1. September 1923, war es so weit. Hier war
er. Der gewaltige Lärm. Die große Katastrophe. Die große Chance. Um 11 Uhr 58 bebte die Erde unter der Kantô-Ebene.

Zuerst war es ein schrilles, fast unhörbares Surren, das den
Überlebenden des Unglücks erst im Nachhinein ins Bewusstsein dringen würde. Rohre, die tief in die Erde ragten, pfif-
fen, ächzten, verbogen sich. Die Brunnenschächte klapperten.
Doch die Menschen wussten diese Dissonanzen nicht einzuordnen. Niemand konnte das gespenstische Pfeifen und Kla-
cken einschätzen, das aus den Eingeweiden der Stadt drang
und bald vom Knirschen des Bodens begleitet wurde. Nicht
einmal denen, die zuvor bereits starke Erdbeben erlebt hatten, galten diese Vorzeichen als Warnung. Denn es gab nichts
Vergleichbares. Das Kantô-Beben übertraf alles Bisherige bei
Weitem.

In Japan ereigneten sich alle paar Wochen mittlere Erdstöße. Wir hatten uns an das Leben mit dieser Gefahr gewöhnt.
Wir blendeten sie aus, verdrängten, vergaßen sie glatt. Die
Erde war seit langer Zeit ruhig gewesen. Nun aber öffnete und
verzerrte sich der Boden mit einem Mal in bislang ungekann-
tem Ausmaß direkt unter der Stadt. Wenige Sekunden nach

den ersten Anzeichen quoll ein Grollen aus der Tiefe an die Oberfläche. Es vermengte sich mit dem Rasseln, Krachen und Klirren von zerbrechendem Glas, zerbrechendem Holz, zerbrechendem Stein, zerbrechendem Geschirr.

Nun wurde den Bewohnern Tôkyôs klar, was vor sich ging. Jetzt, da es zu spät war, verstanden sie. Manche von ihnen verharrten im Schock an Ort und Stelle. Andere hielten sich die Hände vor den Mund und schrien in sich hinein. Sie duckten sich auf den Boden, kauerten unter Möbelstücken oder flüchteten in Panik aus den Häusern auf die Straße, wo sie sich in die Arme fielen oder stumm oder heftig durcheinanderrufend beieinanderstanden, als gäbe ihnen der Zusammenhalt irgendeine Sicherheit. Auch die Tiere ergriffen die Flucht. Ohne zu wissen, wohin, jagten bellende, jaulende Hunde in alle Richtungen, Pferde gingen durch, Katzen, Ratten, Mäuse stoben davon und suchten Unterschlupf. Scharen von Kakerlaken kletterten die Wände hoch, um sich vor dem von unten kommenden Unheil in Sicherheit zu bringen. Krähen, Spatzen, Tauben, Schwalben, Möwen erhoben sich von Masten, Mauern und Ästen und retteten sich so hoch in die Lüfte, wie sie fliegen konnten. Unten auf dem Boden schüttelte eine Urgewalt die Häuser und Brücken Tôkyôs und Yokohamas. Alles Menschenerbaute und auch die umliegenden Hügel waren im Begriff, niedergerissen zu werden.

Dreißig Sekunden dauerte der erste Erdstoß, dann war, von einem Moment auf den anderen, das Schauspiel vorbei. Dreißig Sekunden. Sie änderten alles. Ab jener schicksalhaften halben Minute kurz vor Mittag an diesem 1. September würde nichts mehr je so sein, wie es zuvor gewesen war.

Vormittags waren wir alle noch unseren Tätigkeiten nachgegangen. Ich saß in meinem Büro in Kanazawa und sichtete Akten. Unteroffizier Mori und zwei weitere Beamte waren in Shinjuku eingeteilt, um Ôsugis Wohnung zu observieren. Ôsugi selbst saß an seinem Schreibtisch und arbeitete an einem neuen Artikel. Die fünfjährige Mako, seine Lieblingstochter, hockte neben ihm auf dem Boden, ein Buch in ihrem Schoß. Sie ging noch nicht zur Schule, war aber bereits geübt im Umgang mit den Silbenschriften und beherrschte eine beträchtliche Zahl chinesischer Schriftzeichen. Lesen war ihre Lieblingsbeschäftigung. Ihre Mutter, Itô, war aus dem Haus gegangen. Sie trug den neugeborenen Nesutoru auf dem Rücken und machte Besorgungen. Yukko, die Haushaltshilfe, kümmerte sich im Wohnzimmer um die beiden jüngeren Mädchen, Ema und Luisu. Überall in der Stadt saßen an jenem Vormittag größere und kleinere Kinder in der Schule, in den Fabriken standen Schichtarbeiter am Fließband, Marktfrauen priesen in Tsukiji ihren Weißkohl, Fischer die Makrelen an, die sie gefangen hatten. In Tôkyô und ganz Japan wurden jene Arbeiten verübt, die an einem Samstag erledigt werden mussten. In den Wohnungen bereiteten die Frauen das Mittagessen vor, Holzöfen wurden angeheizt, um Makrelen oder Auberginen zu grillen. Niemand dachte daran, dass die kleinen offenen Feuerstellen, die in Küchen und im Freien, in jeder Gasse benutzt wurden, sich bald zu einem Flammenmeer vereinigen würden, in dem die Gebäude der Stadt niedergingen. Vormittags hatte der Himmel über Tôkyô noch gestrahlt, wenig später würde er von Rauchsäulen schwarz gefärbt sein und tagelang dunkel und giftig bleiben.

Eine Magnitude von 7,9 auf der Richterskala maß der erste Erdstoß. Drei Minuten später folgte ein zweiter und weitere zwei Minuten darauf ein dritter ähnlich starker. Mächtige Stürme begleiteten dieses Drillingsbeben. Als wäre Susanoo, der aus dem Himmel verbannte Bruder der Sonnengöttin, Gottheit des Windes und des Meeres, in Zorn geraten, brachen Taifune vom Meer her über das gebeutelte Land herein. Die Erdstöße hatten gerade die Häuser eingerissen, schon setzten Flutwellen in Vierteln am Wasser und Gerölllawinen in Hanglagen die Zerstörung fort. Die Feuerherde, die besonders in den armen Stadtvierteln ausgebrochen waren, wurden durch die Stürme angefacht. In die brennenden Holzhäuser der einfachen Leute fuhren die Sturmböen hinein und verteilten das Feuer. Von einem Häuserblock zum nächsten sprang es, bald standen ganze Straßenzüge in Flammen. Feuerzungen durchschossen Häuserfronten, eine Fassade nach der anderen stürzte ein. Selbst aus kleinen Brandherden wurden berstende und umherwandernde Feuerwände, die auffraßen, was sich ihnen in den Weg stellte. Selbst wenn die Löschwege funktioniert hätten, wäre es der Feuerwehr nicht möglich gewesen, hunderte Brände gleichzeitig zu löschen. Doch durch das Beben waren zudem die Wasserleitungen unterbrochen worden. Nichts konnte gegen die Ausbreitung des Feuers unternommen werden. Binnen weniger Stunden brannten ganz Yokohama sowie große Gebiete Kawasakis und Tôkyôs nieder.

In den frühen Nachmittagsstunden, während weitere Nachbeben den Boden erschütterten, bauten sich in der Gluthitze im Osten der Stadt erste Feuertornados auf. Sie schraubten sich dutzende Meter in die Luft und wirbelten um die eigene Achse. In rasender Geschwindigkeit bewegten sie sich über das Häusermeer hinweg. Wo Gebäude den Erdstößen getrotzt hatten, waren bald nur mehr Gluthaufen übrig. Zehntausende Menschen starben in diesen Feuerwalzen. Nichts, niemand konnte sich ihnen in den Weg stellen. Was brennen konnte, brannte nieder. Wer laufen konnte, lief um sein Leben.

In vielen Teilen der Stadt aber fanden die Menschen keinen Ausweg, wohin sie laufen hätten können. Besonders in Honjô und in Fukagawa kesselten Feuersbrünste die Bewohner von allen Seiten her ein. Die Infernos waren so heiß, dass selbst weit entfernte Möbelstücke, die aus Wohnungen gerettet worden waren, sich auf offener Straße entzündeten. Kleider, die die Menschen am Körper trugen, gingen in Flammen auf. Nackt versuchten Männer, Frauen und Kinder offene Plätze, Parks oder Gewässer zu erreichen, um sich zu retten. Viele von ihnen verbrannten oder erstickten, wurden zertrampelt, von herabfallenden Trümmern erschlagen oder von Geröll begraben. Oder sie ertranken wie dutzende Geishas, die in einem Teich in Yoshiwara Schutz gesucht hatten. Die Ufer des Teichs standen in Flammen und hielten die eingekesselten Frauen im von Minute zu Minute heißer werdenden Wasser ausweglos gefangen. Keine Einzige von ihnen konnte gerettet werden.

Alle Menschen in Japan waren von dieser Katastrophe betroffen. Von einem Wimpernschlag auf den nächsten war der Boden unter unser aller Füßen aufgerissen. Ein Einschnitt zog sich durch das gesamte Land, veränderte alles, jede und jeden. Alles, was am Tag zuvor noch gegolten hatte, musste nun unter neuen Umständen wieder zusammengesetzt werden. Das Kantô-Beben war mehr als bloß die alles ergreifende Vernichtung. Es war nicht nur sinnlose Auslöschung. So entsetzlich sich dieser erste Septembertag gestaltete, er markierte einen Wendepunkt. Jahrelang war die Geheimpolizei damit überfordert gewesen, den Aufruhr der Taishô-Zeit unter Kontrolle zu halten. Nun eilte uns die Natur zu Hilfe. Die Grabenkämpfe, die so verbissen geführt worden waren, all die Aktionen und Reaktionen, sie wurden mit einem Schlag vom Boden verschluckt. Die Hauptstadt fiel in sich zusammen. Nun konnte man sie neu aufrichten und alles richtigstellen, was sich falsch entwickelt hatte.

Sobald die Gewalt ausgestanden sein würde, die Tôkyô augenblicklich niederzwang, würde die Armee mit dem Aufräumen beginnen. Das Volk würde wieder demütig sein. Auf Jahre hinaus würde es sich mit dem Wiederaufbau beschäftigen müssen. Die Menschen hatten Wichtigeres zu tun, als sich mit neumodischen Gesellschaftstheorien zu befassen. Die Gegenwart war ihnen entrissen worden. Nun durfte die Zukunft nichts Unbekanntes, Abstraktes, Ungewisses sein, sondern musste jener heilen Welt entsprechen, die aus früheren Epochen in Erinnerung war. Unter dem Eindruck der Zerstörung musste sich Japan wieder auf seine alten, etablierten Werte besinnen. Stabilität wurde jetzt gebraucht, kein fragwürdiges Abenteuer, kein neuerliches Umstürzen. Den linken Volksverführern war ab sofort die Möglichkeit genommen, mit den Hoffnungen der Menschen zu spielen. Dem Staat war die Möglichkeit gegeben, das Rad der Zeit zurückzudrehen. Niemand würde die Muße haben, Ôsugi zuzuhören. An seinen vagen Zukunftsvisionen bestand nicht länger Bedarf, sie hatten mit dem Beben alle Bedeutung verloren. Es würde niemandem auffallen, sollte sich Ôsugi von nun an nicht mehr zu Wort melden. Das Erdbeben ließ die Menschen ihn vergessen. Vielleicht lag er ohnehin tot unter den Trümmern? Seine Zeit war vorüber. Die Probleme, die er und andere dem Staat bereitet hatten, mit dem großen Zusammenbruch und der darauf folgenden Säuberung konnte Japan sie endlich überwinden.

Kurz nach Mittag erhielt ich den Anruf in Kanazawa. Ich sollte auf schnellstem Weg nach Tôkyô kommen, wo mir in einem vom Beben weitgehend verschont gebliebenen Vorort eine Wohnung bereitgestellt wurde. Noch während meiner Anreise wurde eine Polizeitruppe zusammengestellt, die unter meinem Kommando im Bezirk Shibuya für Ordnung sorgen sollte. Ich befand mich damit in direkter Nachbarschaft zu jenem Stadtteil, in dem Ôsugis Wohnung lag. Verhältnismäßig wenige Häuser wären in dieser Gegend zusammengebrochen, wurde mir berichtet, und auch könnten die Feuer dort in Zaum gehalten werden.

Ôsugi würde sich, sofern er noch lebte, zu Hause mit seiner Familie vor den anstehenden Polizeieinsätzen verstecken, mutmaßte ich. Selbst wenn er dort in Sicherheit war, ich würde eine Möglichkeit finden, ihn zu stellen. Als Hauptoffizier der Armeepolizei genoss ich viele Befugnisse. Es lag in meinem persönlichen Ermessen, welche Mittel anzuwenden wären, um das Chaos einzugrenzen. Über die gesamte Region war der Ausnahmezustand verhängt und binnen weniger Stunden die kaiserliche Armee mobilisiert worden. Ohne eine Minute zu verlieren, wurde der Generalstab einberufen. Die Minister des Kabinetts setzten sich zusammen. Sie fassten einstimmige Beschlüsse. Kurze und prägnante Befehle wurden vom Heeresministerium aus an die verschiedenen Kommando-Abteilungen weitergegeben. Die Stabsoffiziere und Truppenoffiziere gingen in ihren Einsatzgebieten ans Werk. Alle Räder liefen ineinander. Alle wussten auf einmal, was zu tun war. Die Welt lag in Schutt und Asche, innerhalb der Heeresführung aber herrschte unmissverständliche Klarheit. Wie kläglich wir das in den vergangenen Jahren vermisst hatten! Weder Widerspruch noch Zweifel gab es, nur Einigkeit und Kraft. Vorbei, die

Schwammigkeit der Taishô-Zeit. Jetzt endlich wurde alles geradegerückt!

Ich schlüpfte in meine schwarzen Lederstiefel und strich die Lampassen meiner Offiziershose glatt. Den obersten Messingknopf meiner Uniform knöpfte ich zu. Das Offizierskäppi zog ich fest in die Stirn. Kurz prüfte ich, dass der Stehkragen meiner Jacke keine Falten warf und meine Nickelbrille gerade saß. Dann schritt ich durch die Haustür hinaus in die Kampfzone. Der Polizeiwagen wartete bereits unten vor dem Bürogebäude.

Noch am Abend traf ich mit den mir unterstellten Polizisten und Soldaten zusammen. Der Himmel war nicht von der untergehenden Sonne, sondern von hunderten am Horizont lodernden Feuern rot gefärbt. Ein schwelender Lärm umgab uns, als hätte die Erde noch immer nicht genug gewütet.

»Soldaten!«, rief ich meiner Truppe zu. »Noch nie hat uns das Vaterland dringender gebraucht als jetzt!«

Die Worte entsprachen der Wahrheit. Die Hauptstadt war angegriffen worden, und ich stand mit meinen Männern an vorderster Front. Kein Warten, Nachfragen, Zögern wurde geduldet. Furchtlos rückten die kaiserlichen Armeeverbände ins Stadtgebiet vor. Noch während alles unternommen wurde, um die Brände im Osten unter Kontrolle zu bringen, errichteten Soldaten im Rest der Stadt bereits Straßensperren und trieben die obdachlos gewordenen Einwohner – fast zwei Millionen würden es am Ende sein – in Notunterkünften zusammen. Noch brannte die halbe Stadt, noch wurde die Erde von Nachbeben erschüttert, da wurde bereits mit der Neuordnung begonnen. Japan machte einen Satz in ein neues Zeitalter. Die Spielregeln hatten sich geändert. Die demokratischen

Hirngespinste, die das Land geschwächt hatten, waren ausgeträumt. Mit der Zerstörung war die Autorität des Staates wiederauferstanden. Japan hatte zu sich gefunden. Ein Zaudern wie das des Taishô-Kaisers spielte von nun an nicht mehr die geringste Rolle.

Das Erdbeben war so mächtig gewesen, dass sogar Yoshihito, der außer von seinem Innenleben kaum mehr von etwas Notiz nahm, den Einschnitt bemerkt hatte. Der Kaiser hatte, wie üblich, wenn er sich vormittags zum Dichten ins Schreibzimmer des Palastes zurückzog, zur Unglückszeit an seinem Tisch gesessen. Er hatte gespürt, wie das Papier unter seinem Pinsel plötzlich erzitterte und das Tintenfass wackelte. Yoshihito hielt inne und blickte gebannt zum Blumenarrangement. Die kunstfertig, in frühherbstlichen Farben und Spielarten zusammengestellten Zweige hatten der Erschütterung standgehalten. Nur ein paar Blätter waren aus ihrer Ordnung gerutscht. Sie würden später neu komponiert werden müssen. Ansonsten schien im Palast nichts zu Bruch gegangen zu sein. Als sich die Erde nach den beiden direkten Nachbeben fürs Erste beruhigte, wandte sich Yoshihito wieder seinem Schaffen zu.

Auch wenn der Kaiserpalast keine nennenswerten Schäden davongetragen hatte, Yoshihito hatte ein Stimmungswandel ergriffen. Er überpinselte und änderte das Gedicht, an dem er gearbeitet hatte. Statt über die golden rostigen Farben des Herbstlichtes zu reimen, wie er es vorgehabt hatte, wollte sich Yoshihito an nächtlich dunklen Versen versuchen. Denn auch wenn es mitten am Tag war, es fühlte sich an, als wäre die Nacht hereingebrochen. Intuitiv entschied Yoshihito, nicht weiter über die ewigen Farbzyklen des Lebens zu schreiben, sondern sich der bodenlosen Tiefe zu widmen, die zu gleichen

Teilen unter allen Erdbewohnern lag, unter den kriechenden wie unter den auf Sänften getragenen.

Doch Yoshihitos Bemühungen trugen keine Früchte. Statt erfüllender Poesie machten sich in seinem Kopf nur die altbekannten rasenden Schmerzen bemerkbar. Bald folterten sie Yoshihito dermaßen, dass er, statt weiterzuschreiben, versuchte, sich mit dem Pinsel ein Loch in die Schläfe zu bohren, um den Druck zu verringern, der ihm den Schädel zu zerreißen drohte. Er verzerrte das Gesicht zu einer Fratze, er riss seinen Mund, so weit es ging, auf. Vielleicht konnte er durch Gähnen einen Druckausgleich erzwingen?

Vollkommen entkräftet ließ sich Yoshihito eine halbe Stunde später, während draußen, in unerreichbarer Ferne für ihn, ganze Viertel aus dem Stadtplan radiert wurden, von zwei Dienern ins Schlafgemach geleiten. Mit glasigen, hervorquellenden Augen, schwer atmend verfolgte er, wie das Personal die papierenen Schiebewände hinter ihm zuschob, um seinen Raum zu beruhigen. Die äußeren Glasfenster, die sein Gemach umgaben, wurden mit Gardinen verdunkelt, um Yoshihito vor der Außenwelt zu schützen.

Es half nichts. Auch am folgenden Tag lag Yoshihito schmerzbetäubt auf seinem Bett. Ein Diener hatte in der Ecke des Zimmers Position bezogen. Draußen in der vernichteten Welt hatte das Militär die Führung des Landes übernommen. Hunderte Feuer wüteten auf der Kantô-Ebene, Yoshihito aber wusste nur um das Bersten seines Schädels. Der reglos stehende, schweigende Diener wirkte wie eine verschwommene Silhouette. Er hatte die ganze Nacht dagestanden, und auch tagsüber wich dieser Mann oder einer, der ihn ersetzte, nicht von der Stelle.

Behutsam wurde die Tür aufgeschoben. Sadako erschien. Yoshihito freute sich, seine Ehefrau zu sehen. Er liebte sie unverändert, aber es war, als liebte er eine Erinnerung, ein Abbild dessen, was vor langer Zeit gewesen war und nicht mehr sein durfte. In den elf Jahren seit seiner Inthronisierung waren Sadako und er auf Abstand voneinander gehalten worden. Sie war seine Frau, aber sie stand nicht auf derselben Ebene, sie war keine direkte Nachfahrin der Sonnengöttin Amaterasu.

Inzwischen wusste Yoshihito nicht länger, ob er sich die Nähe und Fürsorge nur einbildete, die er weiterhin zwischen den wenigen Worten zu erkennen meinte, die Sadako in offizieller Manier mit ihm wechselte.

»Ich liebe dich, Sadako, über alles!«

Wie gerne hätte Yoshihito ihr das gesagt. Doch ein gottgleicher Kaiser konnte das nicht sagen. Es wäre ein Frevel seiner selbst. Sadako lag außer Reichweite – wie alles für Yoshihito, seit er auf dem Thron saß. Auf halbem Weg zwischen Erde und Himmel war er gestrandet, vollkommen allein in seinem Kaisersein.

Nun aber hatte sich Sadako neben sein Bett gesetzt. Ihre Hände achteten darauf, die seinen nicht zu berühren, trotzdem saß sie bei ihm wie eine Mutter an der Seite ihres fiebernden Kindes.

»Ein schreckliches Erdbeben hat sich in der Stadt ereignet«, sagte sie flüsternd, als könnte der zurückgehaltene Ton den Schrecken des Gesagten mindern.

Yoshihito nickte, beinahe unmerklich. Statt etwas zu sagen oder zu verstehen, wovon Sadako tatsächlich sprach, wollte er einfach ihre Nähe spüren, nur das, nicht mehr, um ihr so lange wie möglich nachspüren zu können, wenn Sadako ihn wieder alleinlassen würde.

»Unzählige Häuser brennen. Unzählige Menschen sind gestorben. Japan ist nicht mehr dasselbe.«

Yoshihito wollte nichts darüber hören. Es fügte ihm körperliche Schmerzen zu.

Sadako verstand und redete nicht weiter. Still blieb sie am Bett des Kaisers sitzen.

»Chin ist müde«, gab Yoshihito nach einer Weile von sich. »Chin ist sehr, sehr müde.«

»Heika wird sich bald erholen«, sagte Sadako.

Nachdem sie gegangen und Yoshihito wieder allein mit der Silhouette des Dieners in seinem Zimmer zurückgeblieben war, erhob er sich langsam von seiner Liegestätte und begann, schlurfende Kreise durch das Zimmer zu ziehen. Nachdem er ein drittes Mal an dem starren Diener vorbeigegangen war, ließ er sich mitten im Raum auf dem Boden nieder und überkreuzte die Beine.

Die Tatamimatten unter seinem Gesäß fühlten sich angenehm an. Sie waren biegsam und boten dennoch genügend Festigkeit und Halt. Yoshihito entschied, so lange sitzen zu bleiben, bis er ein neuerliches Beben der Erde vernehmen würde. Am Tag zuvor im Schreibzimmer hatte er die Erschütterung deutlich gespürt. Ein Beben, das stark genug war, so viele Häuser niederzubrennen und Menschen sterben zu lassen, würde noch tagelang von Nachbeben begleitet werden. Unzählige Häuser. Unzählige Menschen. Das hatte Sadako gesagt.

»So viel Leid«, murmelte Yoshihito.

Vielleicht verstand der Diener diese Worte des Kaisers? Er ließ sich nichts anmerken.

Yoshihito gab nichts weiter von sich. Stumm starrte er die zugezogenen Schiebewände an, die ihn umringten. Ob er durch das Holzfaserpapier hindurch Rauchschwaden erkennen könnte, wenn sie den Himmel über dem Kaiserpalast schwärzten?

Eine Stunde später saß Yoshihito nach wie vor in sich zusammengesunken auf dem Boden. Sein mittlerweile 22-jähriger Sohn Hirohito erschien, der bereits die meisten Regierungsgeschäfte übernommen hatte. Er kniete sich in strammer Haltung neben Yoshihito und legte ihm ein Dokument zur Unterzeichnung vor, das einige Beschlüsse des Ministerrats bestätigte. Yoshihito setzte seine Signatur unter die ungelesenen Paragrafen. Mit trüben Augen blickte er zu seinem Sohn hoch.

»Die armen Leute ...«, stammelte Yoshihito. »Wir müssen ihnen helfen.«

»Ja, das müssen wir. Das werden wir«, sagte sein Sohn. »Heika muss sich keine Sorgen machen.«

Er nahm das Papier aus den Händen des Kaisers, richtete sich auf, verbeugte sich kurz und verschwand.

»Die armen Leute ...«, wiederholte Yoshihito, nachdem sein Sohn gegangen war, wie ein Echo des Gesprochenen flüsterte er es zum regungslosen Diener hinüber.

Der gab keine Antwort, konnte nicht, durfte nicht. Stumm blieben er und die Welt. Nichts war zu hören, weder die Schritte des sich entfernenden Hirohito noch das Schreien und Tosen der niedergehenden Stadt.

»Stumme Luft ...« Yoshihito entschied, diesem Sprachbild nachzuspüren, das unversehens durch seinen Kopf wehte. Es könnte sich gut für den Beginn eines Gedichtes eignen ...

Plötzlich hörte Yoshihito ganz deutlich das Pochen seines Herzens und nahm zur Kenntnis, wie es sich verlangsamte und beschleunigte, je nachdem, wie schnell er die Luft einsog und aus seinem Körper austreten ließ. Kühl war diese Luft, wenn sie seinen Rachen entlang hinunterfuhr, und ein wenig erwärmt, wenn er sie ausatmete. Beinahe schon ist der Herbst gekommen, kam Yoshihito in den Sinn. Er fasste neuen Mut.

»Ich werde ein Haiku zum Wechsel der Jahreszeiten verfassen, der sich dieses Jahr ja so früh zu vollziehen scheint«, sagte er zu seinem Diener.

Nur, ob er es noch am selben Nachmittag oder eher erst am kommenden Morgen in Angriff nehmen sollte, das konnte der Kaiser lange nicht entscheiden.

24 Stunden nach dem ersten Erdstoß saß der neue Ministerpräsident im Amt. Als am 24. August der alte verstorben war, hatten das Ober- und das Unterhaus des Parlaments eine Woche lang ohne Ergebnis darüber beraten, wer ihn ersetzen sollte. Nun hatte die Erde gebebt, und von einem Tag auf den anderen bestellte die Regierung einen Nachfolger: den nationalkonservativen Admiral Yamamoto. Es gab keine einzige Gegenstimme. Eine Gegenstimme wäre als die Stimme eines Verräters gewertet worden. Alle Abgeordneten waren sich einig. Admiral Yamamoto war das Regierungsoberhaupt, das Japan jetzt benötigte. Er hatte die Kraft, gegen alle Widrigkeiten anzukämpfen. Er war ein Mann des Militärs. Nie wich er von seiner klaren Linie ab, niemals ging er Kompromisse ein. Mit Hilfe der Armee würde Yamamoto das Land durch diese schwere Zeit führen.

Offiziell bedurfte es der Zustimmung des Kaisers, um den neuen Präsidenten im Amt zu bestätigen. Yoshihito wurde die Personalentscheidung mitgeteilt. Er unterschrieb das Blatt, das ihm vorgelegt wurde, und verlor kein Wort darüber. Das war inzwischen immer so. Wurde Yoshihitos Einverständnis verfassungsrechtlich benötigt, nickte er es ab. Bei Sitzungen, bei denen er anwesend sein musste, hörte er nicht hin, was geredet wurde, sondern wartete still darauf, bis die Zeit abgelaufen war. Mit den Gedanken war Yoshihito in seinem Schreibzimmer, seinem Exil. Dort hatte er das Gedicht begonnen, das er sich vorgenommen hatte. Sobald seine Anwesenheit nicht mehr erforderlich sein würde, würde er sich zurückziehen und weiterschreiben.

Der Herbstwind schlägt den Regen ans Fenster, las Yoshihito später im Schreibzimmer die erste Zeile Korrektur. Klang es anders herum nicht harmonischer? *Der Herbstwind schlägt ans Fenster den Regen.* Oder etwa gar: *Ans Fenster schlägt der Herbstwind den Regen?*

Yoshihito entschied sich für die erste Variante. Er flüsterte die Worte vor sich hin. Etliche Male formte Yoshihito die entsprechenden Schriftzeichen mit dem Pinsel in der Luft, bevor er sie zu Papier brachte.

Ja. So gefiel es ihm am besten.

Die Einsamkeit sickert in mich hinein, setzte er darunter.

Und als dritte und letzte Verszeile: *Der Winter naht.*

Ein seltenes Glücksgefühl überkam Yoshihito, eine Zufriedenheit, sogar Stolz, als er das fertige Gedicht vor sich liegen sah. Dieses Waka war gelungen. Yoshihito würde es in den kommenden Tagen mehrfach prüfen und neu und schöner niederschreiben. Vorerst aber konnte er den Pinsel zur Seite legen und die Augen schließen.

Auch nachts, als die Brände in der Stadt noch immer nicht unter Kontrolle gebracht waren und Yoshihito, unendlich weit davon entfernt, auf seinem Bett lag, sinnierte er mit Befriedigung dieser Lyrik nach. Dieses war das beste Waka, das er je geschrieben hatte. Davon war Yoshihito überzeugt. Diesen Versen war wahrlich nichts hinzuzufügen.

Danach dichtete Yoshihito nie wieder. Mit diesem letzten Waka war alles gesagt. Drei Jahre später verfasste der Kaiser nicht einmal ein Todesgedicht, denn mit diesen Verszeilen über den Herbstwind, die Einsamkeit und den Winter hatte er es bereits getan. Die Tatsache, dass zwischen der Fertigstellung seines Todes-Wakas und seinem tatsächlichen Tod drei Jahre vergingen, war sinnbildlich für Yoshihito.

Nur einen letzten Text verfasste er noch. Monatelang dauerte es, bis er fertig war und freigegeben wurde. Erst am 10. November 1923 wurde seine Rede zur Lage der Nation in den Zeitungen abgedruckt.

An mein Volk:

Das Erdbeben hat uns erschüttert und verängstigt. Die Verluste sind groß. Der Wiederaufbau unserer Kultur und unseres Landes hängt nun an der Moral des gesamten Volkes. Unabhängig von gesellschaftlichem Rang oder Stellung müssen wir uns gegenseitig helfen. Ich werde mit eurer Hilfe und zu euren Gunsten über Japan herrschen. Ihr sollt euch aber bitte auch bemühen.

Ich war verwundert über Yoshihitos Zeilen, als sie veröffentlicht wurden. Nicht der Inhalt, aber die Worte, die er wählte, erstaunten mich. Er hatte nun, dachte ich im Stillen, trotz aller Schwierigkeiten seine eigene Sprache gefunden.

In der Folge hörte ich nichts mehr vom Taishô-Kaiser. Mit diesen Sätzen zum großen Kantô-Beben ging seine Zeit zu Ende. Drei Jahre lang harrte er zwar noch aus, versteckt vor den Augen der Bevölkerung, in seiner verdunkelten Welt voller Schmerzen, in göttlicher Einsamkeit gefangen. Doch Japan hatte er und Japan hatte ihn verlassen. Im benachbarten Trakt des kaiserlichen Palasts machte sich sein Sohn Hirohito dazu bereit, mit dem nahenden Tod seines Vaters den Chrysanthementhron zu besteigen.

Ich selbst war in diesem November, als Yoshihitos Erdbebenrede veröffentlicht wurde, bereits ins Abseits gedrängt und wurde ebenfalls vor den Augen der Bevölkerung versteckt gehalten. Die Zeitung mit Yoshihitos letzter Rede las ich hinter Gittern. Ich weiß noch, wie überrascht ich war, dass man ihn noch einmal zu Wort kommen hatte lassen. Doch all das ging mich nichts mehr an.

Am liebsten würde ich die Ereignisse überspringen, die in den Tagen und Wochen auf das große Beben folgten. Dieser September 1923. So schrecklich und verheißungsvoll zugleich er begann. Tôkyô lag am Boden, musste neu erschaffen, durfte neu erschaffen werden. Nicht nur wir sahen eine Chance in dieser Zerstörung. Ôsugi hatte sich womöglich die Zerschlagung des Staates, die, seiner Meinung nach, dem Aufbau eines neuen Systems voranzugehen hatte, so ähnlich vorgestellt. Oft genug hatte er darüber theoretisiert, wie alles niedergebrannt werden müsste, um den Boden für die neue Gesellschaft zu bereiten.

Mit wie viel altem Trödel ist aufzuräumen! Muss nicht alles umgestaltet werden, die Häuser, die Städte, die gewerblichen und landwirtschaftlichen Betriebe, kurz, die ganzen Einrichtungen der Gesellschaft?

Nun hat dieser Zusammenbruch stattgefunden. Die Einrichtungen der Gesellschaft liegen unter Schutt und Asche begraben. Das Tôkyôter Polizeipräsidium liegt in Trümmern, der Asphalt ist aufgerissen, Zugbrücken sind eingebrochen, ganze Stadtviertel ausgelöscht. In weiten Teilen der Kantô-Ebene gibt es keinen elektrischen Strom, keine Telefonleitungen, kein Trinkwasser. Noch immer glimmen die Feuer und hängen Rußwolken tief am Himmel. Der Zeitpunkt einer Neugestaltung ist gewiss gekommen. Doch es ist die Zeit des Militärs, nicht jene der Anarchie, die anbricht. Die kaiserliche Armee hat wieder zu einer straffen Organisation gefunden. Sie kommt den verstreuten Sozialisten zuvor, die voneinander isoliert in verschiedenen Ruinen der Stadt nichts tun können außer auszuharren. Jetzt erobert die Kempeitai die Stadt zurück. Armeepolizisten und Soldaten sichern jeden Straßenzug, selbst wenn er nichts als ein verkohlter Trümmerhaufen ist.

In den Tagen und Wochen nach dem Beben patrouilliert das Militär durch alle Viertel Tôkyôs. Werden amtsbekannte Sozialisten, Anarchisten, Syndikalisten auf offener Straße erwischt, werden sie in Gewahrsam genommen, besonders wenn sie sich nicht in schützender Begleitung Familienangehöriger oder anderer Zeugen befinden. Die Unterwanderung der öffentlichen Ordnung wird ihnen vorgeworfen, das reicht aus, um sie zu inhaftieren. Die Männer werden in Zellen gesperrt, die manche von ihnen nicht lebendig verlassen. Wer unter Anklage der Kempeitai steht, besitzt keine Rechte. Es geht um die Aufrechterhaltung der Ordnung, diesem Ziel ist alles untergeordnet, es rechtfertigt jedes Mittel.

Die von den Naturgewalten eingeschüchterte Stadtbevölkerung erkennt das neu gewonnene Kraftgefüge an. Niemand fühlt sich alleingelassen in seiner Verzweiflung, niemand fragt nach, was mit den Festgenommenen geschieht, niemand wagt es nachzufragen. Die Zeiten, in denen das System in Frage gestellt wurde, sind vorbei. Es wird einen Grund haben, wenn dieser oder jener Mann weggesperrt wird.

Die Sozialisten begreifen ihre Situation und werden jetzt

kleinlaut und ängstlich. Kaum trauen sie sich, ihre Wohnungen oder die ihrer Familien oder Freunde zu verlassen, wo sie Unterschlupf gefunden haben. Im Zuge der Aufräumarbeiten verschwinden die Aufrührer von der Bildfläche, einer nach dem anderen. Die Armee übernimmt die vernichtete Stadt und setzt sie nach altbewährten Mustern neu zusammen. Staatsfeinde und unberechenbare Randgruppen können nicht länger toleriert werden, sie gefährden den Zusammenhalt der Gesellschaft. Ein jeder hat sehen können, wohin das umstürzlerische Treiben führte. Unsere Heimat wurde ins Chaos gedrängt, nicht bloß wegen der Naturkatastrophe. Schuld trugen vor allen Dingen die unterminierenden Kräfte, die das Land seit Jahren schwächten. Es war kein Kunststück, dies nach außen zu kommunizieren. Die verängstigte Bevölkerung musste nur darauf hingewiesen werden, wer die Sündenböcke waren.

Es dauerte nicht lang, da ging in der Stadt das Gerücht um, dass Sozialisten und Anarchisten absichtlich die Feuer schürten, um Japan niederzubrennen. Auf Leichenbergen und Trümmerhaufen wollten sie ihre Diktatur errichten. Von vornherein wäre das ihr Plan gewesen. Jeder einzelne Bürger war aufgerufen, dieses Treiben zu unterbinden. Die Kempeitai fand unter den zahllosen aufgebrachten Menschen, die durch das Beben auf einen Schlag alles verloren hatten, jede Menge zivile Mitstreiter. Der eine wollte einen Sozialisten gesehen haben, der ein Feuer anfachte. Der andere hatte beobachtet, wie ein Sozialist Benzin verschüttete, um einen Brand zu einem noch unversehrten Nachbarhaus zu ziehen. Brennende Häuserblocks gingen auf das Konto dieser Terroristen, und ebenso war man überzeugt davon, dass sie mit Sprengstoff noch intakte Brücken zum Einsturz brachten und mutwillig Löschfahrzeuge sabotierten. Bald zogen selbsternannte Wachtrupps nächtens durch die Straßen und griffen jeden auf, der sich verdächtig benahm. Sozialisten, die man seit Jahren aus der Nachbarschaft kannte, wurden angepöbelt und auf offener Straße verprügelt. »Ihr Schweine!«, brüllte man sie an. »Ihr miesen roten Dreckschweine!«

Noch einfacher waren die ethnischen Minderheiten zu beschuldigen, insbesondere die Koreaner und Chinesen, die sich in Japan angesiedelt hatten. Schon lange waren sie mit Misstrauen beobachtet geworden. Es erschien logisch, dass diese nach Knoblauch riechenden Ausländer mit den Sozialisten gemeinsame Sache machten. Auf das Erdbeben waren die Flutwellen, Stürme und Feuer gefolgt. Nun folgten die Pogrome.

Schon in der zweiten Nacht nach dem Beben wurde der erste Koreaner scheinbar dabei ertappt, wie er ein beschädigtes und leer stehendes Haus plünderte. Er hätte aus der Misere einer japanischen Familie Nutzen ziehen wollen. Aus anderen Gegenden wurde Ähnliches berichtet. Immer öfter wurden Koreaner mit möglichem Diebsgut aufgegriffen. Es hieß, die Häuser, die sie plünderten, steckten sie danach in Brand, um ihre Spuren zu verwischen. Auch sagte man, die Sozialisten, die sich mittlerweile nicht mehr frei bewegen konnten, bezahlten die Koreaner und ihre roten Brüder aus China dafür, dass sie Feuer legten und Einrichtungen zerstörten, die vom Beben verschont geblieben waren. Ein wüster Hass griff in dieser ersten Septemberwoche nicht nur in Tôkyô um sich, sondern im ganzen Land.

Gleichzeitig kam auch die Erde nicht zur Ruhe. Jeden Tag verunsicherten dutzende Nachbeben die Bevölkerung. Einige waren so stark, dass sie Häuser, die bislang nur leicht beschädigt gewesen waren, zum Einsturz brachten. Die Schuld wurde wieder den Koreanern zugeschoben, die man inzwischen als »Futei-Senjin«, als Aufsässige, Widerspenstige bezeichnete. Sie hatten die Bausubstanz geschwächt, Bretter angesägt, Ziegelsteine herausgeschlagen. Sie strebten danach, japanische Häuser zum Einsturz zu bringen!

Jeder Mensch, der nur annähernd koreanisch oder chinesisch aussah oder einen derartigen Akzent hatte, musste in der Folge um sein Leben bangen, sobald er sich vor die Haustür wagte. Manche Koreaner wurden sogar aus ihren Wohnungen gezerrt und auf offener Straße wie Hunde totgeschlagen. Zivilkorps formierten sich und veranstalteten Hetzjagden auf Ausländer. Koreanische und chinesische Männer, die als billige Arbeitskräfte in unser Land gekommen waren und von vornherein keine Rechte hatten, wurden nun an den Pranger gestellt. Dass sie meist alleinstehend waren, erleichterte die Sache, denn an Frauen und Kindern hätte man sich nicht vergangen. Diese Schwelle wurde selbst in jenen barbarischen Tagen nicht überschritten.

Ohne Familie waren die aufgegriffenen Männer schutzlos. Man ließ sie die japanische Nationalhymne singen oder forderte sie auf, »fünfzehn Yen und fünfzig Sen« auszusprechen. Kaum ein Koreaner konnte diese Wörter richtig artikulieren, außerdem war es für Ausländer nahezu unmöglich, alle Strophen der Hymne fehlerlos wiederzugeben. »Eure Herrschaft währe tausend Generationen, achttausend Generationen, bis ein Steinchen zum Felsen wird, auf dem das Moos sprießt«, weiter kamen Koreaner meist nicht. Sie waren bloßgestellt. Verheerende Anschuldigungen wurden gegen sie vorgebracht. Ehe sie sich rechtfertigen oder entschuldigen konnten, wurden sie bespuckt und mit Steinen beworfen. Wehrten sie sich oder versuchten sie zu fliehen, ging die Meute mit Schlagstöcken und Hämmern auf sie los. Auch Schusswaffen wurden eingesetzt. Manch ein Koreaner wurde gefesselt und bei lebendigem Leib verbrannt. »Da seht ihr, was eure Feuer anrichten!«, wurde ihm in den Tod hinein zugeschrien.

Als gegen Ende der ersten Septemberwoche das Gerücht in Umlauf kam, dass die Koreaner unsere Brunnen vergifteten, indem sie mutwillig Leichenteile ins Trinkwasser warfen oder giftige Substanzen verwendeten, die ihnen die Anarchisten verschafften, artete das Morden in noch fanatischere Hetze aus. Allerorts wurden Ausländer gejagt, gestellt, umgebracht. Die Lynchjustiz entwickelte eine solche Eigendynamik, dass der Generalstab der Armee begann, sich Sorgen um die Sicherheit zu machen. Innerhalb einer Woche wurden sechstausend ermordete Koreaner und Chinesen gezählt. Der Staat musste eingreifen, bevor die Situation weiter eskalierte.

In der Folge gab die Regierung Anweisung, die blutrünstigen Racheakte zu beenden. Verdächtige Koreaner sollten den Streitkräften der Polizei übergeben werden, nicht niedergemetzelt. Wichtiger, als vermeintlich Schuldige abzuschlachten, wäre es, den Aufbau der Städte so schnell wie möglich voranzutreiben. Japan wäre mächtig und stark, ungebrochen seine Kraft. Selbst eine ungeheuerliche Katastrophe wie dieses Beben könnte unser Land nicht in den Untergang stoßen, erklärte Ministerpräsident Yamamoto. Im Gegenteil, noch stärker würde es uns letztlich machen! Vereinzelte Gruppen mochten zwar danach trachten, die Situation zu ihren Gunsten auszunutzen, aber das würde ihnen nicht gelingen. Dem Staat, nicht der zivilen Bevölkerung, würde es obliegen, gegen derartige Gruppen vorzugehen. Yamamoto versicherte allen aufgebrachten Bürgern, dass jeder einzelne Bandit, der aus dem Leid des japanischen Volkes Profit zu schlagen gedachte, von den Einsatzkräften mit letzter Konsequenz gejagt und mit aller Härte bestraft werden würde. Er persönlich gab hierfür sein Wort.

Eines der über vierhundert Nachbeben schüttelte ein paar Sekunden lang den Radioapparat auf meinem Küchentisch, über den ich die Ansprache des Ministerpräsidenten mitverfolgte. Knapp zwei Wochen waren seit dem Beben vergangen, immer noch hatte sich die Erde nicht beruhigt.

Die Rede des Ministerpräsidenten erfüllte mich mit Stolz. Er sprach von der Stärke, an der Japan durch dieses Beben gewinnen würde, und ich war mir des Beitrags bewusst, den ich leistete. Ich fühlte mich persönlich angesprochen und angespornt. Statt Erschöpfung und Betroffenheit herrschten in mir Tatendrang und große Zuversicht.

Zur Monatsmitte waren fast alle namhaften Staatsfeinde außer Gefecht gesetzt. Sozialisten wie Hitoshi Yamakawa oder Toshihiko Sakai saßen in Gefängniszellen, weil ihnen vorgeworfen wurde, sie hätten Koreaner aufgewiegelt. Einige ihrer Genossen waren zu Tode gekommen, andere hielten sich versteckt und fürchteten, beim kleinsten Anlass zur Rechenschaft gezogen zu werden. Manche hatten es geschafft, sich ins Ausland abzusetzen. Sie würden lange nicht mehr wagen, in ihr Heimatland zurückzukehren. Doch Ôsugi und Itô befanden sich weiterhin auf freiem Fuß. Erst wenn auch sie ausgeschaltet waren, konnte ich mit meiner Beförderung zum Stabsoffizier oder Generalmajor rechnen.

Ôsugi verließ die Wohnung in Shinjuku so gut wie nie. Mit seiner Frau, der Hausgehilfin, den drei Töchtern und dem neugeborenen Nesutoru hatte er sich dort eingebunkert, als wäre es eine weitere Gefängniszelle, in der er Haftzeit abzusitzen hatte. Ôsugis politisches Netzwerk war abgeschnitten, und er wusste, dass er sich in Lebensgefahr brachte, sobald er sich ungeschützt ins Freie bewegte. Also blieb er daheim und vertrieb sich die Zeit mit seinen Übersetzungen des Insektenforschers Fabre.

Erst ab der zweiten Woche nach dem Beben begab sich Ôsugi hin und wieder auf die Straße, jedoch stets im Beisein seiner Töchter, während Itô mit dem Baby daheim wartete. Die Kinder waren Itôs und seine Schutzschilder. Ich konnte Ôsugi nicht verhaften, wenn Mako, Ema oder Luisu ihn an der Hand hielten. Ich konnte den Vater nicht den weinenden Kindern entreißen. So etwas war unvorstellbar.

Am 16. September aber, einem Sonntag, meinte Ôsugi wohl, dass sich die Lage weit genug entspannt hätte. Vielleicht hatte er meinen Willen, meine Ausdauer unterschätzt? Ich musste aber auch davon ausgehen, dass es sich um eine neue Finte Ôsugis handelte, mit der er uns hintergehen wollte, also blieb ich skeptisch, als ich davon hörte, was vor sich ging, und reagierte nicht so schnell, wie ich gekonnt hätte. Während die Hausgehilfin mit allen vier Kindern in der Wohnung blieb, machten sich Itô und Ôsugi vormittags auf den Weg nach Kawasaki, wo seine jüngere Schwester Ayame, die ihn wie einen Vater verehrte, und deren Ehemann Sôsaburô Tachibana wohnten. Dieser hatte lang im Ausland gelebt und war als Restaurantbesitzer in Los Angeles zu Reichtum gekommen. Der inzwischen sechsjährige Sohn des Paares, Munekazu Tachibana, war in den Vereinigten Staaten auf die Welt gekommen und besaß einen amerikanischen Pass.

Es ist bitter, dass uns dieses Detail seiner Staatsbürgerschaft nicht bekannt war. Erst nach Munekazus Ableben wurden wir darauf aufmerksam. Da war es bereits zu spät. Die amerikanische Botschaft hatte zu diesem Zeitpunkt bereits Nachforschungen eingeleitet, und es ließ sich nicht mehr verhindern, dass herauskam, was mit Ôsugis Neffen geschehen war. Munekazu Tachibana – ein Name, den ich nie zuvor gehört hatte –, er zerstörte letztendlich alles. Alles wurde zunichtegemacht. Alles.

Wir positionierten uns, nach einigem Abwägen, vor Ôsugis Wohnung in Shinjuku und erwarteten die Rückkehr des Paares.

Gegen 17 Uhr erschienen Ôsugi und Itô, jedoch nicht allein. In ihrer Mitte befand sich dieser Junge, ein großgewachsener, schlacksiger Kerl. Vom Aussehen her hätte man ihn für Ôsugis Sohn halten und ihn rein körperlich älter einschätzen können, als er tatsächlich war. Doch er benahm sich wie ein kleines, müdes Kind. Er lümmelte, Ôsugi an der linken und Itô an der rechten Hand, zwischen den beiden Erwachsenen herum. Vielleicht hatte Ôsugi ihm Anweisung gegeben, sich möglichst kindlich zu verhalten, um Unschuld auszustrahlen?

Kurz blickte mich mein Kollege, Unteroffizier Mori, dieser dienstbeflissene Mann, der am Fahrersitz des Polizeiwagens saß, fragend an. Ich überlegte einige Sekunden. Dann sagte ich, ohne die Miene zu verziehen: »*Yoshi.*«

Ich drückte damit mehr als nur »Ja« oder »Gut« aus. Ich stellte klar, dass unsere Operation in jedem Fall durchgeführt werden würde, auch wenn dieser mir unbekannte Junge nun anwesend war. Er war fremd, er war alt genug, er sollte uns nicht aufhalten. Ich entschied aus einer Unrast heraus.

Mori nickte. Wir stiegen aus dem Fahrzeug und stellten uns den dreien in den Weg.

»Ich muss Sie bitten, mir ins Präsidium zu folgen«, sagte ich zu Ôsugi.

Er zeigte sich nicht sonderlich überrascht. Ob er diese Gelassenheit nur mimte oder sich durch die Begleitung des Jungen tatsächlich in Sicherheit wähnte, konnte ich nicht einschätzen.

Itô sprach kein Wort.

»Bitte g-gestatten Sie mir, meine Frau und das Kind noch kurz hinauf zu unserer Wohnung zu begleiten. Ich werde unverzüglich allein wieder zu Ihnen herunterkommen und Ihren Anweisungen folgen«, sagte er, fast ohne zu stottern, als hätte er die Sätze eingeübt.

Ich wusste, dass es gelogen war. Selbstverständlich würde sich Ôsugi in der Wohnung im Kreis seiner Familie verschanzen und unseren Plan vereiteln.

»Ich muss Sie bitten, sofort mitzukommen«, sagte ich und hob die Stimme ein wenig. »Bitte steigen Sie unverzüglich in unseren Wagen, Sie, Ihre Frau ... ebenso das Kind.«

Damit hatte Ôsugi nicht gerechnet.

Mori versperrte ihm den Weg zum Haus und legte die Hand auf den Schlagstock, der ihm von der Hüfte hing.

»Was h-haben wir d-denn verbrochen? Was wird uns zur Last gelegt, wenn ich f-fragen darf?«, sagte Ôsugi, jetzt merklich aufgeregter.

»Fragen dürfen Sie später. Auf dem Polizeipräsidium wird man all Ihre Fragen beantworten. Ich selbst habe nur Befehl, Sie dorthin zu bringen«, log ich, um mir weitere Erklärungen zu ersparen.

Ich wusste, welch hartnäckige Diskurse Ôsugi trotz seines Stotterns zu führen pflegte. Heimlich blickte ich mich um, ob in den umliegenden Häusern Bewohner auf uns aufmerksam geworden waren oder sich Passanten in Sichtweite befanden. Doch alles war ruhig, die Straße wie ausgestorben.

Nach kurzem Überlegen lenkte Ôsugi ein. Wohl wegen des Kindes schien er keine allzu großen Bedenken zu haben.

»Wir müssen hier noch k-kurz mitfahren«, sagte er zu Munekazu, den Itô und er weiterhin fest an den Händen hielten. »Du warst noch n-nie auf einer Polizeiwache, oder? Du wirst sehen, d-das wird ein Spaß. Vielleicht bekommen wir d-d-dort auch etwas zu essen? Du hast sicher Hunger, stimmt's?«

Munekazu nickte schüchtern.

Itô sprach weiterhin nicht. Mit misstrauischem, böswilligem Blick musterte sie mich und den stiernackigen Mori. Ihre Augen funkelten.

Ôsugi nickte ihr beschwichtigend zu.

»Wenn es d-d-denn sein muss, d-dann muss es sein«, sagte er. »*Yoshi*.«

Ohne Aufsehen zu erregen, nahmen die drei auf der Rückbank unseres Wagens Platz. Ich setzte mich auf den Beifahrersitz und behielt unsere Beute über den Rückspiegel im Blick. Mori versperrte die Türen von außen, setzte sich ans Steuer und fuhr los.

Während der Fahrt wurde kein Wort gewechselt, und auch, als wir die nicht weit entfernte Wachstation der Kempeitai erreichten, blieben alle stumm. Mori und ich konnten die drei Festgenommenen, ohne Gewalt oder Druck ausüben zu müssen, über den Parkplatz zum Eingang des Polizeigebäudes führen.

Der Junge legte allmählich seine Schüchternheit ab.

»Sieh nur, Onkel Sakae, dieses Haus hat beim Beben keinen einzigen Riss abbekommen«, sagte er.

»Das ist auch ein Haus der Armeepolizei«, antwortete Ôsugi. »D-da wird auf allergrößte Sicherheit geachtet.«

Er war darauf bedacht, wohl des Kindes zuliebe, Ruhe und Gelassenheit auszustrahlen.

»Keinen einzigen Riss!«, wiederholte Munekazu.

Wir betraten das Gebäude. Wortlos grüßten mich ein paar Kollegen im Gang. Wir marschierten zum hinteren Trakt. Ôsugi, Itô und der Junge begleiteten uns anstandslos, wir mussten ihnen keine Handschellen anlegen.

Ich wies die drei in einen schummrigen, aber schönen Raum. Der Boden war mit Tatamimatten ausgelegt. Ein flacher Esstisch war aufgestellt.

»Tatsächlich können wir etwas zu essen anbieten«, sagte ich. »Die Küche hier ist hervorragend. Heute kann ich *Tai* empfehlen. Gegrillte rote Dorade mit Reis, sie schmeckt vorzüglich, ihr werdet sehen.«

»Oh ja!«, sagte Munekazu, mit einer ehrlich freudigen Erregung in seiner Stimme.

Seine Naivität erschütterte mich. Doch ich ließ mir nichts anmerken.

»Bitte setzt euch. Wir werden das Essen gleich servieren. Ihr habt Gelegenheit, in Ruhe zu essen, ohne unsere Anwesenheit. Danach werden wir wiederkommen, dann können wir uns unterhalten«, sagte ich.

Mori und ich verließen den Raum und ließen die drei allein zurück. Ein Wärter schloss die Tür von außen. Leise schob er den Sperrriegel in die Halterung. Kurz hielt ich inne, bevor ich in die Kantine ging, um dort einen Tee zu trinken. Durch das Guckloch warf ich einen heimlichen Blick auf die drei vor dem Tisch auf dem Boden knienden Häftlinge. Ôsugi wirkte in dieser Haltung fast doppelt so groß wie Itô. Sein Neffe zwischen ihnen, obwohl er für sein Alter großgewachsen war, kam mir wie eine Miniaturausgabe Ôsugis vor. Alles an dem Kind, die Nase, die Finger, der Brustkorb, die Ellbogen, fein und filigran, alles hatte eine verblüffende Ähnlichkeit mit dem Körperbau des Onkels, der schützend danebensaß und darauf achtete, souverän zu wirken.

Plötzlich blickte Ôsugi auf und sah zur Tür hin. Er wusste, dass ich ihn beobachtete. Er hatte in seinem Leben genügend Erfahrung mit Gefängniszellen gesammelt. Ich nahm mein Auge schnell vom Türspion, zog die Verdeckung über den Schlitz und machte mich auf den Weg zur Kantine. Sollten die drei in Ruhe ihr Essen genießen können, wenigstens das.

Als sie in diesen Essraum geführt worden waren, musste Ôsugi klar geworden sein, dass er diesen Wachposten nicht lebendig verlassen würde. Ein letztes, gut zubereitetes Mahl, die rote Dorade mit hervorstehenden Augen, wurde nur denen zugestanden, die den Tod erwarteten. Itô war mit den Gefängnisritualen nicht vertraut, Ôsugi aber hatte – das war mir nicht entgangen – seinen Schritt für einen Moment verlangsamt, als er in dieses Zimmer geführt wurde. Ich meine, dass er ein wenig erbleichte, sobald er den flachen Esstisch erblickte. Er kannte dessen Bedeutung. Spätestens als ich ihnen die rote Dorade anbot, muss er verstanden haben. Nach außen hin gab sich Ôsugi unbeeindruckt, aber innerlich schloss er wohl mit seinem Leben ab. Ôsugi wusste: Sie waren uns ausgeliefert, jetzt gab es keinen Ausweg mehr. Höchstens für Munekazu. Das war die einzige Hoffnung, die Ôsugi blieb. Vielleicht würde sein Neffe diesen Tag überleben?

Wir gewährten ihnen eine halbe Stunde. Sie ließen kein Reiskorn übrig. Ich weiß noch, wie es mich erfreute, dass sie gut gegessen hatten. Ôsugi hatte das Henkersmahl zu schätzen gewusst. Wahrscheinlich hatten sie auch wirklich Hunger gehabt und sich für das, was bevorstand, stärken wollen.

Als ich das Esszimmer betrat, kam es mir vor, als wäre der Raum deutlich kühler geworden. Der schlanke Junge musste frieren, reglos wie er, Ôsugi und Itô am Boden saßen und der Dinge harrten, die auf sie zukamen. Dass er der Sohn von Ôsugis Schwester war, hatte ich mittlerweile erfahren. Diese Frau hatte Ôsugi bei seinen Aktionen, soweit es in ihren Möglichkeiten stand, stets bedingungslos unterstützt. Auch sie konnte durchaus den Putschisten zugeordnet werden.

»Es ist kalt hier drin«, sagte ich.

Unteroffizier Mori stand an meiner Seite. Hauptgefreiter Kamoshida sowie Obergefreiter Honda hatten mich nun ebenso begleitet. Und auch Wachtmeister Hirai hatte hinter uns den Raum betreten. Die Gefangenen sahen uns mit großen Augen an. Sie gaben kein Wort von sich und rührten sich nicht.

»Wir werden euch in Räume bringen, in denen es wärmer ist«, sagte ich.

Ôsugi war sich zweifelsohne darüber im Klaren, dass Festgenommene voneinander getrennt und einzeln verhört wurden. Er fixierte mich, als könnte er in meinen Augen sein Schicksal bestätigt sehen. Instinktiv wich ich dem Blick aus und wandte mich an den Jungen, der nicht wagte, mich direkt anzusehen, und stattdessen die schwarzen Lederstiefel von mir und meinen Kameraden betrachtete.

»Wir wollen uns einzeln mit den beiden Erwachsenen unterhalten, unter vier Augen, ganz in Ruhe«, sagte ich zu Munekazu.

Tatsächlich hatte ich noch keinen konkreten Plan gefasst, wie wir mit dem Kind verfahren sollten. Ich wollte es davon abhängig machen, wie die Verhöre Ôsugis und Itôs verliefen. Vielleicht ergab sich eine Möglichkeit, dass sie trotz allem die Zellen wieder verließen? Vielleicht entschieden sie sich zu kooperieren? Am Ende würden wir den Jungen vielleicht einfach nach Hause zu Ôsugis Schwester bringen können.

»Du, kleiner Mann, du wartest hier, bis unsere Gespräche beendet sind. Wachtmeister Hirai wird sich in der Zwischenzeit um dich kümmern.«

Ich sagte es freundlich, aber der Junge zeigte keine Reaktion. Als hätte er mich nicht gehört. Vielleicht hatte ihn Ôsugi während des Essens angewiesen, nicht mit mir zu sprechen.

»Hast du gehört, was ich gesagt habe?!«

Ich war selbst überrascht, mit welcher Ungeduld mir diese Worte entwichen. Erst in diesem Moment wurde mir bewusst, wie angespannt ich wirklich war.

Der Junge nickte kurz, wenn auch mit einer gewissen Verzögerung.

»Wie ist dein Name?«, fragte ich, um sicherzugehen, wer er war.

Da er nicht antwortete, musste ich die Frage wiederholen.

»Wie dein Name ist, habe ich gefragt!«

»Munekazu Tachibana«, sagte er, so zaghaft, dass ich ihn kaum verstand.

»Lassen Sie das K-K-Kind aus dem Spiel. Er hat n-nichts damit zu tun«, mischte sich Ôsugi ein.

Ich versuchte, ihn einfach zu ignorieren, und redete weiter auf Munekazu ein.

»Wieso bist du mit den beiden Erwachsenen mitgekommen, hierher nach Shinjuku?«, fragte ich.

Es dauerte erneut eine Weile, bis er mir Antwort gab. Ich rang innerlich mit mir, um die Beherrschung nicht weiter zu verlieren.

»Ich ... ich wollte Mako besuchen«, sagte Munekazu. »Mako und ich haben immer viel Spaß zusammen.«

»Aha ...«

Nun war mir klar, dass er von Ôsugi auf das Gespräch vorbereitet worden war.

Plötzlich ergriff Itô, die bislang keinen Ton von sich gegeben hatte, ungefragt das Wort.

»Du musst ihm nicht antworten«, sagte sie zu Munekazu. »Du bist ein Kind. Du hast dir nichts zuschulden kommen lassen!«

»Was habt ihr euch denn zuschulden kommen lassen, Tante Noe?«, fragte der Junge zurück, als wäre es ein im Vorhinein auswendig gelernter Dialog.

»Nichts. Wir taten nichts, was gegen das Gesetz verstößt.«

Itô sprach diesen Satz überdeutlich aus. Sie wollte sichergehen, dass alle Anwesenden es verstanden. Obwohl sie den Jungen adressierte, schaute sie mich dabei an. Sie forderte mich vor den Augen der mir unterstellten Kameraden heraus. Sie versuchte, mich bloßzustellen. Ich wollte mich auf keinen Fall provozieren lassen und schluckte meine Wut hinunter.

»Hier ist vorerst genug geredet. Aufstehen!«, befahl ich ihr.

Da sie nicht reagierte, musste ich es wiederholen: »Aufstehen!«

Mein Befehl hallte von den kahlen Wänden des Essraums zurück. Hatte ich wirklich dermaßen geschrien?

»Stehen Sie auf, habe ich gesagt!«

»Es gibt nichts, was ich unter vier Augen mit Ihnen zu be-

sprechen hätte«, sagte Itô, anstatt meiner Aufforderung nach-
zukommen. »Ich weiß ja nicht einmal, wie Sie heißen. Nur
dass Sie ein Offizier der Kempeitai sind. Das erkenne ich, aber
glauben Sie nicht, dass mir so etwas imponieren würde!«

»Itô ...«, fuhr Ôsugi dazwischen.

Ich kämpfte damit, die Fassung zu wahren.

»Mein Name tut nichts zur Sache«, sagte ich.

Die Wut über das respektlose Benehmen dieser Bauers-
tochter wühlte mich auf. Itô hatte mich seit der Festnahme
verstohlen studiert. Mein Ringen mit mir selbst musste für sie
wie eine offene Wunde gewirkt haben, in die sie nun einstach.

»Sie wollen mir nicht einmal Ihren Namen verraten«, sagte
sie. »Und behaupten dennoch, mit mir reden zu wollen.«

Ihre Worte waren messerscharf und voller Hass. Ich merkte, wie meine Hand zu zittern begann.

»Sie lügen uns ins Gesicht, obwohl nichts Sie dazu zwingt«,
hörte ich Itô sagen. »Sie können mit uns machen, was Sie wollen. Wir sind Ihnen ausgeliefert. Und trotzdem wagen Sie
nicht, ehrlich zu sein!«

»Itô ...«

Ôsugi versuchte, sie zu mäßigen.

In diesem Moment schrie etwas aus mir heraus, und ich
stampfte unkontrolliert mit dem Fuß auf den Boden.

»Ruhe! Ruhe! Verdam...«

Im selben Atemzug bereute ich, wie unbeherrscht ich war.
Ich offenbarte Schwäche, Unentschlossenheit, ja Hilflosig-
keit. Ein Hauptoffizier der Kempeitai musste sich stets unter
Kontrolle haben. Er durfte nicht zulassen, dass ihm die Situation entglitt. Ich durfte mein Gesicht nicht verlieren, nicht vor
Itô, nicht vor Ôsugi, vor allem nicht vor meinen Kameraden,
die konsterniert, aber weiterhin schweigend an meiner Seite

standen. Sie erkannten meine Unsicherheit. Ich hatte mich lächerlich gemacht. Vor allem Unteroffizier Mori, das spürte ich, war erpicht darauf, die Führung zu übernehmen. Er hätte diese Verhaftung von Anfang an zielstrebiger durchgeführt. Seit August saß mir Mori im Nacken. Von jedem noch so kleinen Moment der Schwäche, den ich erkennen ließ, wenn wir zusammen auf Patrouille waren, nahm er Notiz. Doch nach wie vor stand Mori, der ein ausgezeichneter Jûdô-Kämpfer war und dessen zerdrückte Ohren von unzähligen Zweikämpfen zeugten, die er ausgetragen hatte, einen Dienstgrad unter mir. Er würde nicht wagen, mir ins Wort zu fallen. Noch nicht.

»Sie sind Teil eines feigen und bösen Systems!«, sagte Itô, als hätte ich sie um ihre Meinung gefragt.

Sie hörte nicht auf, mich zu beleidigen.

»Sie selbst sind darin offensichtlich feige und böse geworden!«

Es musste ihr Plan gewesen sein, mich über eine Hemmschwelle zu stoßen. Mich weiter und weiter zu reizen, bis ich die Fassung verlor. Ich durfte ihr diesen Gefallen nicht tun. Noch nie hatte ich eine Frau geschlagen. Ich würde es niemals tun, vor allem nicht in Anwesenheit eines Kindes. Itô würde mich nicht so weit bringen.

»Wenn Sie nicht augenblicklich still sind, werden wir Ihnen Knebel und Fessel anlegen müssen!«, sagte ich.

»Itô! Es genügt«, zischte auch Ôsugi.

Itô aber knurrte nur wie ein Tier.

»Aufstehen!«, wies ich sie an. »Aufstehen, habe ich gesagt!«

Wie oft hatte ich meinen Befehl noch zu wiederholen, bevor ich handgreiflich werden musste? Wie lange würde ich mich noch von ihr provozieren lassen?

»Warum soll ich mir von diesem Mann Befehle erteilen lassen?«, fragte Itô Ôsugi laut und ungeniert, sodass wir alle, auch Mori, es hören mussten.

Meine Hand verkrampfte sich. Bevor ich mich endgültig verlor, wandte ich mich an Mori.

»Nehmen Sie sie in Gewahrsam und bringen Sie sie auf der Stelle ins Verhörzimmer«, befahl ich dem Unteroffizier.

»*Hai!*«, brüllte er, schlug die Hacken gegeneinander und schritt auf Itô zu, um sie vom Boden hochzuheben.

»Finger weg!«, fauchte Itô ihn an. »Ich kann allein aufstehen. Sie müssen mich nicht anfassen!«

Dann, endlich, erhob sie sich, widerwillig.

»Ich komme mit«, sagte Itô, mehr zu Ôsugi als zu Unteroffizier Mori. »Ich komme mit, mir bleibt ja keine Wahl.«

Danach sagte Itô nichts mehr. Mit nichts als einem stummen Blick verabschiedete sie sich von Ôsugi. Bis hierher hatte ihr gemeinsamer Lebensweg geführt, hierher und nicht weiter.

Mori gewährte ihr keinen Aufschub, anders als ich es vielleicht getan hätte, er geleitete Itô ohne weitere Verzögerung aus dem Raum hinaus. Einen Wachtmeister, der vor der Tür Stellung bezogen hatte, wies er an, ihm zur Seite zu gehen und sie zu begleiten. Die beiden Männer nahmen Itô in ihre Mitte, führten sie den langen Korridor hinunter und an dessen Ende die Treppe ein Stockwerk hinauf. Ihre Schritte hallten in die Sprachlosigkeit hinein, die zwischen uns Übriggebliebenen im Essraum entstand. Ôsugi, Munekazu, Kamoshida, Honda, Hirai und ich. Wir alle sagten eine Weile nichts. Unser Schweigen war eine Mischung aus Betroffenheit, Ohnmacht und gewiss auch Taktgefühl.

Doch dann, endlich, erkannte ich, wie mich dieses Mitgefühl schwächte. Es untergrub meine Moral. Nun, da sich keine Frau mehr unter uns befand, erwachte ich aus meiner laschen, wankelmütigen Dienstauffassung. Ich hielt mir vor Augen, wer ich wirklich war: Militäroffizier Masahiko Amakasu, ein hochrangiges Mitglied der Armeepolizei. Ich gehörte der kaiserlichen Armee Japans an. Es war mein Auftrag, ohne Rücksicht gegen Terroristen vorzugehen. Ich persönlich leitete den laufenden Einsatz, ich trug die Verantwortung. Es lag an mir, Ôsugi zur Rechenschaft zu ziehen. Das soldatische Pflichtbewusstsein, zu dem ich ausgebildet worden war, ergriff Besitz von mir, gerade noch rechtzeitig. Eine plötzliche Klarheit durchströmte mich, eine Schärfe. Den Staat zu schützen, ohne Skrupel, ohne Milde, das war meine Bestimmung. Ich spürte die Offiziersuniform auf meinem Körper. Die Verdienstabzeichen, Medaillen, Stecknadeln. Ich hatte mir diese Auszeichnungen verdient. Ich war ein Kempeitai. Und ich stand mitten im alles entscheidenden Einsatz.

»Aufstehen!«, schrie ich nun mit voller Kraft den noch immer am Boden sitzenden Ôsugi und Munekazu ins Gesicht.

Ich musste es kein zweites Mal wiederholen. Ôsugi verstand. Von jetzt an würde ich schnörkellose Befehle erteilen und keine Widerrede dulden. Ich wies Hauptgefreiten Kamoshida und Obergefreiten Honda an, Ôsugi abzuführen. Wachtmeister Hirai hatte bei Munekazu zu bleiben.

»Hai!«, riefen meine Untergebenen.

Ôsugi wehrte sich nicht. Dennoch hielt ich die Kameraden dazu an, ihn fest im Griff zu halten.

»Ich rate Ihnen, uns keine Probleme zu bereiten«, sagte ich zu Ôsugi.

Zwingender als je zuvor intonierte ich meine Worte.

Früher hatte ich in Ôsugi nicht nur den Dissidenten, sondern auch eine standhafte Persönlichkeit gesehen. Nun löste ich mich von solcher Achtung. Ôsugi hatte sich nicht für die Demütigungen entschuldigt, die ich von seiner respektlosen Frau über mich ergehen lassen musste. Auch hatte er mich die ganze Zeit über bewusst ignoriert. Seine Arroganz, diese Erhabenheit, mit der er aufgetreten war, all dies würde nun ein Ende haben. Ôsugis Schicksal lag in meinen Händen. Ich würde von nun an nicht den geringsten Zweifel an diesem Machtgefüge lassen. Vor Ôsugi stand jetzt ein anderer Hauptoffizier als noch vor wenigen Minuten, nicht länger ein unentschlossener Zauderer. Auch wenn ich fast einen Kopf kleiner als Ôsugi war, jetzt blickte ich auf ihn herab. Ôsugi war mein Gefangener. Ein Verschwörer, der danach trachtete, den Staat zu vernichten. Ein Mann, der aus dem Verkehr gezogen werden musste.

Nur kurz gestattete ich Ôsugi, sich von seinem Neffen zu verabschieden. Eine letzte Geste der Menschlichkeit, dem Kind zuliebe.

»Hab k-keine Angst«, sagte er und beugte sich zu Munekazu. »Wenn das hier überstanden ist, g-gehen wir so schnell wie möglich heim. Mako wird sich freuen, dich zu sehen.«

Das Gespräch der beiden ging mir nicht nahe. Ich tat, als hörte ich es nicht.

»Onkel Sakae!«, flehte der Junge.

»Sei t-t-tapfer jetzt, Munekazu! Tapfer wie ein Samurai.«

»Wie Nanshû Saigô, von dem du mir erzählt hast?«

»Ja, g-genau wie Nanshû Saigô. So tapfer kannst du sein. Ich weiß es. Vielleicht bist du sogar noch t-tapferer als er!«

»Schluss jetzt! Los!«, fuhr ich dazwischen. »Es ist genug!«

Ôsugi schaute Munekazu tief in die Augen und nickte ihm zu. Der Junge baute sich neben Wachtmeister Hirai wie eine

Statue auf. Wohl kam er sich wie ein Samurai vor. Er meinte, jeden Schmerz, jede Folter durchstehen zu können, ohne auch nur eine Träne zu vergießen. Ein sechsjähriges Kind. Wie versteinert stand es im Essraum.

Wir ließen den Jungen in Hirais Obhut zurück.

»Bis später!«, warf Ôsugi ihm noch einmal zu.

Auch ich hätte unter diesen Umständen gelogen. Für Ôsugi würde es kein Später geben, das wusste er wie ich. An diesem Sonntag ging sein Leben zu Ende. Schon hallten seine Schritte wie zuvor Itôs im neonbeleuchteten Flur. Kamoshida und Honda, die ihn abführten, hielten sich dicht neben ihm. In kurzem Abstand folgte ich den dreien. Unmerklich zog ich mein leicht hinkendes Bein nach.

Ôsugis Verhörraum lag im dritten Stock des Hintergebäudes, zwei Etagen höher als der Raum, wo Itô festgehalten wurde. Es war eine beträchtliche Wegstrecke, die wir hinter uns zu bringen hatten. Ich hätte die Zeit, die wir schweigend durch die Polizeistation marschierten, dafür nutzen sollen, mich innerlich auf das Verhör vorzubereiten, das mir bevorstand. Stattdessen aber kam mir die Überlegung in den Sinn, welche Worte des Abschieds Ôsugi und Itô wohl unter normalen Umständen füreinander gefunden hätten? Auch ihre Todes-Haikus hätten mich interessiert. Was hätten sie wohl geschrieben, hätte man ihnen Gelegenheit dazu gegeben?

Ich verbot mir weitere Rührseligkeiten.

Ôsugi wiederum schien von einer alles durchdringenden Kälte ergriffen. Er schlüpfte in die Rolle des unbeugsamen Märtyrers. Spätestens als wir im dritten Stock ankamen, hatte Ôsugi sämtliche emotionalen Regungen abgelegt. Er bestand aus nichts mehr als Überzeugungen. Weder leiden noch irgendetwas fürchten oder irgendetwas einsehen würde er. Einen politischen Gefangenen führten wir in den Verhörraum, niemanden sonst, weder einen dem Tod ausgelieferten Familienvater noch einen ebensolchen Ehemann.

Es schien Ôsugi nichts auszumachen, dass er, sobald wir den Raum betraten und die schwere Eisentür hinter uns ins Schloss fiel, von meinen Kameraden brutal auf einen Stuhl gedrückt wurde. Seine Arme und Beine wurden mit Handschellen an Lehne und Stuhlbeine gebunden. Das Metall der Fesseln bohrte sich ins Fleisch. Es muss wehgetan haben, aber Ôsugi kannte nicht länger Schmerzen. Wie eine Maschine, die funktionieren würde, bis sie abschaltet wurde, saß er vor mir.

Sogar sein Stottern legte Ôsugi weitgehend ab. Er antwortete, wenn überhaupt, knapp und in einem überheblichen Ton auf meine Fragen. Er gab sich als Sieger. Nimm mir das Leben, drückte sein verachtungsvoller Blick aus, wenn er mich anstarrte, die Gesinnung kannst du mir nicht nehmen. Wohl dachte er an all die Heldenepen, die er als Jugendlicher in sich aufgesogen hatte.

»Ich habe keine Angst zu sterben«, betonte Ôsugi, dermaßen eng gefesselt, dass er bloß den Kopf bewegen konnte, links und rechts von Kamoshida und Honda bewacht.

Kamoshida drückte den Schlagstock so fest in Ôsugis Seite, dass es diesem Probleme bereiten musste zu atmen. Honda berührte den Gefangenen nicht, anscheinend ekelte er sich davor, er hielt sich jedoch ganz dicht neben ihm. Die beiden präsentierten Ôsugi wie die Trophäe eines Raubzugs. Ich umkreiste ihn mehrere Male, bevor ich zu reden begann.

»Welche Garantien können Sie uns geben, dass Sie die politische Arbeit nie wiederaufnehmen werden?«, fragte ich.

»Keine«, antwortete Ôsugi.

»Das ist schlecht. Schlecht für Sie.«

»Die Revolution lässt sich nicht aufhalten. Wenn Sie mich foltern und t-töten, es macht keinen Unterschied.«

»Spielen Sie hier nicht den Helden, Ôsugi!«

»Die anarchistische Revolution bedarf k-keiner Helden. Sie ist eine rein natürliche Entwicklung. Das System der Gewalt und Unterdrückung aber, dem Sie dienen, braucht solche Lügengeschichten, in denen ein Mann über einen anderen gestellt wird, bloß weil er einen Moment lang g-größere Macht besitzt als der andere.«

»Sie selbst haben doch gerade vorhin den Mut und die Stärke der Samurai erwähnt!«

»Ich habe mit meinem Neffen g-gesprochen, einem Kind.«

»Die Samurai ehrten den Kaiser bis in den Tod. Warum haben Sie ihm das nicht gesagt?«

»Auch der K-Kaiser ist bloß ein Mensch. Er besitzt mehr Privilegien als andere, aber das macht ihn zu nichts Besserem. Er ist ein Symbol, d-dessen Zeit abgelaufen ist, sonst nichts.«

»Sie beleidigen den Kaiser Japans!«

»Ich unterstehe dem Kaiser nicht. Im G-Gegensatz zu Ihnen habe ich nie geschworen, ihm blind zu dienen. Ich bin ein Mensch, k-kein Wachhund.«

Ohne Vorwarnung schlug ich Ôsugi mit der Faust direkt ins Gesicht. Es war nicht meine Absicht gewesen. Es geschah wie von selbst.

Ôsugi kniff die Augen zusammen, er gab jedoch keinen Laut von sich. Er ließ keinen Ausdruck des Protests oder der Verwunderung erkennen. Sein Kopf zitterte ein wenig, das war alles. Nach einer kurzen Pause redete er unumwunden weiter:

»Das Japan, in dem ich leben will, k-kommt ohne einen Kaiser und ohne menschenverachtende Militärs aus.«

Nun schlug ich vorsätzlich ein zweites Mal zu. Ein zweites und ein drittes Mal.

Ich war nicht menschenverachtend! Ich war kein Hund! Ôsugis Worte waren unverschämt. Kamoshida und Honda sahen mir still dabei zu, wie ich Ôsugi schlug. Sie verzogen keine Miene, sie rührten sich nicht von der Stelle.

Nachdem ich mich wieder beruhigt hatte, schmerzten die Knöchel meiner Finger. Ich schüttelte die Hand in der Luft, um sie zu lockern. Ôsugis Nasenbein könnte zu Bruch gegangen sein. Er blutete aus der Nase. Das Blut rann über Lippen und Kinn hinunter und tropfte auf seine Brust. Es hielt ihn aber nicht davon ab weiterzureden.

»Ihr wisst euch b-bloß mit roher Gewalt zu helfen. Ihr seid dumm geworden. Das System der Angst hat euch zu Idioten g-gemacht«, sagte Ôsugi.

Ich verstand kaum, was er von sich gab. Ich wollte ihn gar nicht verstehen, wollte nichts mehr von dem hören, was er sagte. Doch Ôsugi hörte nicht auf, mich zu beleidigen.

»Weil es euch braucht, dieses System«, sagte er. »D-d-denn ohne Idioten k-kann es nicht funktionieren.«

Nun konnte sich Obergefreiter Honda, der bislang reglos danebengestanden hatte, nicht länger beherrschen. Er trat nach vorne, hob das Bein und stieß mit voller Wucht den Absatz seines Stiefels in Ôsugis Schritt. Ôsugi schrie gellend auf und krümmte sich, soweit es seine Fesseln zuließen. Honda grinste gehässig. Dann brachte er sich erneut in Position.

Es war nicht vorsätzlich geplant gewesen, Ôsugi zu foltern. Doch eines kam zum anderen. Ich persönlich legte zwar kein weiteres Mal Hand an. Doch es fiel mir schwer, mich zurückzuhalten, denn Ôsugi antwortete schamlos und herausfordernd auf all meine Fragen. Er hörte nicht auf, den Kaiser, mich oder meine Kameraden zu beschimpfen. Die beiden Gefreiten wiesen Ôsugi mit Ohrfeigen und Tritten zurecht. Honda schlug ihm mit flacher Hand auf den Hinterkopf, Kamoshida benutzte auch seinen Schlagstock. Doch es brachte alles nichts. Ôsugi fuhr fort, seine Meinung von sich zu geben, dreist, respektlos drückte er sich aus, solange er reden konnte.

Ich zügelte die Kameraden nicht in ihren Gewaltausbrüchen. Ich hielt sie nicht zurück. In letzter Konsequenz, das war mir bewusst, ließ Ôsugi uns keine andere Wahl, als ihn zu töten. Wir konnten ihn schließlich nicht uneinsichtig, blutüberströmt und geschunden wieder auf den Straßen Shinjukus absetzen. Doch so eisern und unerschütterlich ich mich zu zeigen versuchte, in meinem Inneren hatte ich Mühe, mich mit der Situation abzufinden. Je mehr Ôsugi die Schläge meiner Kameraden herausforderte und seinen eigenen hässlichen Tod herbeiredete, desto mehr wuchs in mir von Neuem eine Bewunderung für seinen Mut und seine Standhaftigkeit heran. Als politische Figur musste Ôsugi eliminiert werden, das stand außer Frage, aber als Mann wollte ich ihn nicht unbedingt sterben sehen. Deshalb wies ich nach einer Weile, obwohl es mir Kamoshida und Honda gegenüber peinlich war, die Untergebenen an, die Schläge auszusetzen. Ôsugi war bereits kaum mehr in der Lage, einen Ton von sich zu geben.

»Haltet ein!«, befahl ich. »Haltet ein!«

Die Gefreiten gehorchten widerwillig. In korrekter Haltung bauten sie sich erneut neben Ôsugi auf. Schweigend und stramm standen sie da, als wäre nichts geschehen, und erwarteten weitere Anweisungen.

Auch Ôsugi schwieg jetzt. Doch ich konnte nicht davon ausgehen, dass er gebrochen war. Er hasste uns und das System, wofür wir standen, abgrundtief. Im Moment hatte er lediglich keine Kraft mehr, um zu sprechen und uns zu beleidigen. Er war der Bewusstlosigkeit nahe, schien mir. Ich überlegte, ob nicht trotz allem eine Möglichkeit bestand, Ôsugi unschädlich zu machen, ohne ihn zu töten. Es fiel mir schwer, in dieser ausgearteten Situation meine Gedanken zu ordnen. So sehr ich es versuchte, ich erinnerte mich nur daran, dass sogar wochenlange Einzelhaft Ôsugi nie beeindrucken hatte können. Vielleicht musste ich ihm mit Itôs Tod oder mit der Ermordung seines Neffen oder seiner Kinder drohen? Doch würde er mir eine solche Maßnahme überhaupt zutrauen? Sicherlich hatte Ôsugi längst durchschaut, dass ich für so etwas zu schwach gewesen wäre.

In dem engen Verhörraum, in dem seit unerträglichen Minuten nichts mehr als das Röcheln Ôsugis zu vernehmen war, stank es nach Schweiß, Blut und Hass. Ich benötigte dringend eine Pause und entschied, die Befragung zu unterbrechen. Ich wollte kurz vor die Tür an die frische Luft treten, um vielleicht auf einen neuen Gedanken zu kommen. Ich wies meine Untergebenen an, Ôsugi in der Zwischenzeit zu bewachen.

»*Hai!*«, antworteten die beiden wie aus einer Kehle.

Bevor ich den Raum verließ, beugte ich mich ein letztes Mal zu Ôsugi hinunter. Direkt hinein in seine halbgeschlossenen und leer gewordenen Augen starrte ich. Ôsugi hätte mir jetzt ins Gesicht spucken können, hätte er die Kraft dazu gehabt.

»Sie wissen, dass auf Hochverrat die Todesstrafe steht, Ôsugi.«

Leise und eindringlich sprach ich auf ihn ein.

»Wenn Sie Ihr Verhalten nicht augenblicklich ändern, sind Sie ein toter Mann.«

Ich verharrte in seinem Blickfeld und ließ die Worte sich setzen. Ich spürte, dass Ôsugi zu reagieren versuchte. Es dauerte aber einige Zeit, bis er genügend Energie aufbrachte, um zu antworten.

»Wir alle sch-sterben ... früher oder später ...«, gab er kaum hörbar von sich. »Auch ihr drei ... werdet eines T-t-tages umg-gebracht.«

Ich konnte mir nicht sicher sein, ihn richtig verstanden zu haben. Zu geschwächt war Ôsugi. Er blutete aus Mund und Nase, er röchelte mehr, als er sprach.

»Zu b-beob-bachten ... wie ein Mensch wie eine Blüte ... fällt, ist f-faszinierend«, brachte er schließlich hervor – wenn ich es richtig deutete.

Dann verstummte Ôsugi. Sein rechtes Auge war angeschwollen, die Lippe aufgeplatzt, sogar aus seinem Ohr tropfte Blut. Ich konnte es nicht länger ertragen, diese entstellte Fratze sehen zu müssen. Kommentarlos richtete ich mich auf und schritt so schnell wie möglich aus dem Raum. Ich stahl mich aus der Verantwortung.

十、

MÖRDER

Draußen war es dunkel geworden. Ich drehte viele Runden im fahlen Licht des orange beleuchteten Innenhofs. An einem Sonntag um diese Uhrzeit waren im Hintergebäude des Polizeipräsidiums kaum Mitarbeiter anzutreffen. Ich war allein mit meinen wirren, unfertigen Gedanken. In mir kämpften ein Mensch, ein Militär und ein Mörder gegeneinander. Jahrelang hatte ich auf den Moment hingearbeitet, Ôsugi, diesen gefährlichen Staatsfeind, außer Gefecht zu setzen, und nun, da ich ihn endlich ein für alle Mal vernichten konnte, wusste ich nicht, wie damit umgehen. Ich scheute mich davor zurückzugehen, ich wollte Ôsugi nicht mehr sehen, wollte nicht mehr hören, was er sagte. Es kränkte und verletzte mich, es war abstoßend, widerlich. Ich war all dem nicht gewachsen. Das aber konnte ich mir nicht eingestehen. Ich durfte mich nicht noch mehr schwächen, ich war bereits innerlich zerrissen und wankelmütig, gerade in dem Moment, in dem nicht der geringste Zweifel in mir vorherrschen hätte dürfen. Heute, im Rückblick, weiß ich, dass ich nicht standhaft genug für eine derartige Aufgabe war. Ich kannte zwar Ôsugi, mich selbst aber erkannte ich nicht als das an, was ich wirklich war. Dazu bin ich erst heute bereit, 22 Jahre später.

Etwa eine halbe Stunde ließ ich vorbeigehen, sinnlos, tatenlos, dann musste ich mich auf den Weg zurück zum Verhörraum machen. Ich konnte die Tatsachen nicht noch länger vor mir herschieben, auch wenn ich mich zu keiner Entscheidung durchgerungen hatte. Ôsugi musste sterben, ob ich es wollte oder nicht. Und wenn er starb, durfte Itô nicht am Leben bleiben. Und Munekazu ... Ich hatte keine Ahnung, was mit ihm geschehen sollte. Es gab keine Lösung.

Als ich den Verhörraum betrat, kauerte Ôsugi, nach wie vor gefesselt, bewusstlos in sich zusammengesunken auf dem Stuhl. Kamoshida und Honda standen stramm zu beiden Seiten neben ihm und salutierten, als sie mich erblickten.

»Was ist passiert?«, fragte ich und betrachtete den leblos wirkenden, nur von seinen Fesseln und Handschellen in Position gehaltenen Ôsugi.

Sein Kopf war zur Seite gesackt, die Augenlider hatten sich gesenkt, der blutige Mund stand halboffen. Es wirkte absurd, dass der Staat von solch einem Häufchen Elend eine Gefahr ausgehen sah.

Die beiden Gefreiten hatten, nachdem ich den Raum verlassen hatte, erneut auf Ôsugi eingeschlagen und eingetreten. Er trug stumpfe Wunden und Blutergüsse auf Gesicht und Körper. Ich hielt meine Hand unter Ôsugis Nase, um zu prüfen, ob er atmete. Ich meinte, Atemluft zu spüren, und augenblicklich überkam mich ein Gefühl der Erleichterung. Einer wie Ôsugi starb nicht so schnell. Nein, noch war nicht alles entschieden. Es könnte einen Ausweg geben. Noch bestand die Möglichkeit irgendeiner anderen Lösung als der des Todes, machte ich mir vor.

»Er hat uns weiterhin provoziert«, sagte Kamoshida.

»Und weiterhin den Kaiser beleidigt«, fügte Honda hinzu.

Wohl hätte man zu diesem Zeitpunkt noch die Ambulanz rufen können. Wären unverzüglich lebensrettende Maßnahmen eingeleitet worden, hätte Ôsugi das Verhör wahrscheinlich überlebt. Doch was dann? Was hätten wir danach mit ihm tun sollen?

Ich konnte weder Hauptgefreiten Kamoshida noch Obergefreiten Honda besonders leiden. Sie erinnerten mich an Schakale, Aasfresser, sie suchten stets den Weg des geringsten Widerstands und nutzten jede Chance, um sich auf Schwächere zu stürzen. Diese Männer waren unzivilisiert und nur auf den eigenen Vorteil bedacht. Anders als Ôsugi, ihr Opfer, besaßen sie keinen Charakter. Sie verdienten weder meinen Respekt noch mein Lob, aber ebenso wenig tadelte ich sie in diesem Moment oder wies ich sie zurecht. Im Grunde wusste ich: Sie taten mir mit ihrem primitiven Verhalten einen Gefallen. In meiner Unentschlossenheit war mir nichts Besseres eingefallen, als das Schicksal darüber entscheiden zu lassen, ob Ôsugis Leben enden oder über jenen Tag hinausgehen sollte. Kamoshida und Honda waren Ôsugis Schicksalsgestalten. Sie vollbrachten, wozu ich nicht in der Lage war.

Schnell wandte ich mich von dem Bild ab, das sich mir bot. Ich konnte der Wahrheit nicht ins Auge blicken. Ich war kein Hauptoffizier der Kempeitai, sondern ein Schwächling.

»Haltet die Stellung!«, befahl ich den Untergebenen mit gekünstelter Entschiedenheit. »Ich muss nach den anderen sehen.«

»*Hai!*«

Mit Eifer stießen Kamoshida und Honda die Hacken ihrer Stiefel gegeneinander. Jetzt, wo Ôsugi nichts mehr sagte, würden sie ihn wenigstens nicht mehr anfassen.

Auf dem Weg ins untere Stockwerk in Richtung des Verhörzimmers, in dem Itô festgehalten wurde, übermannte mich
eine furchtbare Unruhe. Ich beschleunigte den Schritt – und
gleichzeitig versuchte ich, das Tempo zu drosseln. Ich drängte
darauf zu erfahren, wie es um Itô stand, andererseits schreckte ich davor zurück, es herauszufinden.

Unteroffizier Mori war ein unberechenbarer Kompagnon,
der an nichts außer seiner militärischen Laufbahn interessiert
schien. Das Offizierskäppi war ihm nicht gut genug, er brannte darauf, befördert zu werden. Mori hatte wie ich keine Frau
und keine Kinder und widmete sein Leben ganz dem Dienst in
der Armeepolizei. Er betrieb dies jedoch mit einem Übereifer,
der an Gier grenzte. Jede Beschäftigung, die nicht direkt mit
seiner Karriere in Verbindung stand, empfand er als Zeitverschwendung.

Einmal hatte ich Mori, ohne Hintergedanken, gefragt, ob er,
wenn er Gedichte verfasste, Haikus oder Wakas bevorzugte.
Verdutzt und ungläubig blickte er mir daraufhin ins Gesicht.
Er dachte wohl, ich hätte ihm eine Fangfrage gestellt.

»Ich bin Armeepolizist«, gab Mori als Antwort.

Er sah mich argwöhnisch an, entrüstet. Ich bereute die Frage und befürchtete, er würde mich denunzieren, weil ich ihn
von der Arbeit abzulenken gedachte.

»Für die Poesie bleibt selbstverständlich keine Zeit, Herr
Hauptoffizier«, sagte Mori. »Ich diene dem Kaiser. Dieser Aufgabe widme ich mein Leben. Es ist meine heilige Pflicht.«

»Das ist gut zu wissen«, antwortete ich, wenn auch ein wenig zögerlich. »Abtreten!«

Mori suchte immerzu nach Bestätigung und Lob von seinen Vorgesetzten. Wie besessen sammelte er Dienstauszeich-
nungen und Ehrenmedaillen. Dieser Ruf war ihm bereits vor-

ausgeeilt, und ich hatte mich nicht sonderlich gefreut, als er mir im August bei der Überwachung Ôsugis zugeteilt wurde. Ich hatte es auch als Vertrauensverlust werten müssen, dass mir die Führung gerade Mori zuteilte. Hatten unsere Generäle erste Zweifel an meiner Souveränität gehegt? Der mir unterstellte Mori ließ von Anfang an die Achtung und den nötigen Respekt mir gegenüber vermissen. Besonders ab dem großen Erdbeben ließ er, ohne es direkt auszusprechen, immer deutlicher durchklingen, dass ich die Verfolgung nicht kompromisslos genug betrieb. Er war der Ansicht, man könnte Ôsugi sogar im Beisein seiner Töchter festnehmen.

»In Zeiten wie diesen ...«, sagte Mori. »Wer würde nachfragen? Wer würde den Kindern eines Anarchisten Gehör schenken, wenn sie behaupten, ihr Vater sei auf offener Straße verhaftet worden? Wenn sie weinend heimrennen. Wen würde das schon kümmern?«

»Unteroffizier Mori, Ihnen fehlt das Fingerspitzengefühl«, antwortete ich.

Mori wusste, dass er mir nicht zu widersprechen hatte. Doch sein Unverständnis darüber, wie behutsam ich im Fall Ôsugi vorging, war nicht zu übersehen.

Kurz lauschte ich an der Tür des Verhörzimmers. Eine lächerliche Geste. Durch die dicke Eisentür wären die lautesten Schreie nicht gedrungen. Ich zögerte. Schließlich trat ich ohne anzuklopfen ein.

Hart fiel die Tür hinter mir ins Schloss. Ich fand mich in einem unnatürlich stillen Raum wieder. Das Surren der Glühbirne, die nackt von der Decke hing, war das einzige Geräusch, das ich vernahm. Am liebsten hätte ich die Hände über die Ohren gehalten, um das Schweigen, das hier herrschte, von mir fernzuhalten, und ebenso die Augen geschlossen, um nicht sehen zu müssen, was mich erwartete.

Mir bot sich ein ähnliches Bild wie in Ôsugis Verhörraum. Auch Itô, mit ihrem Rücken mir zugewandt, war mit Handschellen und Schnüren an einen Stuhl gefesselt, der sich direkt im Lichtkegel der Deckenlampe befand. Mori hatte, als ich eingetreten war, ihr gegenüber auf einer kahlen Tischplatte gesessen, sie angestarrt und seine Beine in der Luft baumeln lassen. Sobald er mich erblickt hatte, war er aufgesprungen, um zu salutieren.

»Hauptoffizier Amakasu!«, hatte er gerufen.

Seitdem verharrte Mori in strammer, soldatischer Haltung vor mir und seinem Opfer. Niemand sonst befand sich im Raum. Der Wachtmeister, der Mori begleitet hatte, war verschwunden.

Lange sprach ich kein Wort. Es gab nichts zu fragen. Alles erklärte sich von selbst. Itôs Kopf hing schlaff zur Seite. Sie regte sich nicht. Ich ging mit einigem Abstand um sie herum und betrachtete die Spuren, die Moris Verhör hinterlassen hatte. Im Gesicht hatte Itô keine Wunden oder Flecken, auch klebte nirgends Blut auf ihrer Haut, aber sie war mit einem Stofftuch, das ich schon von hinten bemerkt hatte, geknebelt. Grob war es über die Mundwinkel hinweg mehrfach um den Kopf gezogen. Auf Itôs Hals erkannte ich Würgemale. Ich musste dieser Frau nicht die Hand unter die Nasenlöcher halten, um zu erkennen, ob sie noch atmete. Offensichtlich war sie tot, erwürgt worden. Ihr Mörder stand reglos neben mir mit einem stolzen, selbstzufriedenen Gesichtsausdruck.

»Sie hat nicht aufgehört, uns zu beschimpfen und zu beleidigen«, berichtete Mori. »Dem Wachtmeister, der mich begleitete, zitterten schon die Hände, so sehr erregten ihn die Rage und die Bosheit dieser Frau. Als er ihre Fesseln anbrachte, spuckte sie ihm ins Gesicht! Ich fürchtete, er würde sich nicht unter Kontrolle halten können, und deshalb schickte ich ihn hinaus.«

»Und weiter?«

»Auch als ich allein mit Itô war, beruhigte sie sich nicht. Ich fragte sie, ob ich ihr die Kehle zudrehen müsste, damit sie endlich still sein würde? Da fauchte sie mich wie von einem Dämon besessen an. Ich müsste tun, was immer mir befohlen würde, schimpfte sie. Schließlich wäre ich Soldat. Eigenständiges Denken wäre mir untersagt. Nichts als ein dummer, gemeiner Soldat wäre ich, zu nichts fähig, außer Befehlen zu gehorchen. Männer wie ich wären der Grund, warum Japan heute ein Ort des Schreckens und der Angst wäre. Schlimmer als die Naturgewalt wäre die Gewalt der Polizei, ihre Unterdrückung würde mehr zerstören, als ein Aufreißen des Erdbodens je erreichen könnte. Nicht die Anarchisten würden Schuld am Chaos tragen, sondern die Kempeitai. Männer wie ich, zu feig, um selbst zu denken, wären der Grund für das Verderben, für die Ungerechtigkeit, für all das Leiden in unserem Land. Dieses dumme Weib hörte und hörte nicht auf. Sie redete sich in einen Rausch hinein, Herr Hautpoffizier. Ihre Beschimpfungen, Beleidigungen. Es war nicht auszuhalten. Ich forderte sie auf, still zu sein. Wieder und wieder. Doch sie gehorchte nicht. Da band ich ihr den Knebel um. Ich zog ihn fest und fester, um diese Furie zum Schweigen zu bringen. Doch sie murrte weiter. Gab einfach keine Ruhe. Mit ihren Augen giftete sie mich an. Es war nicht auszuhalten. Ich verlangte von ihr, dass sie die Augen schloss. Sie weigerte sich und fuhr mit abscheulichen Lauten fort, mich zu beschimpfen. Ruhe!, schrie ich. Ruhe! Augen zu! Sie gehorchte nicht. Da drehte ich ihr mit bloßen Händen die Kehle zu. Ich weiß, Herr Hauptoffizier, Sie hätten diese Frau vielleicht noch befragen wollen. Ich bin Ihnen mit ihrem Tod womöglich zuvorgekommen. Doch es ließ sich nicht vermeiden, glauben Sie mir. Dass diese Gefangene sterben musste, daran bestand kein Zweifel. Eine wie sie würde sich niemals bessern. Ganz und gar durchdrungen war sie von ihren feindseligen, antinationalistischen Ideen. Herr Hauptoffizier, ich kenne unseren Auftrag. Diese Terroristen sind ohne jede Schonung unschädlich zu machen. Wir dürfen keine Rücksicht nehmen. Es gibt keine Kompromisse. Es führt kein Weg am Tod dieses Anarchistenpaars und ihres Schutzschildes vorbei.«

Ein Ruck durchfuhr mich.

»Was ist mit dem Kind?«, fragte ich und starrte Mori in die Augen.

Mein Herz begann zu rasen. Auf der Stelle hatte ich den sterbenden Ôsugi und Itô, die erwürgt neben mir auf dem Stuhl lag, vergessen.

»Unteroffizier Mori, was ist mit dem Jungen!?«

»Haben Sie den Schuss nicht bis hinauf ins dritte Stockwerk gehört?«

Es war unmöglich einzuschätzen, ob Moris Verwunderung gespielt oder ernst gemeint war.

»Ich bin mir sicher, Wachtmeister Hirai hat die Sache erledigt«, sagte er.

Ohne eine Sekunde zu verlieren, stürzte ich aus dem Raum, die Treppen hinunter ins Erdgeschoss.

Von Weitem schon sah ich im Neonlicht des Korridors den langen, dürren Wachtmeister Hirai vor dem Essraum stehen. Die Tür war geschlossen, Hirai salutierte und benahm sich, als wäre nichts geschehen. Um mir Platz zu machen, trat er einen Schritt zur Seite. Er sagte kein Wort.

Bevor ich es wagte, einen Blick durch das Guckloch in den Raum zu werfen, sah ich Hirai fragend an. Er aber blieb bloß starr und mit ausdrucksloser Miene neben der Tür stehen, wie es von ihm erwartet wurde. Ich merkte, wie ich zitterte. Ich hoffte, Hirai würde es nicht bemerken.

Dann überwand ich mich und schaute durch den Türspion. Vor mir lag nichts als ein leerer, sauberer Raum. Der Esstisch, alles war weggeräumt.

»Wo ist der Junge?«, fragte ich.

»Wir haben ihn schon weggeschafft«, sagte Hirai.

»Weggeschafft?«

»Er ist in eine Strohmatte eingewickelt und unten beim Müll abgestellt. Wir erwarten weitere Anweisungen, wie mit der Leiche zu verfahren ist.«

Meine Knie gaben nach. Kurz meinte ich, mich an die Wand lehnen zu müssen. Doch es gelang mir, mich auf den Beinen zu halten.

Obwohl ich wusste, dass es drinnen nichts mehr zu sehen gab, schob ich die Tür des Essraums auf. Wohl einfach nur, um etwas Zeit zu gewinnen. Ich gab vor, den Raum zu inspizieren. Leicht taumelnd trat ich ein.

Alles war gesäubert, leblos, alles in völliger Ordnung, als wäre keiner von uns heute hier gewesen. Ich ging zur Mitte vor, wo vorhin der Tisch mit der roten Dorade gestanden hatte. Vor wenigen Stunden hatte ich Ôsugi, Itô und das Kind hier hereinführen lassen. Jetzt fühlte es sich an wie mein eigenes Kerkerloch. Ich hätte meine Dienstwaffe hervorholen und mich an Ort und Stelle erschießen sollen. Doch ich war und blieb ein Offizier der kaiserlichen Armee. Ich hatte keinen

Befehl erhalten, mich selbst zu richten. Japan brauchte mich nach wie vor, dachte ich. Heute denke ich: Vielleicht hätte ich meinem Land tot einen besseren Dienst erwiesen? Vieles wäre dadurch einfacher geworden. Doch Derartiges kam mir in diesem Moment nicht in den Sinn. Noch war nicht alles aus. Ich machte mir sogar vor, drei Stockwerke über mir könnte Ôsugi noch am Leben sein. Ich zwang mich fort, hinaus aus diesem toten Raum, in dem es nichts weiter zu erledigen gab.

Ohne ein Wort zu sagen, blickte ich Hirai, der einen Kopf größer als ich war, ins zerfurchte, gleichgültige Gesicht. Ich hätte ihn bei den mir vorgesetzen Stabsoffizieren anklagen können, weil er als einfacher Wachtmeister ohne meinen ausdrücklichen Befehl gehandelt hatte. Früher oder später aber wäre ich genau um diesen Befehl nicht herumgekommen: »Erschießen Sie den Jungen.« Munekazu war ein Zeuge. Wir mussten uns seiner entledigen. Er hätte an jenem verfluchten Tag seinen Onkel Ôsugi und Itô nicht nach Shinjuku begleiten dürfen. Oder Mori und ich hätten die beiden in der Gegenwart des Jungen nicht festnehmen dürfen. Es war falsch, was geschehen war. Falsch und unumkehrbar.

»Er hat es praktisch nicht gemerkt«, sagte Hirai. »Ich habe mich ihm von hinten genähert, blitzschnell die Pistole aus dem Halfter gezogen und abgedrückt. Ein glatter Kopfschuss. Er fiel sofort um.«

Noch in derselben Nacht wickelten wir auch Ôsugis und Itôs Leichen in Strohmatten und brachten sie zum Müll. Hirai wusste von einem Brunnen, der in einem nördlichen Viertel der Stadt am unbeleuchteten Eingang eines Parks gelegen und seit Langem versiegt war. Wir verstauten die drei Strohmatten mit ihrem leblosen Inhalt in einen Transporter und fuhren dorthin.

Es war ein tiefer, verwaister Brunnenschacht. Die Gegend war ausgestorben, ideal für unsere Bedürfnisse. Einen nach dem anderen warfen wir die drei Körper in den Schacht hinunter, zuerst den Jungen, dann Itô, zuletzt Ôsugi. Mori hatte die Idee gehabt, die Exkremente aus den Latrinen des Gefängnistrakts in Eimern mitzunehmen und über die Leichen zu schütten. Zusätzlich hatten Kamoshida und Honda Pferdemist in den Boxen der berittenen Polizei gesammelt, um die Leichen auch darunter zu begraben. Es stank fürchterlich, keinem der Männer aber schien es etwas auszumachen. Ohne eine Miene zu verziehen, schütteten sie den Kot in den Brunnen. Die Exkremente würden die Verwesung beschleunigen, behauptete Mori. In wenigen Wochen würde kein Mensch diese Leichen mehr erkennen können.

»Niemand wird jemals herausfinden, was geschehen ist«, sagte Mori stolz, als die Arbeit getan war.

In der Finsternis war sein Eidechsengesicht pechschwarz. Auch der Himmel über ihm war schwarz. Keine Feuer loderten mehr in Tôkyô. Keine rotgrauen Rauchschwaden standen länger über der Stadt. Und doch war das Beben nicht überstanden.

Weiterhin erzitterte die Erde täglich. Auch wenn es kurze, harmlose Nachbeben waren, sie riefen in Erinnerung, dass es jederzeit wieder losgehen konnte. Die Bevölkerung kam nicht zur Ruhe. Noch immer wurden Koreaner und Chinesen gejagt. Bis in den Oktober hinein würde die Hetze andauern. Da das Leben für die Ausländer dermaßen unsicher geworden war, entschieden manche von ihnen bereits Mitte September, sich freiwillig der Militärpolizei zu stellen. Sie vermuteten, sie würden es im Gefängnis besser haben als in Freiheit. Ein Trugschluss. Ende Oktober würden sich an die 20 000 Koreaner in Haft befinden und sich gegenseitig Platz und Essen streitig machen. Hinter Gittern waren sie zwar vor den lynchenden Banden sicher, die weiterhin durch die Straßen zogen. Doch sie waren der Willkür und Brutalität des Wachpersonals und der anderen Insassen ausgesetzt.

In seiner Funktion als Wachtmeister hatte Hirai bereits mit dem einen oder anderen koreanischen Häftling Erfahrungen gemacht, und nachdem wir in den dunklen Morgenstunden des 17. September unsere dreckige Arbeit am Brunnenschacht vollbracht und die drei Leichen entsorgt hatten, erzählte er uns auf der Rückfahrt zur Polizeistation vom Los der Koreaner. Ôsugi, Itô und Munekazu waren unter Kot begraben, sie zählten für Hirai bereits zur Vergangenheit. Im Auto verlor er kein Wort mehr über sie. Doch andere aufmüpfige Häftlinge kamen ihm, redselig, wie er auf einmal wurde, in den Sinn. Eine Geschichte nach der anderen fiel ihm ein. Im Stillen fragte ich mich, ob Hirai schon des Öfteren in Strohmatten gewickelte Leichen an geheimen Orten vergraben hatte. Es schien für ihn nichts Außergewöhnliches zu sein, nichts, was ihn besonders zu beschäftigen schien.

»Diese Ausländer sind ganz ruhig in ihren Zellen«, berichtete er. »Man riecht sie, aber man hört sie nicht. Unterwürfig wie Hunde sind sie. Sie fressen jeden noch so minderwertigen Fraß. Ihre Minderwertigkeit ist augenscheinlich. Sie bestreiten es gar nicht. Doch das macht es auch nicht besser ...«

Hirai erzählte, wie die inhaftierten Koreaner aus geringstem Anlass schikaniert wurden. Sie hatten zu langsam oder zu schnell gegessen, zu langsam oder zu schnell auf eine Frage geantwortet, sie waren zu langsam oder zu schnell marschiert oder hatten im Gefängnishof an der falschen Mauerwand gestanden. Verstöße dieser Art rechtfertigten fantasiereiche Bestrafungen, die Hirai ins Detail zu beschreiben wusste. Ich wollte nichts davon hören. Ich blickte durch die Fensterscheibe der Autotür hinaus in die Dunkelheit und versuchte, an etwas anderes zu denken. Ich hatte genug der Grausamkeiten für diese Nacht, genug davon für immer.

Ich hätte Hirai anweisen können zu schweigen, aber ich traute mich nicht. Den anderen Männern gefielen seine Geschichten. Was Hirai erzählte, lenkte sie von der direkten, unumgänglichen Wirklichkeit ab, in der wir uns befanden. Er mokierte sich über einen Koreaner, der nach drei Tagen Gefängnis verlangt hätte, wieder freigelassen zu werden, weil er eben freiwillig gekommen wäre und nichts verbrochen hätte.

»Unsinn!«, urteilte Hirai. »Es gibt keinen Koreaner, der nichts verbrochen hat!«

Großes Gelächter im Auto. Meine Kollegen waren einer Meinung. Die Art und Weise, wie sie sprachen, widerte mich an. Hirai, Mori, Kamoshida und Honda, ich verspürte ihnen gegenüber einen Ekel. Während dieser Autofahrt befürchtete ich, ihn nicht mehr unterdrücken zu können. Gleichzeitig wusste ich, dass ich diesen Männern zu Dank verpflichtet war. Denn ich hatte meine Aufgabe nicht erfüllen können. Sie hatten es für mich tun müssen.

Im Morgengrauen kam ich endlich nach Hause, zurück in die schmucklose Vorstadtwohnung, die mir im Zuge des Bebens zugewiesen worden war. Niemand erwartete mich dort außer mein eigenes Spiegelbild im Badezimmer. Ich schaute mir lang in die eigenen Augen und schämte mich. Ich war verdreckt, verstört, bleich, hohlwangig, als hätte ich mich selbst begraben und wäre aus der Erde wieder hervorgekrochen. Doch Ôsugi, der Staatsfeind, lag im Brunnenschacht unter Kot begraben, nicht ich. Eindringlich sprach ich auf mich ein. Ôsugi war beseitigt, sagte ich mir. Das Ziel, das ich jahrelang verfolgt hatte, war erreicht. Von Ôsugi ging keine Gefahr mehr aus. Und zwei Leichen lagen unter ihm …

Ich wusch mir das Gesicht. Wusch mich am ganzen Körper. Wusch mich, ich weiß nicht, wie lange, ich schrubbte mir die Haut vom Leib. Es brachte nichts. Der Schmutz blieb kleben. Er hatte sich in mich hineingefressen. Ich würgte, um ihn loszuwerden. Ich krümmte mich über der Toilette, mein Rachen brannte, als wäre er verätzt.

Zum Glück konnten meine Vorgesetzten nicht sehen, wie ich auf dem Boden des Badezimmers herumkroch. Hauptoffizier Amakasu, eine kümmerliche Figur. Von der Achtbarkeit, die ich mir einst verdient hatte, war nichts geblieben. Meine in Mitleidenschaft gezogene Uniform hatte ich im Vorraum abgestreift und wie ein Versager auf dem Boden liegen lassen. Jetzt war ich nackt und hässlich. Ohne Uniform ließ sich das Hässliche an mir nicht verbergen. Als ginge es um mein Leben, bemühte ich mich, sie so schnell wie möglich wieder anzuziehen. Draußen leuchtete bereits der neue Tag in grauen Schattierungen, da schaffte ich es, die Offiziersjacke bis ganz oben zuzuknöpfen. Ich rückte den Stehkragen gerade, zog das Käppi, so tief es ging, in die Stirn. Im Spiegel stand nun ein Armeeoffizier vor mir. Eine mutlose Gestalt in Maskerade.

»Ich habe der Armee zu einem wichtigen Sieg verholfen«, sagte ich und versuchte, es feierlich klingen zu lassen. »Japan ist seinen gefährlichsten Staatsfeind losgeworden!«

Ich hätte es mir hunderte Male vorsagen können, es änderte nichts. Ich zwang mich, nicht länger über irgendetwas nachzudenken. Denken schwächte. Vielleicht sollte ich dichten? Oder nein, besser nie mehr dichten. Gedichte zu verfassen war Zeitverschwendung. Mori hatte recht. Mori wusste es besser.

Ich meldete mich krank.

Tatsächlich war ich nicht nur an diesem Tag, sondern auch an den folgenden nicht fähig, den Dienst anzutreten. Die körperliche Erschöpfung verging nach einiger Zeit, die geistige wurde ich nicht mehr los. Sie ging in eine Leere über, nur das Gefühl von Schuld und Verfehlung blieb übrig.

Ich mutmaßte, dies wäre ein Loch, das logisch in mir klaffte, weil mein Widersacher nach jahrelangem Ringen endlich ausgeschaltet war. Ich müsste nur eine neue, ähnlich bedeutungsvolle Aufgabe zugeteilt bekommen, um neuen Sinn in meinem Dasein zu erkennen. Doch das Loch füllte sich nicht wieder. Die Wunde, die der 16. September 1923 in mir aufriss, wurde zu einer abscheulichen Narbe, die mich für immer verunstaltete.

In der darauffolgenden Woche begannen die internen Verhöre. Ich wurde von Stabsoffizieren und schließlich vom Generalleutnant befragt. Der amerikanische Generalkonsul wäre an den Armeeminister herangetreten, wurde mir berichtet. Ein amerikanisches Kind wäre verschwunden, ein Munekazu Tachibana, der Sohn von Sôsaburô und Ayame Tachibana, der Schwester Sakae Ôsugis. Gerüchte gingen um, dass das Verschwinden des Kindes mit dem zeitgleichen Verschwinden des Anarchisten und seiner Ehefrau zu tun hätte. Wo sich Ôsugi in diesem Moment befände?, wurde ich gefragt. Er und seine Frau wären seit Tagen von den Nachbarn nicht mehr gesehen worden, und auch die Hausgehilfin hätte sie als vermisst gemeldet.

Ich musste Auskunft geben. Was blieb mir übrig? Ich war mit Ôsugis Beschattung beauftragt gewesen. Vielleicht hätte ich einen Pakt mit Mori und den anderen schließen können und darauf beharren, dass das Dissidentenpaar untergetaucht war? Doch Mori war nicht zu trauen. Er verstand mich nicht als Kameraden, sondern als Konkurrenten. Außerdem hätte ich damit erklärt, dass mir die Zielperson entwischt war, ich hätte mein eigenes Versagen behauptet. In Wahrheit war doch das Gegenteil der Fall: Ich hatte den Feind außer Gefecht gesetzt. Mein Auftrag war erfüllt!

Das Kind war das Problem.

Ich hätte behaupten können, von diesem Kind niemals gehört zu haben. Doch nicht nur mangelte es mir an Vertrauen in die Kollegen, auch war mein Kampfwille gebrochen. Etwas in mir sehnte sich sogar danach, dass ich zur Rechenschaft gezogen und ins Gefängnis geworfen würde. Ich entschied, alles hinzunehmen, wie es kommen sollte, ohne Widerstand, ohne mich in irgendwelche feigen Lügen zu verstricken. Es dauerte ein wenig, bis ich den Mut zu reden fand, dann aber gab ich dem Oberstleutnant ohne Beschönigungen zu Protokoll, was geschehen war.

»Gut«, sagte dieser, vollkommen ungerührt, als ich meinen Bericht beendete.

Auch Mori, Hirai, Kamoshida und Honda waren wohl verhört worden. Ich hatte sie seit jener blutigen Nacht nicht mehr zu Gesicht bekommen. Wahrscheinlich hatte der Oberstleutnant von ihnen bereits sämtliche Informationen erhalten und ich ihre Aussagen lediglich bestätigt.

Eine Erleichterung überkam mich, als alles dargelegt war.

Die Verantwortung lag von nun an in den Händen meiner Vorgesetzten. Sie würden wissen, was zu tun war. Die Militärführung würde eine Lösung finden, die dem Wohle Japans diente. Ich persönlich hatte nichts weiter zu tun, als ihren Entschluss zu akzeptieren und zu unterstützen.

Sobald die Dunkelheit einsetzte, musste ich ein Einsatzkommando des Generalstabs unauffällig zu dem Brunnen führen, wo die Leichen begraben lagen. Der Reihe nach, zuerst Ôsugi, dann Itô und Munekazu, wurden sie in ihren verschlissenen Strohmatten aus dem Kot und Dreck herausgezogen und in den Wagen verladen. Ich musste mich mit aller Kraft dazu zwingen, bei der Bergung nicht wie ein Feigling wegzusehen. Ich hatte für das, was geschehen war, geradezustehen, wenigstens das! Doch der Gestank der verwesenden Toten und der Fäkalien setzte mir zu. Mir schwindelte, erneut meinte ich, mich übergeben zu müssen. Als zuletzt Munekazu herausgehoben wurde, kamen mir fast die Tränen. Nur unter größter Anstrengung hielt ich mich unter Kontrolle.

In einem Kellerraum des Polizeipräsidiums wurden die Leichen noch in derselben Nacht aus den Matten gewickelt, gesäubert und identifiziert. Weiterhin wurde meine Anwesenheit verlangt. Nach wie vor war ich Ôsugi zugeteilt. Sein Körper wurde behutsam aus der Matte gewickelt, ich sollte sagen: herausgeschält. Zuvor waren bereits Itô und der Junge ausgerollt worden. Die fauligen Bündel waren kaum voneinander zu unterscheiden. Ein beißender Gestank machte sich breit. Ich widerstand dem Impuls zurückzuweichen. Unter keinen Umständen wäre es toleriert worden, hätte ich mich an die Wand gelehnt.

Die Prozedur dauerte über eine Stunde. Die Leichen wurden mit Wasser abgespritzt und einem Reisigbesen gereinigt, bis ihre Gesichter zu erkennen waren.

»Handelt es sich hierbei zweifelsfrei um Sakae Ôsugi, seine Frau Noe Itô und das vermisste Kind Munekazu Tachibana, den Neffen Ôsugis?«, fragte mich der einsatzleitende Leutnant in scharfem, durchbohrendem Ton.

»Ja.«

Es war, als käme die Stimme nicht aus mir, die ihm antwortete. Kommentarlos trat der Leutnant daraufhin aus dem Raum.

Noch in den Morgenstunden dieses Tages hatte ich mich im Büro des Generalleutnants zu melden.

»Sie scheinen die Wahrheit gesagt zu haben, Hauptoffizier Amakasu«, sagte er.

Er musterte mich eindringlich, bevor er weitersprach:

»Von nun an werden Sie sich in dieser Angelegenheit nicht weiter äußern und nichts unternehmen, das Ihnen nicht ausdrücklich befohlen wird. Haben Sie verstanden?«

»*Hai.*«

Es bereitete mir Mühe, dieses »Ja« mit der erwarteten Überzeugung und Entschlossenheit von mir zu geben.

»Die Öffentlichkeit wird reges Interesse an diesem Fall zeigen, Hauptoffizier Amakasu. Es gibt Erklärungsbedarf. Selbstverständlich werden wir uns nur so weit äußern, wie es absolut notwendig ist. Doch wir werden den Vorfall nicht ganz vertuschen können. Als Einsatzleiter werden Sie die Konsequenzen tragen müssen, sicherlich sind Sie sich dessen bewusst. Wir werden nicht darum herumkommen, Sie vom Dienst zu suspendieren und Sie zu einer Haftstrafe verurteilen zu lassen.«

Der Leutnant ließ das Gesagte einen Moment wirken. Dann füge er mit leicht gedämpfter Stimme hinzu:

»Machen Sie sich keine Sorgen, Amakasu, die Armee wird Sie nicht fallenlassen. Wir wissen Ihre Arbeit zu schätzen. Sobald sich die Wogen glätten, werden Sie aufgrund guter Führung wieder auf freien Fuß gesetzt und mit einer neuen Anstellung für all die Unannehmlichkeiten entschädigt, die sie durchzustehen haben.«

»*Hai.*«

»Sie wissen, Amakasu, Sie können sich auf die absolute Loyalität der Armee, der Sie so lange treu gedient haben, verlassen.«

»*Hai.*«

Mittlerweile war der Ton des Leutnants nahezu kameradschaftlich geworden. Dieser Mann war nicht länger ein gebieterischer Vorgesetzter, der unmissverständliche Befehle erteilte. Jetzt, da ich in Kürze aus dem Armeedienst entlassen werden würde, ließ er mir gegenüber etwas Väterliches erkennen. Er beugte sich vor zu mir.

»Verlieren Sie nicht den Mut«, sagte er, leise und jovial, wie ein Leutnant sonst nie zu Untergebenen spricht. »Sie haben das Richtige getan. Das Kaiserreich ist Ihnen zu Dank verpflichtet.«

»*Hai.*«

In meiner Stimme ein Flattern. Eine angeschlagene Stimme, ein banger Ton, es ließ sich nicht vermeiden. Ich nickte, es muss gewirkt haben, als duckte ich mich wie ein gescholtener Hund.

»Ein Beamter wird Sie jetzt nach Hause bringen, Amakasu. Verlassen Sie von nun an Ihre Wohnung nicht mehr. Auch nicht zum Einkaufen. Wir werden Ihnen Essen bringen, wir kümmern uns um Sie, vertrauen Sie darauf. Bald werden Sie neue Anweisungen erhalten.«

Er sprach wie zu einem Kranken oder geistig Wirren. Kein »Abtreten!« folgte, wie in der Armee üblich. Eher war es eine zivile Verabschiedung, mit der mich der Generalleutnant entließ. Ich erhob mich und verbeugte mich.

Das Militär nahm sich meines Restlebens an. Ich selbst hatte nur loszulassen. Ich war 32 Jahre alt und hatte mich jeglicher Eigenverantwortung entledigt. Der Höhepunkt meiner militärischen Karriere war zugleich ihr Ende gewesen. Ich schlich aus dem Büro des Generalleutnants, wie ich von nun an durch das mir verbleibende Dasein schleichen würde.

Ein Polizeiwagen brachte mich nach Hause. Wortlos hielt der Beamte vor meinem Haus an und wartete, bis ich hineingegangen war. Er bezog auf der gegenüberliegenden Straßenseite Stellung. Er und wechselnde Kollegen trugen von nun an Sorge dafür, dass ich mich an meinen Hausarrest hielt.

Ich wollte diesen Männern, die mich überwachten, das Leben nicht erschweren. Es war meine patriotische Pflicht, ihnen so wenig Arbeit wie möglich zu bereiten. Nichts Neues, nichts Beunruhigendes sollten sie über den ehemaligen Hauptoffizier zu berichten haben. Ich wartete in meiner Vorstadtwohnung ab, was meine Vorgesetzten für mein zukünftiges Leben entscheiden würden. Mehr gab es nicht zu tun. Ich aß, was die Armee mir bringen ließ, ich machte weder durch Geräusche noch durch Licht auf mich aufmerksam. Nachts ließ ich die Dunkelheit an mir vorüberziehen. Ich setzte keinen Fuß vor die Tür. Die vollständige Passivität war das Einzige, womit ich meinem Land dienen konnte. Ich schuldete meinen Gehorsam jetzt mehr denn je diesem Staat, dem ich mit meinem Einsatz zur Belastung geworden war. Nur wenn ich es schaffte, von nun an alles widerstandslos auf mich zu neh-men, konnte ich Japan noch eine Hilfe sein.

SHINKYÔ

Ich hätte gern die Chrysanthemen blühen gesehen, bevor ich gehe.

Dass mir gerade jetzt diese Zeile aus Nakahamas Abschiedsbrief einfällt!

In Shinkyô, fünfzehnhundert Kilometer nordwestlich von Tôkyô, blühen die Chrysanthemen spät und kurz, diesen Sommer besonders spät. Ich habe dieses Jahr noch keine Blüten entdeckt, obwohl bereits August ist. Ich bin 54 Jahre alt, und ich werde keine Chrysanthemen mehr blühen sehen. Ich sitze im Ledersessel in meinem Büro. Es ist nur eine Frage von Stunden, bis nach Hiroshima, Nagasaki oder Tôkyô auch Shinkyô untergehen wird, diese trostlose mandschurische Stadt, in der ich gelandet und von der ich nie wieder losgekommen bin. Vorletzte Woche hat auch die Sowjetunion Japan den Krieg erklärt, die Truppen der Roten Armee sind bereits im Anmarsch. Jetzt wäre der Zeitpunkt gekommen, diesen einen Satz Nakahamas zu Papier zu bringen, ihn als Wahrheit für mich niederzuschreiben. Ich würde wirklich gerne noch einmal die Chrysanthemen blühen sehen. Doch ich weigere mich, mich mit den Worten eines Kriminellen auszudrücken.

Nakahama war kein Dichter. Er war ein Fanatiker, ein Terrorist, ein unbedeutender Mann. Aus einem südlichen Fischerdorf war er in den Taishô-Jahren nach Tôkyô gekommen, um

Chaos zu stiften. Er himmelte Ôsugi an, fühlte sich ihm bis in den Tod verbunden. Er eiferte Ôsugi nach, auch wenn dieser nichts von ihm wissen wollte. »Eiserner Verbündeter von der Küste« nannte er sich, immer tiefer stürzte er sich ins sinnlose Verbrechen. Wenige Wochen nach dem großen Erdbeben wurde Nakahama ins Gefängnis gesteckt. Zweieinhalb Jahre lang ließ man ihn dort noch am Leben.

Damit sollte alles gesagt sein, was ich über ihn zu sagen hätte. Ich hätte diesen Mann ebenso schnell wieder vergessen können, wie ich auf ihn aufmerksam geworden war. Er saß in der Todeszelle, ich in meiner Vorstadtwohnung. Dort schlug ich die Zeit nach meiner Suspendierung tot und wartete ab. Ich las von Nakahamas versuchtem Attentat in der Zeitung. Das war alles, wir bekamen uns nie zu Gesicht. Doch Jahre später, nach Nakahamas Hinrichtung, las ich seinen Brief, und er brannte sich in mein Gedächtnis ein. Es ist wie ein Fluch. Manche Sätze dieser Aufrührer blieben für immer mit mir verschmolzen. Ich bekämpfte diese Männer, ich gab mein Leben, um Japan vor ihnen zu schützen, und ohne es zu bemerken, nahm ich sie in mich auf. Sogar heute sucht mich diese Zeile über die blühenden Chrysanthemen wieder heim, die Nakahama Jahre nach Ôsugis Tod, Stunden vor seinem eigenen, geschrieben hat.

Als ich im Oktober 1923 von Nakahamas Verhaftung erfuhr, saß ich selber eingesperrt in dieser seelenlosen Wohnung fest. Unschädlich gemacht, auch ich. Der anarchistische Kampf dieses Fanatikers war nach einer misslungenen Aktion beendet, mein militärischer Dienst war es ebenso.

Der Polizeibeamte, der meinen Hausarrest überwachte, war in diesen Tagen der einzige Mensch, mit dem ich eine Art Beziehung pflegte – auch wenn unser Kontakt nicht über ein

kurzes Sich-Vergewissern hinausging, dass der andere noch
da war. Ich blickte in regelmäßigen Abständen aus dem Fenster und sah den auf der gegenüberliegenden Straßenseite ge-
parkten Wagen mit dem Polizisten am Steuer, der meine im
ersten Stock gelegene Wohnung und die Eingangstür des Hauses im Blick hielt. Selbstverständlich grüßte ich ihn nicht.
Auch morgens, wenn er mir das Essen für den Tag zur Tür
brachte, zollten wir einander nur mit einer kurzen Verbeugung Respekt. Eine direkte Kontaktaufnahme war uns untersagt. Ich tat den ganzen Tag so, als wäre er nicht da – und
freute mich dennoch, dass wenigstens er da war. Auch er war
sicherlich zufrieden, mich zu sehen, denn mich am Fenster
zu erblicken bedeutete für ihn, dass ich weder verschwunden war, noch mir etwas angetan hatte. Der Geheimdienst benötigte mich weiterhin. Ich hatte nur am Leben zu bleiben,
mehr wurde nicht verlangt. Dieses Ausgeschaltet-Sein verband mich mit Nakahama. Nur sollte er gehängt und ich am
Leben gehalten werden. Er würde sterben, dumm und unwis-
send. Ich würde am Leben bleiben, wissend, schweigend. Als
Nakahama das Attentat verübte, hätte er am besten mich erschießen sollen. Nakahama wollte Ôsugis Tod rächen. Doch
leider kannte er den Verantwortlichen nicht. Nie bekam er
Gelegenheit, mir gegenüberzutreten und zu sagen: »Sie werden für sein Leben büßen!« Nie bekam ich Gelegenheit, seine
blutrünstigen, nach Rache schreienden Augen vor mir zu sehen und zu sagen: »Ja, es ist meine Schuld.« Nakahama starb
am Galgen, ohne jemals meinen Namen gehört zu haben. Ich
aber las seinen in der Zeitung. Und lebte weiter.

Shinkyô. Ich spreche den Namen, der dieser Stadt nach der Unterwerfung gegeben worden ist, heute mit Widerwillen aus. Japan hat sich die Mandschurei angeeignet, aber kein Japaner ging jemals freiwillig nach »Mandschukuo«, wie sie nun heißt. Vor der Besatzung hat die Stadt Changchun geheißen. Dann ist es Shinkyô geworden, unsere neue Hauptstadt im Norden, die, wie Tôkyô vom Osten her, über das stetig wachsende Reich strahlen sollte. Doch dieser Traum ist ausgeträumt. Mandschukuo ist gefallen. Wie Shinkyô keine Zukunft hat, habe auch ich keine. In der Hauptstadt eines Marionettenstaates war es mir bestimmt, in Vergessenheit zu geraten.

Vorgestern versuchte ich, schriftlich auszudrücken, wohin sich alles entwickelt hat.

Ich glaubte an die Unsterblichkeit Nippons, schrieb ich. *Unsterblich waren unsere gottgleichen Kaiser. Doch nun hat Japan kapituliert. Kaiser Hirohito hat die Streitkräfte angewiesen, sich den Feinden zu unterwerfen. Der Kampf ist aussichtslos geworden. »Wir werden das Unerträgliche ertragen«, erklärte der Kaiser. Es war das erste Mal, dass er über das Radio seine Stimme an das ganze Volk, an hundert Millionen Japaner richtete. »Würden wir den Kampf fortsetzen«, sagte Hirohito, »würde die völlige Vernichtung unserer Nation die Folge sein.« Die Amerikaner haben Atombomben abgeworfen, letzte Woche ist die zweite in Nagasaki explodiert. Die Rote Armee rückt Shinkyô von Tag zu Tag näher. Bald werden nicht nur die Sowjets und Chinesen zurückfordern, was ihnen in früheren Kriegen abgerungen worden ist, auch die Amerikaner werden leichenfleddern. Die Göttlichkeit des japanischen Kaisers ist von ihm selbst in Frage gestellt.*

Ich brach ab. Ich zerknüllte das Papier. Noch bevor die Tinte getrocknet war, warf ich das Blatt in den Papierkorb.

Seither habe ich nur noch einen Text geschrieben, gerade vorhin, mein Abschiedsgedicht. Lange habe ich hin und her überlegt. Ich dachte nach, darüber zu schreiben, wie selten in meinem Leben ich weinen konnte. Doch dazu fand ich keine passenden Worte. *O-o-ba-ku-chi*, kam mir hingegen in den Sinn: »Großes Spiel«. Das passte zu mir und zu Ôsugi und dem vergeblichen Kampf, den wir miteinander ausgetragen und miteinander verloren hatten. In der dritten und letzten Verszeile wollte ich beschreiben, wie ich mich seit dem Scheitern bis zum heutigen Tag fühlte. Es gelang mir, diesen Zustand mit einem Wort auszudrücken: »Nackt«. *Su-tte-n-te-n.* Dieser Ausdruck trug zwar nicht die klassischen fünf Silben in sich, aber er sollte mir gestattet sein. Das Bild, wie ich am Morgen nach Ôsugis Festnahme nackt und hässlich im Badezimmer meiner Wohnung stand, war zu treffend. Nur eine Zeile fehlte noch, nur noch die sieben letzten Silben dazwischen, um das Haiku zu vollenden. Wie selbstverständlich schrieben sie sich aus mir heraus.

Ôbakuchi,
migurumi nuide,
suttenten, schrieb ich auf das papierene Tuch.
Großes Spiel,
alles verloren
und ganz nackt.

Diese Zeilen passen zu mir. Sie haben nichts Schönes an sich, aber sie sind ehrlich. Ich konnte nie so schreiben wie Ôsugi. Seine Gedankenströme übertrugen sich in Schriftzeichen, die andere Menschen beflügelten. Meine, wann immer ich etwas niederschrieb, teilten sich niemandem mit. Auch dieses Haiku. Wer sollte es noch lesen? Wahrscheinlich wird es ein Soldat der Roten Armee zusammen mit meinen Überresten entsorgen. Es ist eigenartig, einerseits bin ich froh, hier nun ganz allein bei mir zu sein, andererseits würde ich gerne die Möglichkeit haben, so heldenhaft zu sterben wie Ôsugi.

Beinahe klinge ich wie Nakahama, der Ôsugi anhimmelte, bis er den Strick um den Hals trug und der Holzboden unter seinen Füßen aufklappte. Ôsugi erwiderte nie den Respekt, den Nakahama ihm uneingeschränkt entgegenbrachte. Er distanzierte sich von den planlosen Aktionen dieses Nacheiferers. Dennoch vergötterte ihn der »eiserne Verbündete von der Küste«. Nach dem großen Beben versteckte sich Nakahama wie alle Dissidenten in irgendwelchen staubigen Kellern und hoffte, weder von der Kempeitai noch den selbsternannten Wachtrupps aufgestöbert zu werden. Drei Wochen lang hielt er durch. Dann erfuhr er von Ôsugis Ermordung. Diese Nachricht verkraftete er nicht. Nakahama war 26 Jahre alt, Tôkyô lag in Trümmern und die Revolution noch viel mehr. Ohne Ôsugi, ohne diese Lichtgestalt, wurde Nakahamas Dasein sinnlos. Er hatte nur für Ôsugis Ideen gekämpft und keine eigenen gehabt. Nun war alles aus. Tagelang trauerte Nakahama um Ôsugi. Dann ballte er die Fäuste und schwor Rache.

»Museifu-Shugi Banzai!«, brummte Nakahama, ein Grollen in ihm wie jenes der Erde, sein Gesicht von fanatischem Hass gezeichnet. »Museifu-Shugi Banzai!«

Dutzende Male wiederholte er diesen Schlachtruf der Anarchisten.

»Zehntausend Jahre Anarchismus! Zehntausend Jahre Anarchismus!«

Nakahama brach auf und schritt zur Tat.

Er ging davon aus, dass Polizeigeneral Fukuda, der Leiter des Erdbeben-Kommandos, für Ôsugis Tod verantwortlich war. Er sollte mit seinem Leben dafür bezahlen. Nakahama besorgte sich eine Waffe und machte sich auf die Suche. Unermüdlich stellte er dem Polizeigeneral nach. Als er ihn endlich fand, wartete er noch eine Weile auf die passende Gelegenheit, um ihn direkt zu konfrontieren. Er nahm sich vor, dem General, bevor er ihn erschoss, ins Gesicht zu sagen, für welches Vergehen er ihn richtete.

Ende September war es so weit. Nichts ahnend tritt Fukuda aus dem Hintereingang des Polizeipräsidiums. Nakahama stellt sich ihm in den Weg und richtet die Waffe auf seine Stirn.

»Polizeigeneral Fukuda!«

Klar und deutlich spricht Nakahama die lange eingeübten Sätze.

»Ich bin hier, um Sakae Ôsugi zu rächen. Sie werden für seinen Tod büßen!«

Nach diesen Worten betätigt Nakahama den Abzug seiner Waffe. Doch als er abdrückt, versagt die Pistole. Ein jämmerliches Klicken ist alles, was aus der Blutrache wird. Nakahama probiert es noch einmal. Bevor er begreift, was geschieht, stürzen sich mehrere Polizisten auf ihn. Nakahama wird überwältigt, und auch zwei weitere Männer, die ihn begleitet haben, werden festgenommen. Ohne langen Prozess werden alle drei zum Tode verurteilt.

Nakahamas Ende war besiegelt. Doch man tat ihm nicht den Gefallen, ihn sofort sterben zu lassen. Seine Begleiter kamen mit diesem leichteren Los davon. Für sie wurden die Qualen, die ein Häftling im Todestrakt durchzustehen hat, kurz gehalten. Nakahama hingegen musste jahrelang in Ungewissheit weiterleben. Wann immer er sich nach dem Termin für die Exekution erkundigte, wurde ihm die gleiche Antwort gegeben: »Morgen vielleicht, oder nächste Woche, nächsten Monat vielleicht, oder nächstes Jahr, vielleicht auch später.«

Irgendwann hörte Nakahama auf zu fragen. Er gab das Reden mit Menschen gänzlich auf. Jedes Mal, wenn sich die Tür zu seiner Zelle öffnete, musste er davon ausgehen, dass der Moment seiner Hinrichtung gekommen war. Doch er fragte nicht mehr danach, er sah nicht einmal mehr hin, wer seine Zelle betrat. Nakahamas Dasein wurde ein Dahinsiechen, eine sinnlos gedehnte Zeit. Er äußerte sich kein einziges Mal mehr, an keinen Wärter, keinen Haftgenossen richtete er ein Wort. Besuche empfing Nakahama ohnehin nicht. Doch er begann sich wie Ôsugi, sein Idol, für die Botanik zu begeistern. Er ließ sich Fachbücher bringen, eines nach dem anderen. Hastig blätterte er sie durch, Tag für Tag, im Bewusstsein, jedes Kapitel, das er las, könnte das letzte sein, für das ihm Zeit blieb. Er verschlang die dicksten Enzyklopädien.

Unzählig viele Kapitel müssen es gewesen sein, die Nakahama studierte. Zweieinhalb Jahre lang saß er in der Todeszelle. Erst als er schon längst weder gestorben noch lebendig geblieben war, längst schon aufgegeben hatte, mit dem Tod zu rechnen, der ihm unentwegt im Nacken saß, wurde eines Tages seine Todesstrafe vollstreckt.

Im Frühjahr 1926, im selben Jahr, an dessen Ende auch der Taishô-Tennô sterben würde, verfasste Nakahama im Ichigaya-Gefängnis seinen Abschiedsbrief.

Ich überlasse euch die Abwicklung meiner verbliebenen Gegenstände.

Ich hätte gern die Chrysanthemen blühen gesehen, bevor ich gehe. Gerade im Moment habe ich eine große Ruhe in mir. Es ist schönes Wetter heute. Immerhin darf ich an so einem Morgen sterben, das freut mich sehr.

Ich empfinde weder Furcht noch Trauer – ein wenig merkwürdig ist es nur.

Leben, Tod, das ist wohl die Wahrheit.

Ich wünsche mir keine Beerdigung und bloß keine Feier. Alles soll möglichst bescheiden und ruhig vonstattengehen. Nur wünsche ich mir viele Blumen, hübsche kleine Wildblumen, wie sie auf den Feldern blühen. Arnika, Klatschmohn, Weidenröschen, Wiesensalbei, Glockenblumen, Margeriten, Natternköpfe, Akelei, Storchschnabel, Bocksbart, Vergissmeinnicht. Etwas in der Art.

Ich hätte gern noch mehr geschrieben, aber auf mich warten einige.

Nun, ich verabschiede mich, auf Wiedersehen.

Am Tag, nachdem der Abschiedsbrief abgegeben war, gewährte die Gefängnisführung Nakahama noch, ein kurzes Todesgedicht zu schreiben. Diese Ehre wurde jedem erwiesen, egal was für ein Verbrecher er war. *Wann werden wir uns anlächeln, ihr Eltern, die ein trauriges Kind bekommen haben,* etwas in der Art brachte Nakahama zu Papier. Wie gesagt, er war kein talentierter Dichter. Wenige Stunden nach seinen letzten Zeilen baumelte Tetsu Nakahama vom Galgen.

Im Herbst des Schicksalsjahres 1923 – Nakahama hatte bereits Polizeigeneral Fukuda gestellt, saß im Gefängnis und erwartete seine Exekution –, hatte auch ich auf der Anklagebank Platz zu nehmen. Nun wurde über mich, der ich die Morde an Ôsugi, Itô und Munekazu zu verantworten hatte, geurteilt. Alles kam an die Öffentlichkeit, es ließ sich nicht verhindern.

Ich ließ die mehrtägige Gerichtsverhandlung über mich ergehen und versuchte das, was gesagt wurde, so wenig wie möglich an mich heranzulassen. Ich hörte zu und nickte.

Teils deckten sich die Aussagen damit, wie ich die Vorgänge des »Amakasu-Zwischenfalls« selbst erlebt hatte, teils wurden sie in ein Licht gerückt, das meiner Empfindung widersprach. Doch ich äußerte mich nicht. Ich hatte mir geschworen, alles kommentarlos hinzunehmen. Sollte auch die gesamte Schuld auf mich abgeladen und ich als Einzeltäter und krankhafter Mörder verurteilt werden, ich würde es schweigend zur Kenntnis nehmen. Es diente einem übergeordneten Zweck. *Ich* diente einem übergeordneten Zweck. Die Polizeiführung war kompetent, sie wusste, was zu tun war. Was immer ich verbrochen hatte – bald wusste ich es selber nicht mehr so genau –, als Verantwortlicher trug ich die Konsequenzen.

Zwei Wochen nach ihrem Tod war unter großem öffentlichen Interesse die Asche von Ôsugi und Itô auf den Friedhöfen von Shizuoka und in Imashuku beigesetzt worden. Das große Erdbeben lag einen Monat zurück, in den Köpfen der Menschen war wieder Platz für ein Ereignis wie diesen Totenzug. Er eignete sich als Ablenkung von den eigentlichen Sorgen und Ängsten der Leute. Die Anteilnahme der Bevölkerung nahm keine bedrohlichen Ausmaße an, immerhin aber begleiteten ein paar Hundert Schaulustige die Zeremonien. Es war uns nicht gelungen, Ôsugis Tod geheim zu halten. Nicht nur politische Gesinnungsgenossen erwiesen ihm die letzte Ehre, auch das gemeine Volk interessierte sich für das Ereignis. Es gab sogar ein Gerangel mit nationalistischen Gruppierungen, denen es zwischenzeitlich gelang, Ôsugis Urne zu entwenden. Die offizielle Trauerfeier musste ohne seine tatsächlichen menschlichen Überreste stattfinden, erst einige Tage später wurden diese nachgeliefert. Die Unordnung, die Ôsugi zeit seines Lebens fasziniert hatte, blieb bis über seinen Tod hinaus an ihm haften. Und auch sein Strahlen in den Medien und in der Öffentlichkeit dauerte an.

Ich war nun offiziell der Gegenpol zu dieser Welle der Sympathie, die Ôsugi entgegenschlug. Er leuchtete unvermindert, sein Schatten legte sich über mich. Ich trug die Schuld an seinem Tod. Hauptoffizier Masahiko Amakasu, hieß es, war über seine Befugnisse hinausgegangen. Er hatte aus schändlichen, persönlichen Motiven gehandelt, aus einer Geltungssucht heraus. Ich nickte. Nicht nur war ich Ôsugis niederträchtiger Mörder, sondern auch der Mörder seiner Ehefrau und der Mörder seines unschuldigen Neffen.

In der Verhandlung wurde alles unternommen, um die Geschichte mit dem Jungen so klein wie möglich zu halten. Die Richter gaben ihr Bestes, die Aufmerksamkeit davon abzulenken. Doch selbstverständlich kam das Thema zur Sprache. Munekazus Familie und auch der amerikanische Konsul forderten Aufklärung. Sie verlangten nach einem Verantwortlichen.

Als die Umstände des Mordes an dem Kind auf die Tagesordnung kamen, konnte ich mich im Verhandlungssaal, sosehr ich es versuchte, kaum beherrschen.

»Ich wollte das nicht!«, platzte es aus mir heraus.

Ich hatte mir vorgenommen, mich auch zu diesem Thema höchstens mit einem Kopfnicken zu äußern, nun aber hatte ich mich weinerlich und mitgenommen von der eigenen Tat gezeigt. Ein weiteres Mal hatte ich bewiesen, wie wenig ich als Militär geeignet war.

Ich riss mich zusammen und entblößte mich nicht weiter. Den verächtlichen, angewiderten Blicken, die von den Zuschauerbänken auf mich gerichtet waren, hielt ich stand. Der Richter wandte sich an mich.

»Masahiko Amakasu, gestehen Sie, den Mord durch Strangulierung an Sakae Ôsugi begangen zu haben?«, fragte er.

»*Hai*.«

Ich hätte zu allem ja gesagt.

»Masahiko Amakasu, gestehen Sie, den Mord durch Strangulierung an Noe Itô begangen zu haben?«, fragte der Richter als Nächstes.

»*Hai*.«

Und schließlich:

»Masahiko Amakasu, gestehen Sie, den sechsjährigen Munekazu Tachibana, Sohn von Sôsaburô und Ayame Tachibana, erschossen zu haben?«

Ich weiß nicht, wie lange ich brauchte, um eine Antwort zu geben. Ich konnte nicht sprechen. Erst nach einer Weile schaffte ich es, wenigstens mit dem Kopf zu nicken. Ein Raunen ging durch den Gerichtssaal.

»Und Sie haben all dies aus freier, persönlicher Überzeugung heraus getan und weder im Auftrag der Regierung noch sonst einer Organisation gehandelt?«

»*Hai*.«

Der Gerichtshammer ging nieder. In der Urteilsverkündung wurde festgehalten, dass ich mein Geständnis aus freien Stücken, ohne Einwirkung von außen abgelegt hatte und tiefe Reue zeigte. Aus einer Kränkung heraus, aus Neid und Eifersucht, ohne politischen Hintergrund habe ich getötet.

Zwei Polizisten führten mich ab. Es herrschte entsetztes Schweigen, Fassungslosigkeit. Ekel und Abscheu blieben hinter mir im Saal zurück.

Ich kam mit zehn Jahren Gefängnis davon, die ich in der Chiba-Haftanstalt abzusitzen hatte. Auch Unteroffizier Mori wurde wegen Beihilfe zum Mord zu einer Haftstrafe von drei Jahren verurteilt. Doch noch bevor er sie antreten musste, wurde er auf Bewährung freigesetzt. Hauptgefreiter Kamoshida, Obergefreiter Honda und Wachtmeister Hirai wurden von jeglicher Mitschuld an den Morden freigesprochen. Sie verblieben im regulären Dienst der Kempeitai.

Die Gefängnistür fiel hinter mir ins Schloss. Zeit meines Lebens hatte ich Verbrechen bekämpfen wollen, jetzt war ich selber ein Verbrecher – wenigstens aber einer, der auf die Unterstützung von hochrangigen Führungskräften der Armee zählen konnte. So wie der Generalstab wusste, dass auf meine Loyalität Verlass war, so konnte ich auf das Wort des Generalleutnants vertrauen. Er hatte versprochen, dass ich nicht die volle Gefängnisstrafe absitzen müsste und in der Folge mit einer neuen Anstellung rechnen könnte. Ich verließ mich darauf. Es war der einzige Halt, den ich hatte.

Letztendlich hielt der Leutnant Wort. Doch meine neue Anstellung würde nicht das werden, was ich mir vorgestellt hatte, und zuerst musste ich in Chiba drei nicht enden wollende Jahre durchhalten.

Ôsugi war dazu in der Lage gewesen, solche Haftzeiten unbeschadet zu überstehen. Ich war es nicht. Er hatte meditiert, studiert, gelernt. Ich schaffte nichts dergleichen. All meine Schuld, Wut, Scham hatte ich ins Gefängnis mitgenommen, und dort erdrückte mich diese Last, die ich schulterte, von Tag zu Tag mehr. Das Personal behandelte mich nicht wie einen ehemaligen Armeeoffizier, sondern gab mir zu verstehen, dass ich nicht besser war als jeder andere Verbrecher, Mörder, Terrorist. Die meiste Zeit verbrachte ich in Einzelhaft, in der Gesellschaft von nichts als Wanzen, Kakerlaken, Spinnen oder Fliegen. Jeden Tag hatte ich das gleiche ungenießbare Essen hinunterzuwürgen, das mir vorgesetzt wurde und mich nicht satt machte. Ich zählte die Stunden, die sich in die Unendlichkeit zogen. Etwas Besseres mit mir anzufangen fiel mir nicht ein. Irgendwann machte ich zumindest von meinem Recht Gebrauch, mir Bücher zu bestellen. Vorwiegend waren es naturwissenschaftliche Werke, die ich zu lesen begann, astronomische, zoologische, anthropologische. Beinahe wollte ich mir schon entomologische Schriften kommen lassen, da wurde mir bewusst, dass ich mich wie Ôsugi verhielt und ihm, wie Nakahama es getan hatte, wie einem Vorbild nacheiferte. Selbstverständlich hielt die Gefängnisleitung protokollarisch fest, was die Insassen taten, sagten, lasen. Unablässig wurde unser Verhalten observiert und analysiert. Sicherlich war es bereits zur Armeeführung durchgedrungen, dass ich dieselben Interessen zeigte wie Ôsugi. Durch ein derartiges Verhalten gefährdete ich meine frühzeitige Entlassung. Schnell gab ich die Bücher zurück, auch wenn sie mich interessiert hätten, und forderte stattdessen Sammlungen traditioneller japanischer Gedichte oder Samurai-Biografien an. Ab sofort studierte ich althergebrachtes Kunsthandwerk oder historische Abhandlungen über das japanische Kaisertum, sogar die ethischen Diskurse des Konfuzius vermerkte ich auf meiner Wunschliste. Auch wenn ich nicht die Muße und Konzentration aufbringen konnte, mich tiefgehend mit solchem Wissen zu beschäftigen, so machte ich wenigstens einen besseren Eindruck auf die Gefängnisleitung und verbaute mir nicht sämtliche Zukunftschancen. Auf unbestimmte Zeit bestand meine Mitarbeit an der Aufrechterhaltung des Staates darin, als lebendiger Toter zu fungieren. Ich versuchte, mich damit abzufinden. Mein Tod hätte Verdacht erregt, und meine Teilnahme am Leben war unerwünscht. Ich musste leben, als wäre ich bereits gestorben. Ich musste verschwinden und trotzdem da sein.

Während ich in meinem Loch verschwand, veränderte sich draußen die Welt. Tôkyô erhob sich aus den Trümmern. Neu und besser als zuvor wurde es aufgerichtet. Nach der schrittweisen Übernahme des Militärs und des zukünftigen Kaisers Hirohito hatten subversive Bewegungen keine Chance mehr. Jeder einzelne Japaner war mit dem Wiederaufbau und der Erstarkung der Nation beschäftigt. Zweifel am System wurden als Schwächung der Moral gedeutet, nicht die leiseste Kritik wurde geduldet. Japan erholte sich von den Katastrophen, die es heimgesucht hatten. Bereits wenige Monate nach dem Kantô-Beben fragte niemand mehr danach, was geschehen war. Koreaner, Chinesen, Sozialisten waren zu Tode gekommen, ja, Ôsugi war gestorben, ja, aber abertausende unschuldige japanische Bürger waren ebenfalls in den verheerenden Feuern umgekommen. Nun durfte nicht nachgerechnet werden. Ein Strich wurde unter die Ereignisse gezogen, sie sollten nicht länger Erwähnung finden. Es gehörte sich nicht, sich weiter mit den Schrecken der Vergangenheit auseinanderzusetzen. Stattdessen galt es, sich mit allem zur Verfügung Stehenden der Zukunft des Landes zu widmen.

In meiner Isolation bekam ich nicht mit, wie schnell auch der »Amakasu-Zwischenfall« in Vergessenheit geriet. Ich wurde aus der Erinnerung gelöscht. Ich war der Einzeltäter, der seine gerechte Strafe verbüßte. Auch Ôsugi war bald nur mehr eine historische Figur, die in früheren Zeiten den Staat bedroht hatte und gescheitert war. Seine Visionen einer anders gearteten Gesellschaft existierten nicht länger. Nur in mir, nur in der Gefängniszelle, in die ich gesperrt war, lebte er weiter. Ich sah Ôsugi auf der Pritsche sitzen. Ich sah Ôsugi an der Hofmauer lehnen. Sah, wie Ôsugi am Steinboden kniete, die dicken Bücher seiner Studien vor ihm ausgebreitet. Ich sehnte mich danach, mich mit ihm zu unterhalten. Doch kein einziges Mal blickte Ôsugi zu mir herüber.

Während ich hinter Gittern im Begriff war, meine Sinne zu verlieren, wurden außerhalb der Gefängnismauern die Fehler ausgebügelt, für die ich mich verantwortlich zeigte. Gegenüber der amerikanischen Botschaft drückte die Regierung in offiziellen Kondolenzschreiben Entschuldigungen und Beileid aus. Gleichzeitig wurde mit den letzten von Ôsugis verbliebenen Anhängern kurzer Prozess gemacht. Kyûtarô Wada etwa, ein ähnlich fanatischer Nacheiferer Ôsugis wie Nakahama, verschwand ebenfalls für immer hinter den Gefängnismauern. Sein Tod erregte nicht das geringste Aufsehen in der Bevölkerung. Ein weiteres Mitglied des Guillotinen-Bunds versuchte sogar, nachdem ich als Mörder galt und weggesperrt war, meinen jüngsten Bruder Gorô aus Rache zu töten. Gorô war achtzehn Jahre alt, er hatte nichts mit meiner Tat zu tun und sollte für sie büßen. Doch erneut handelte es sich nur um einen dilettantisch ausgeführten Anschlag, der sein Ziel verfehlte. Wenige Tage danach wurde der Attentäter hingerichtet. Eine neue Ära war angebrochen. Wer leben wollte, hatte sich im Sinne der Führung für den Neubeginn einzusetzen. Wer sich dagegen entschied, verlor die Daseinsberechtigung.

So energisch draußen die Welt in neu gewonnener Stärke wieder zusammengebaut wurde, so sehr höhlte mich mein Gefängnisaufenthalt aus. Spätestens ab dem zweiten Haftjahr resignierte ich. Hätte ich es geschafft, ein geeignetes Stück

Mauerwerk von den Wänden zu kratzen, hätte ich versucht, mir damit die Adern aufzuschlitzen. Doch alles, was ich dafür verwenden hätte können, wurde von mir ferngehalten. Tag und Nacht befand ich mich unter Beobachtung. Die Wärter nahmen Notiz von allem, was ich tat, aber sie wechselten kein Wort mit mir, das über das Nötigste hinausging. Als ich das Gefühl hatte, dieses Dasein keinen Tag länger ertragen zu können, beschloss ich, ein paar persönliche Zeilen zu Papier zu bringen, von denen ich mir sicher sein konnte, dass sie der Armeeführung vorgelegt werden würden. *Ich bin ein Verlierer des Lebens,* schrieb ich. *Ein schwacher, kranker Gefangener, eine verletzte Seele. Höchstens der Glaube an den japanischen Staat hält mich noch bei Sinnen. Ich erdulde, dass ich täglich Kot und Schleim wegzuputzen habe, selbst den Kot von Dieben. Ich erdulde, dass meine Häftlingsnummer mein Name geworden ist, erdulde, wie eisig die Nacht im Winter und wie unerträglich heiß der Innenhof im Sommer ist. Das Essen ist unter aller Würde. Nur der Umstand, wie ich mit Heißhunger diesen Fraß hinunterschlinge, ist eine noch größere Schande. Ich habe chronische Magenschmerzen. Alles tut mir weh. Bald werde ich nicht mehr dazu in der Lage sein, jemals etwas anderes zu tun, als sinnlos auf den Tod zu warten.*

Der Generalstab sichtete meinen Text. Längst waren die Generäle über meine depressiven Verstimmungen informiert. Lange hatten sie nichts unternommen. Nach zweieinhalb Jahren aber konnten sie nicht länger mitansehen, wie ich auseinanderbrach. Endlich entschieden sie einzugreifen.

Im Frühjahr 1926 erhielt ich im Gefängnis einen Brief von Oberleutnant Takeshita, dass eine Verlobung mit Mine, der Tochter eines Armeeoffiziers, für mich arrangiert wäre. Sobald meine Haftstrafe abgesessen wäre – ich könnte darauf vertrauen, dass die Freilassung nicht mehr lange auf sich warten ließe –, könnte der Termin für die Hochzeit festgelegt werden. Mine könne mich gut leiden, schrieb Takeshita, und er könne sich gut daran erinnern, wie fröhlich wir beide vor Jahren bei den Geburtstagsfeierlichkeiten des Kaisers miteinander getanzt hätten. *Bald werden Sie wieder ein glückliches Leben führen, Amakasu!* Mit diesen Worten schloss er den Brief.

Mine! Mit ihr verheiratet zu werden klang wie eine Drohung. Ich hätte diesen Brief am liebsten zerrissen. Doch selbstverständlich konnte ich Takeshitas Angebot nicht ablehnen. Es lag außerhalb meiner Befugnis, Einspruch gegen eine Hochzeit einzulegen, die ein Vorgesetzter für mich arrangiert hatte. Dieser Vorschlag war als ausdrückliche Ehre zu verstehen, die mir erwiesen wurde.

Ich erinnerte mich an Mine, die ich bislang nur zu diesem einen Anlass, der kaiserlichen Geburtstagsfeier, getroffen hatte. An jenem Abend war sie mir von einem höheren Offizier vorgestellt worden, es hätte als respektlos gegolten, hätte ich mich nicht eine Weile mit ihr abgegeben. Ich hatte mir nicht über die Folgen bewusst sein können, die dieses Geplänkel nach sich ziehen würde.

Mine war Grundschullehrerin, und was sie mir aus ihrem kleinen Leben zu erzählen hatte, langweilte mich innerhalb weniger Minuten. Ich ließ ihre Ausführungen schweigend über mich ergehen, ab und zu nickte oder lächelte ich höflich, mehr nicht. Mine störte sich nicht daran und redete in einem fort. Sie sah aus wie ein Heilbutt, hatte einen breiten, schlaffen Mund, ihre Augen saßen weit auseinanderliegend auf einem großen runden Kopf. Ihr gedrungener Körper wurde von kurzen, krummen Beinen getragen. Als ich meiner Verpflichtung nachkam, einen Tanz mit ihr auf dem Parkett zu absolvieren, musste ich sie davor bewahren umzukippen, so tollpatschig bewegte sie sich.

Nun war diese Frau mit einem Schlag meine Zukunft geworden. In meinem Dankesbrief an Oberleutnant Takeshita stellte ich zwischen den Zeilen das Angebot sogar in Frage. Ich spielte darauf an, ob Mine als ehrenwerte Frau überhaupt gewillt sein würde, mit einem des Mordes angeklagten Mann die Ehe einzugehen? Es wäre ein überaus zuvorkommendes Angebot, schrieb ich, aber hatte ich es mir, nach allem, was vorgefallen war, wirklich verdient? Noch deutlicher zu werden wagte ich nicht. Meine Andeutungen waren bereits respektlos genug.

Wenig später erreichte mich der erste Brief meiner Verlobten. Sie hätte von Takeshita alles über die Geschehnisse mit den Staatsfeinden erfahren, schrieb sie, und ich müsste mir keine Sorgen machen: Sie wüsste, welch aufrichtiger Mann ich wäre. Einer wie ich hätte sich mit Sicherheit nichts Unehrenhaftes zuschulden kommen lassen. Es kümmerte sie nicht, was andere Leute sagen mochten. Als Tochter eines Armeeoffiziers hätte sie gelernt, Recht von Unrecht zu unterscheiden. Gerne würde sie mich jetzt schon sehen, aber es wäre ihr nicht möglich, mich im Gefängnis zu besuchen. Sie freute sich bereits auf den Tag, an dem ich Chiba verlassen und wir uns endlich wiedertreffen würden, schrieb sie. Noch immer hätte sie den Tanz in bester Erinnerung, zu dem ich sie während der Geburtstagsfeierlichkeiten des Kaisers mit so sicherer Hand geführt hätte. Der Gedanke, dass wir eines Tages in nicht allzu ferner Zukunft wieder miteinander tanzen könnten, erfüllte sie mit Freude. Nun denn, schloss Mine: Mit all der nötigen

Geduld würde sie auf meine Entlassung warten. Wären es Monate oder sogar Jahre, das spielte für sie keine Rolle.

Noch im Sommer dieses Jahres wurden mir in meiner Zelle die Heiratspapiere zur Unterschrift vorgelegt. Der Gefängniswärter, der sie mir überbrachte, wartete an meiner Seite, bis ich sie ihm unterzeichnet wieder zurückreichte.

Ende Oktober 1926 wurde ich auf freien Fuß gesetzt. Ein Wärter holte mich in meiner Zelle ab. Ich trottete ihm durch den langen Flur des Gefängnistrakts hinterher, als hätte ich es nicht eilig. Er brachte mich an das große Tor des Gefangenenhauses. »Auf Wiedersehen!« Dieselben Worte, mit denen Ôsugi verabschiedet worden war, richtete der Wärter an mich. Mit demselben ironischen Unterton. Ich nickte ihm zu und trat zögerlich durch das Eisentor hinaus.

Dann schlich ich, den Blick auf den Boden vor mir gewandt, wie man es hinter Gittern antrainiert bekam, durch die Straßen Tôkyôs, die mir fremd geworden waren. Die Häuser der Stadt waren neu aufgezogen worden. Manche aus Holz, andere aus Stahl und Beton. Sie reichten höher in den Himmel als zuvor. Zwischen ihnen fuhren keine Straßenbahnen und kaum noch Pferdekutschen hindurch, sondern reihte sich eine Vielzahl von Automobilen aneinander. Die Menschen gingen daneben aneinander vorbei, ohne sich anzusehen oder zu grüßen.

Mine, mein Gattin, erwartete mich. Sie hatte zur Begrüßung Tee gekocht und saß mir in der stickigen Wohnung, die uns von der Armee zugeteilt worden war, gegenüber.

»Schmeckt er dir?«, fragte sie in zurückhaltendem Ton.

»Mmm.«

»In Chiba habt ihr wohl kaum guten Sencha bekommen.«

»Nein, das haben wir nicht.«

»Ich habe eingekauft. Tai, eine rote Dorade für das Abendessen. Du magst doch Doraden, ja?«

»Mmm.«

»Auch eingelegten Rettich habe ich besorgt. Und Bier. Jahrelang wirst du kein Bier mehr getrunken haben, stimmt's?«

»Ja, das stimmt.«

Sie schenkte mir ein Glas ein und reichte es mir.

»Danke«, sagte ich.

Beinahe hätte ich das ganze Glas mit einem Schluck leer getrunken.

»Das ist gut«, sagte ich und wischte mir den Schaum von
den Lippen.

Mine lächelte verlegen. Schnell hielt sie eine Hand vor ihren Mund, um ihre schiefen Zähne vor mir zu verbergen.

Während Mine und ich unser Zusammenleben begannen, en-
dete jenes von Kaiser Yoshihito und seiner Gattin Sadako. 26
Jahre dauerte ihre Ehe mittlerweile. Der Tennô hatte lange die
Stellung erduldet, die ihm aufgezwungen worden war. Sadako
hatte ihm zur Seite gestanden, soweit es ihr gestattet war. In
den letzten Monaten hatte sich sein gesundheitlicher Zustand
zusehends verschlechtert. Oft konnte er sich tagelang nicht
mehr aus dem Bett erheben. Die Kopfschmerzen drückten ihn
in den Futon. Seit seiner Kindheit war die schleichende Zerstörung seines Gehirns fortgeschritten. Nun hatte Yoshihitos
Leiden ein Stadium erreicht, das ihm zwischen aufeinanderfolgenden Fieberattacken kaum mehr Verschnaufpausen ließ.

Im Herbst 1926 brachte ihn seine Dienerschaft aus dem kaiserlichen Palast zu seiner Lieblingsvilla nach Hayama, zwei
Stunden südlich von Tôkyô. Offiziell besetzte Yoshihito wei-

terhin den Thron. Seit Generationen verbrachten die kaiserlichen Familien mehrere Wochen im Jahr in der geschmeidigen Hügellandschaft Hayamas, besonders um im milden winterlichen Klima Erholung zu finden. Von allen kaiserlichen Anwesen schätzte Yoshihito diese Villa mit den prächtigen umliegenden Parkanlagen am meisten. Dort konnte er auf der Veranda sitzen und Schwanzmeisen oder Feenvögel singen oder Bambushühner schnattern hören. Der Wind blies vom Meer her anmutig durch die Kiefern, und wenn Yoshihito genau lauschte, konnte er sogar das Meer in der Sagami-Bucht dahinter ausmachen. Nun, 47 Jahre alt, war er hierhergekommen, um sein unsäglich mühevolles Dasein endlich zu beenden. Er hatte die fünfzehn Jahre seiner Regentschaft hinter sich gebracht. Jetzt würde ihn sein Sohn, der die Regierungsgeschäfte bereits übernommen hatte, im Krönungsgewand beerben.

Ein wunderbarer Friede lag über Hayama. Vorne am Strand waren zehn Jahre zuvor Ôsugi und Itô, Hand in Hand, stundenlang die Küste entlangflaniert, bis das honigfarbene Herbstlicht in die Abenddämmerung übergegangen war. Davon hatte Yoshihito nie erfahren. Nie war er mit dem Namen Ôsugi vertraut gemacht worden, nie in die gefährliche Nähe seiner Ideen geraten. Da die Zeitungen, die ihm vorgelegt wurden, zensiert waren, wusste Yoshihito weder, dass der Rebell ermordet worden, noch wer der Mörder war. Yoshihito hatte ein Land regiert, das er nicht kannte. Er war nie ein Herrscher geworden, kein Führer, kein Vorbild, aber das bekümmerte ihn jetzt nicht. Nichts bekümmerte Yoshihito mehr. Es war alles so lange her. So weit weg. Selbst sein Todesgedicht hatte er bereits Jahre zuvor vollendet.

Der Herbstwind schlägt den Regen ans Fenster,
die Einsamkeit sickert in mich hinein,
der Winter naht.

Nun ließ man ihn endlich in Ruhe sterben. Sadako saß schweigend an Kaiser Yoshihitos Seite, als er am 25. Dezember 1926 seinen letzten Atemzug machte.

An meiner Seite saß Mine, meine mich in geradezu rührender Weise umsorgende Ehefrau. Wir führten, dem Anschein nach, das Leben eines frisch verheirateten Paars. Es wurde von uns verlangt, uns, zurückgezogen in unseren vier Wänden, aneinander zu gewöhnen. Nichts weiter mussten und durften wir tun. Ich erfüllte meine eheliche Pflicht. Auch Mine tat ihr Bestes. Ich bekam einen monatlichen Sold, eine Art Frühpension, mit der wir ein knappes Auskommen hatten. Arbeit wurde vorerst nicht von mir erwartet. Ich sollte mich erst einmal wieder in der Welt zurechtfinden, wurde mir von der zuständigen Regierungsstelle mitgeteilt. Leuten, die mich erkennen könnten, sollte ich aus dem Weg gehen. Ausdrücklich aber war es mir gestattet, mit gebührender Vorsicht, unsere grunderneuerte Stadt zu erkunden. Es würde mich stolz machen zu sehen, hieß es, wie Japan auferstanden wäre.

Die Geschlossenheit und Zuversicht, die allerorts herrschte, war unübersehbar. Die Katastrophe hatte die Japaner enger zusammenrücken lassen. Kein Individuum, keine Gruppierung wagte, den wiedererstarkten Patriotismus zu gefährden. Japan hatte zurück zu seiner Größe gefunden, und mehr als das: Es war auf dem Weg, eine weltpolitische Großmacht zu werden. Unsere Armee war stärker als je zuvor. Und von Jahr zu Jahr würde sie noch stärker werden. Gerne wäre ich mehr als nur Zuschauer bei dieser Entwicklung gewesen, mehr als einer, der von den hintersten Rängen betrachtete, wie vorne ein neuer Akt gespielt wurde, unwichtiges Publikum, in sicherem Abstand der großen Bühne ferngehalten.

Ich würde lügen, würde ich behaupten, damals vorausgesehen zu haben, wie schnell dieses neue japanische Selbstbewusstsein in Hochmut und Übermut ausarten würde. Ich hatte nicht ahnen können, dass uns die Gier nach größerem Herrschaftsgebiet in die komplette Vernichtung führen würde. Dennoch kommt mir heute vor, als hätte ich das bevorstehende Unheil gespürt. Tief in mir verborgen setzte eine Skepsis ein, ein Zweifeln. Ich bilde mir das wahrscheinlich ein, im Nachhinein biegt sich der Mensch ja einiges zurecht. Vielmehr lag es wohl an meiner düsteren Stimmung, dass ich die Aufbruchsstimmung kritisch zur Kenntnis nahm.

Wenige Monate, nachdem ich mein Eheleben mit Mine aufgenommen hatte, wurde ich ins Generalpräsidium beordert.

»Es würde Ihnen sicherlich guttun, Amakasu, wenn Sie eine Weile im Ausland leben«, meinte der Generalmajor, der damit beauftragt worden war, mit mir zu sprechen.

Ich hatte nie zuvor von ihm gehört. Er war jünger als ich und musste eine steile Karriere gemacht haben, um in so kurzer Zeit einen solch hohen Dienstgrad erlangt zu haben.

»Sie würden auf neue Gedanken kommen, Amakasu«, sagte er.

Er drückte sich im Konjunktiv aus, unverkennbar aber war die Befehlsform herauszuhören.

»Verstehen Sie es wie eine ausgedehnte Hochzeitsreise mit Ihrer lieben Frau, Amakasu. Die Kosten dafür werden von der Armee getragen.«

»Das ... Das ist ein großzügiges Angebot, Herr Generalmajor«, stammelte ich. »Ehrlich gesagt hatte ich nicht damit gerechnet, Japan zu verlassen ...«

»Wohin würden Sie am liebsten fahren, Amakasu?«

Ich konnte dem Major nicht noch deutlicher zu verstehen geben, dass ich nicht ins Ausland abgeschoben werden wollte.

»Welches Land, Amakasu, würde Sie am meisten interessieren?«

»Ich ... Entschuldigen Sie bitte, Herr Generalmajor, das kommt ein wenig überraschend ...«

»Besprechen Sie sich mit Ihrer Frau, Amakasu. Sie müssen nicht unbedingt an Ort und Stelle entscheiden.«

»Ich ...«

»Schlafen Sie eine Nacht darüber, wenn Ihnen das lieber ist.«

»Nein ... Es ist ...«

»Sie können uns morgen Bescheid geben, Amakasu. Wir werden sehen, was wir dann noch für Sie richten können.«

Das Schreckgespenst der Ausbürgerung baute sich vor meinem inneren Auge auf. Meine Hände ballten sich unter dem Tisch zu Fäusten, ich bohrte meine Fingernägel ins Fleisch. Wurde ich jetzt der Heimat verwiesen? Ich rang um eine Antwort auf die Frage des Generalmajors. Was wollte er von mir hören? Ich musste irgendeinen Vorschlag bringen.

»Frankreich«, stieß ich plötzlich hervor und wusste gar nicht, wie ich darauf gekommen war.

»Wie bitte?«

»Frankreich.«

»Frankreich?«

»Ja, Frankreich ... falls es mir bestimmt ist, ins Ausland zu gehen ... Ich bevorzuge, in der Heimat zu bleiben, Herr Generalmajor, aber, für den Fall, dass … dann Frankreich. Vielleicht Paris? Gesetzt den Fall, das läge im Bereich des Möglichen?«

»Paris?«

»Ja …«

»Gut, Amakasu. Das ist ein durchaus überraschender Wunsch, aber warum nicht … Ich werde es weiterleiten. Geben Sie uns ein paar Tage Zeit, um alles zu regeln. Und bereiten Sie sich schon mal auf Ihre Abreise vor. Verstanden?«

»Ja. Ich danke Ihnen, Herr Generalmajor.«

Ich blieb ein bisschen zu lange regungslos sitzen, so als wäre ich verwirrt und in Gedanken verloren.

»Sie werden von uns hören, Amakasu!«, hob der Generalmajor seine Stimme und erinnerte mich daran, dass ich nun, da alles erledigt war, nur mehr seine Zeit verschwendete.

»*Hai!*«

Ich hatte verstanden. Ich wurde verbannt, fortgeschickt, übers Meer in ein fernes Land, wo ich keinen Schaden anrichten konnte. Ich stand auf und verbeugte mich so tief und unterwürfig, wie ich es Vorgesetzten gegenüber gewohnt zu tun war.

Wenigstens Frankreich, dachte ich auf dem Heimweg. Nicht China, nicht Russland …

Mine erfasste eine große Aufregung, und sie begann noch am selben Tag zu packen.

»Gleich auf dem Schiff werden wir beginnen müssen, Französisch zu lernen«, sagte sie. »Damit zumindest du dich in der Öffentlichkeit verständlich machen kannst!«

»Französisch ist nicht allzu schwer«, entgegnete ich und zitierte aus der Rede, die Ôsugi in Saint-Denis gehalten hatte.

»Le temps est arrivé de ne pas seulement changer les conditions des ouvriers, mais de changer toutes nos vies.«

Mine war beeindruckt, auch wenn sie kein Wort verstand.

Wenige Tage später erhielt ich einen Brief mit den Anweisungen, auf welchem Schiff wir uns im Hafen von Yokohama einzufinden hatten, um diese »Bildungsreise« anzutreten. In dem Schreiben wurde ich auch darüber informiert, dass direkt in Paris kein Quartier für uns gefunden worden war, die Armee uns aber eine Wohnung in Rouen, hundert Kilometer nördlich der Hauptstadt, zur Verfügung stellte.

So landeten wir im Sommer 1927 in dieser nordfranzösischen Arbeiterstadt, die zwar eine jahrhundertealte Kathedrale mit vier Querschiffarmen, sieben Türmen und zahllosen Statuen zu bieten hatte, aber sobald man dieses Bauwerk samt seiner Schirmfassade und dem Romanusturm mit dem nötigen Respekt besichtigt hatte, blieb nichts Sehenswertes übrig. Was sollte ich in Rouen? Neben den gotischen Kirchenbauten war der Industriehafen an der Seine die einzige Attraktion – auch wenn weite Teile der Docks leer standen und etliche Hafenarbeiter erwerbslos in den Straßen herumlungerten. Mine und mir war ein ähnliches Los wie diesen Männern beschieden. Wir mussten in einer kleinen, schäbigen Wohnung die Wochen und Monate absitzen, die wir dazu verdammt waren, dortzubleiben. Der neue Sinn meiner Existenz bestand darin, nicht in Japan zu sein. Ich musste mich der Heimat fernhalten. Über zwei Jahre im französischen Exil sollten schließlich daraus werden.

Mine setzte in Rouen, außer zum Einkaufen auf dem Markt, bei dem sie angestarrt und belächelt wurde, praktisch keinen Schritt vor die Tür. Die einzigen Momente des Tages, die ihr ein, in gewisser Weise perverses, Vergnügen bereiteten, erlebte sie, wenn sie zu Hause die verschiedenen Käsestücke probierte, die ihr ein Marktverkäufer hin und wieder aufschwatzte. Ein grässlicher Geruch machte sich breit, sobald Mine diese Brocken verdorbener Kuh- oder Ziegenmilch aus dem Papier wickelte. Ich lehnte jeden Bissen ab. Mine aber wagte es, kleine Scheiben Käse abzuschneiden, um sie zu verzehren. Hart wie Kernseife waren sie teilweise, zäh wie Kautschuk, andere zerflossen auf dem Teller, sobald man sie aus ihrer Holzschachtel befreit hatte. Mine überkam eine freudige Erregung. Sie starrte eine Weile das stinkende gelbliche Etwas wie einen Fremdkörper an, ihr Herzschlag schien sich zu beschleunigen, und ihr Gesicht errötete, als wäre sie im Begriff, etwas Unanständiges zu tun. Sie führte ein Stück zum Mund. Es kostete Mine große Überwindung, den Käse auf die Zunge zu legen, aber es erfüllte sie mit Stolz, wenn sie ihn hinunterbrachte. Nachdem Mine gegessen hatte, schüttelte sie sich. Sie blickte mich mit ihrem gutmütigen Fischgesicht an und sagte, ein wenig entrückt: »Probier doch auch einmal.«

»Nein, Mine, nein. Wirklich nicht.«

»Ein wenig wie Nattô«, sagte Mine. »Nur weniger süß.«

»Ich weiß nicht, wer so etwas essen kann«, sagte ich und schüttelte den Kopf.

Wenn mir die Decke auf den Kopf fiel, ließ ich Mine allein zurück und vertrieb mir die Zeit mit Spaziergängen am meist regnerischen und trüben Flussufer. Hin und wieder kehrte ich in Hafenspelunken ein, in denen der Rauch ähnlich dicht wie draußen der Nebel in der Luft hing, und gab das knappe Geld, das mir die Armee monatlich zukommen ließ, für billigen Rotwein aus.

Mein liebster Zeitvertreib wurden die Pferdewetten, zu denen ich mich jedes Wochenende an der Trabrennbahn verleiten ließ. Manchmal hatte ich Glück und gewann etwas Geld, sodass ich mir die Zugfahrt nach Paris leisten konnte. Dort blieb ich, solange das Geld reichte. Auch wenn die Gästezimmer, in denen ich mich einmietete, alles andere als ansprechend waren, bekam ich dennoch eine Ahnung von der mondänen Welt, durch die Ôsugi einst gewandelt sein musste. Konnte ich mir den Eintritt leisten, besuchte ich sogar das Bal-Tabarin-Cabaret an der Rue Pigalle, und tatsächlich gelang es auch mir einmal, eine Nacht mit einer der Tänzerinnen zu verbringen – wenn auch nur mit einer der unbedeutenden Künstlerinnen aus dem Vorprogramm.

Im Juli 1928 fanden die Olympischen Sommerspiele in Amsterdam statt. Zum ersten Mal in der Geschichte konnten japanische Sportler Medaillen gewinnen. Zweimal Gold, zweimal Silber, einmal Bronze, in Schwimmen und Leichtathletik. Meine Landsmänner schrieben Geschichte in Europa, wo auch ich mich zu diesem Zeitpunkt befand. Ich versuchte, mich an diesem Erfolg, so gut es ging, zu erfreuen. Auch Mine sagte, dass sie die Medaillen unserer Landsleute stolz machten.

Im zweiten Jahr in Rouen wurde sie schwanger. Durch Masako, unserer Tochter, verschlimmerte sich unsere finanzielle Lage, aber gleichzeitig bot mir das Kind die Möglichkeit, wieder in die Heimat zurückzukehren. Ich schrieb einen eindringlichen Brief an Oberleutnant Takeshita, der sich nach wie vor im Ministerium für mich einsetzte. *Ich wünsche mir nichts sehnlicher,* ließ ich ihn wissen, *als dass unsere Tochter inmitten der japanischen Kultur und ohne Vermischung mit anderen Einflüssen aufwachsen kann.*

Diesen patriotischen Wunsch konnte mir die Armee nicht

abschlagen. Die Möglichkeit, mein Kind in der Heimat aufzuziehen, musste mir gegeben werden, sogar wenn ich dort weiterhin ein gewisses Sicherheitsrisiko darstellte. Für manche war ich wohl nach wie vor das Symbol für einen gewissenlosen Polizeistaat. Diese Leute hätten sich durch meine Anwesenheit provoziert fühlen können. Das moderne Japan hatte gewaltige strategische Ziele. Das Reich weitete sich aus, unterschiedlichste Kolonien waren in Griffweite. Der Generalstab hatte aus dem Chaos der Taishô-Zeit gelernt und sorgte nun präventiv jeder neuerlichen innenpolitischen Schwächung vor. Kaiser Hirohito regierte das Land rigide und Hand in Hand mit einem eisernen Militärapparat. Meine Rückkehr aber wurde von der Armeeführung offensichtlich nicht als ernstzunehmende Gefahr gedeutet. Nach weiteren langen Monaten im grauen, regennassen Rouen wurde Mine und mir mit unserem Säugling 1929 die Rückreise nach Japan gestattet.

Wir bezogen eine Wohnung am Stadtrand von Tôkyô. Ich war erleichtert, wieder hier zu sein. Doch die Situation unserer kleinen Familie gestaltete sich schwierig. Die kleine Masako schien sich unentwegt unwohl zu fühlen. Von kurzen Schlafpausen abgesehen, schrie und jammerte sie in einem durch. Da ich weiterhin keiner Arbeit nachgehen durfte, war ich zu Hause ständig diesem Wehklagen ausgesetzt. Mine tat ihr Bestes, um die Kleine zu beruhigen, meist aber scheiterte sie daran. Keine Nacht lang konnten wir Ruhe finden. Die Anspannung zwischen Mine und mir steigerte sich zusehends. Manchmal musste ich mich beherrschen, sie über das Schreikind hinweg nicht anzubrüllen. Mine ihrerseits wagte es kaum noch, mir in die Augen zu schauen.

Manchmal, wenn Masako schlief und in ihrer Erschöpfung eine Schreipause einlegte, reichte mir Mine unser Kind.

»Willst du sie einmal in den Arm nehmen?«

Ich wusste weder, ob noch wie ich ein Baby halten sollte. Hin und wieder aber ließ ich mich dazu bewegen. Steif, unsicher, wie etwas Fremdartiges, hielt ich Masako in den Händen. Sie kam mir überraschend schwer vor. Ich hatte Angst, sie könnte mir aus den Händen fallen oder jeden Moment wieder ihre Augen und den Mund öffnen und zu schreien beginnen.

»Riech doch. Sie duftet!«, sagte Mine.

Spätestens, wenn Masako wach und unruhig wurde, reichte ich sie Mine zurück.

Zwei Jahre später erlag Masako der Tuberkulose, mit der sie sich als Kleinkind infiziert hatte. Für Mine war es ein Schicksalsschlag, von dem sie sich nie wieder erholte. Mit jenem Morgen, an dem sie die leblose Tochter in ihrem Bettchen vorfand und kurz und gellend aufschrie, gingen die Lebensfreude und Neugier, mit der sie bislang selbst den trostlosesten Momenten begegnet war, für immer verloren. Sie kniete sich vor dem Bettchen auf den Boden und nahm das Mädchen zu sich, drückte es fest an ihre Brust. Gebeugt über Masako, bewegte sie sich nicht weiter. Keinen Laut gab Mine von sich, sie weinte auch nicht, soweit ich es beurteilen konnte, sie verschmolz nur mit dem toten Kind. Ich wusste nicht, was ich tun sollte. Ich überlegte, ob ich an Mines Seite treten sollte, den Arm um sie legen, sie halten, stützen, vielleicht sie streicheln. Doch ich rührte mich nicht von der Stelle.

»Das Kind ist im Schlaf gestorben«, sagte ich nach einer Weile. Vielleicht meinte ich, Mine damit trösten zu können? »Sie war zu schwach, um wieder zu erwachen«, sagte ich. »Vielleicht ist es ja besser so?«

313

Es waren unbeholfene und die falschen Worte, die ich wählte. Doch auch wenn mir etwas Besseres eingefallen wäre, es gab nichts, was ich sagen oder tun hätte können, das wurde mir in der Totenstille bewusst, die zwischen uns nun entstand. Schließlich hatte ich den Tod eines sechsjährigen Buben auf mich genommen. Anstatt zu antworten, drehte sich Mine wortlos zu mir. Sie erinnerte sich daran, dass ich ein Kindsmörder war, das erkannte ich in der Art, wie sie mich in diesem Moment ansah. Ich war verantwortlich gewesen für den Mord an einem Sechsjährigen, erinnerte sie sich, und nun hatte ich den Tod auch in unsere kleine Familie gebracht. Mine blickte mich mit einer Verachtung an, die mich erschreckte. Ich wollte ihr sagen, dass ich nicht die Schuld am Tod Munekazus und auch nicht die Schuld an Masakos Tod trug. Doch ich sagte nichts. Mine wandte sich wieder von mir ab und dem toten Kind in ihrem Arm zu. An Ort und Stelle blieb sie über Masako gebeugt, bis etwa eine Stunde später die Ärzte eintrafen, die ich gerufen hatte. Sie nahmen ihr den Leichnam aus den Armen. Seit diesem Tag hat Mine nur mehr das Nötigste mit mir gesprochen.

Einige Wochen nach Masakos Tod wurde ich ins Militärpräsidium beordert. Es war mir klar, dass Mine und ich mit dem Ableben unseres Kindes die Berechtigung verloren hatten, uns weiterhin inmitten der japanischen Gesellschaft aufzuhalten. Als ich an die Bürotür klopfte, wusste ich, dass ich neuerlich abgeschoben werden würde. Zu meiner Überraschung aber machte mir die Regierung ein Angebot, das, auf den ersten Blick, besser wirkte als alles, was ich mir ausgemalt hatte.

Ich wurde in die Mandschurei, diese nordchinesische, inzwischen von Japan kontrollierte Provinz, versetzt. Eine Ehre wäre das, hieß es in dem »Umschulungsangebot«, das an mich herangetragen wurde, eine Ehre, unserem expandierenden Reich in den äußeren Territorien zu dienen.

Ich wagte nachzufragen, in welche Richtung ich umgeschult werden sollte?

»Es gibt viele, auch zivile Bereiche, wo Männer mit Ihrer Disziplin und Loyalität gebraucht werden, Amakasu«, antwortete der zuständige Regierungsbeamte. »Jemand, der wie Sie korrekt und gewissenhaft seine Aufgaben erfüllt und bereit ist, wenn nötig, Opfer auf sich zu nehmen, ist vielseitig einsetzbar.«

So setzten Mine und ich also in die Mandschurei über.

Als wir die Fahrt antraten, überkam mich die Gewissheit, dass ich das Festland, meine Heimat, dass ich Tôkyô nie wieder zu Gesicht bekommen würde. Ein Dampfer brachte uns von der Hauptinsel ins inzwischen eingegliederte Korea. Von dort fuhren wir mit der Südmandschurischen Eisenbahn, die unsere koreanischen Gebiete mit der bald als Mandschukuo bezeichneten Kolonie verband, Richtung Norden. Es war eine tagelange, beschwerliche Fahrt. Die Endgültigkeit, die in dieser Reise lag, schnürte mir die Kehle zu. Ich starrte aus dem Zugfenster hinaus auf weites, kaltes Land, dem nur die unter seiner Erde verborgenen Rohstoffe einen Wert gaben. Zwei Großmächte waren wegen dieser Einöde bereit, gegeneinander in den Krieg zu ziehen. Mine saß mir schweigend auf dem Holzsitz gegenüber. Der Waggon wackelte und ratterte. Die Gleise unter uns sirrten. Selbst hätten wir uns unterhalten wollen, es wäre mühevoll gewesen bei diesem Lärm.

Wir erreichten die mandschurische Ebene und passierten die Kreisstadt Mukden. Hier würde sich kurz darauf der Sprengstoff-Anschlag auf diese Bahnlinie ereignen, der Japan als Anlass diente, die Mandschurei zur Gänze einzunehmen. Die noch weiter nördlich gelegene Provinzstadt Shinkyô wurde dann als zweite Hauptstadt Japans ausgerufen. Sie wurde meine neue Heimat.

»Sicherlich wird es eine Weile dauern, bis Sie sich an ein Leben als Zivilperson gewöhnen, Amakasu, abseits der Reihen des Militärs, abseits des militärischen Drills«, teilte mir der spitznasige Umschulungsleiter mit, zu dem ich geschickt wurde.

Es war festgelegt worden, dass ich geschäftsführender Produzent in der neu gegründeten »Mandschurischen Filmgesellschaft« werden sollte. »Eine ehrenwerte Aufgabe«, wie es hieß.

»Filmproduzent?«

Die Filmindustrie habe einen wichtigen vaterländischen Wert, wurde ich belehrt. Und es sei ein florierender Zweig.

In Shinkyô war ein Ableger der staatlichen Filmgesellschaft installiert worden. Hier herrschten ideale Produktionsbedingungen vor. Es gab Platz, so viel man wollte. In der mandschurischen Ebene sollten nicht bloß Erze und Kohle gefördert und Landwirtschaft betrieben, sondern auch junge Industrien angesiedelt werden. Erste Filmstudios waren hochgezogen worden, ein paar Filmproduktionen liefen bereits an. Wir stünden erst am Anfang, sagte der Umschulungsleiter. Ob ich mich nicht freue, von Beginn an diese neue Ausdrucksform japanischer Kultur mitgestalten zu dürfen, fragte er.

»Ich habe noch nie in meinem Leben einen Film produziert«, sagte ich.

»Sie werden bald wissen, was zu tun ist, Amakasu. Sie werden zwischen richtigen und falschen Projekten unterscheiden können. Filme zu produzieren ist ein aufwändiges Unterfangen. Die Regierung will sichergehen, dass die Produktionsmittel im Interesse Japans eingesetzt werden. Über Filme mit den richtigen Inhalten erreichen wir weite Teile der Bevölkerung. Sie verstehen doch, Amakasu? Es wird nicht nur mit Waffengewalt Weltpolitik betrieben.«

Ich trat also meine neue Stelle an. In den ersten Jahren wurden hauptsächlich Geduld und Genügsamkeit von mir verlangt, denn die Filmproduktion lief, entgegen der Ankündigungen, nur zögerlich an. Ich saß in einem Nebenraum herum, der für mich bereitgestellt wurde, und hatte höchstens buchhalterischen Tätigkeiten nachzugehen und den einen oder anderen Vermerk an einem Manuskript einzufügen, der wahrscheinlich von niemandem gelesen wurde. Ich überlegte, ob es besser sein würde, der Kwantung-Armee beizutreten, der schnell gewachsenen Einheit der kaiserlichen Armee, die von Shinkyô aus operierte und die neu besetzten nördlichen Gebiete kontrollierte? Doch mit meinen Referenzen, meinem fortgeschrittenen Alter – immerhin war ich bald 45 Jahre alt – sowie dem seit meiner Jugend hinkenden Bein musste ich mir darüber keine weiteren Gedanken machen.

Nach einer Weile bezog ich auf dem Gelände der Filmstudios mein eigenes kleines Büro. Ein Schreibtisch, Stuhl, Telefon, ein Wandschrank mit halbleeren Aktenordnern. Im Lauf der Jahre füllten sie sich langsam. Auch heute bin ich von ihnen umgeben. In gewisser Weise fühle ich mich inzwischen wohl in diesem schmucklosen Büro. Als einziger Luxus wurde vor einigen Jahren ein bequemer Ledersessel neben meinen Schreibtisch gerückt. Es ist der Sessel, auf dem ich heute sitze.

Der Sessel, von dem aus ich ein paar Minuten noch den draußen anbrechenden Tag betrachten will.

1939, als der Krieg in Europa ausbrach, wurde ich mit dem Vorsitz der Gesellschaft bedacht. Das bedeutete nicht viel. Doch zumindest besetzte ich nun wieder eine ranghohe Position an einer staatlichen Dienststelle. Die Filmproduktionen, die wir in Umlauf brachten, wirkten den Propagandawerken der immer mächtiger werdenden chinesischen Filmindustrie entgegen. Anstatt mit der Waffe kämpfte ich nun mit einer Vielzahl mittelklassiger Filmproduktionen für mein Land. Ich bekam ein jährlich aufgestocktes Gehalt, und im Zuge meines Aufstiegs in der Filmbranche bezogen Mine und ich ein modernes, großzügiges Heim im Herzen der Retortenstadt. Die Wohnung war, da wir keine Kinder hatten, viel zu groß für uns. Doch so fiel es uns umso leichter, uns aus dem Weg zu gehen. Meistens wusste ich gar nicht, wo Mine ihre Tage verbrachte, und auch ihr schien es egal zu sein, womit ich mich abgab.

Ich hatte nun des Öfteren mit jungen Schauspielerinnen oder Assistentinnen zu tun. Ich konnte ihnen bei ihrer Karriere in der Filmbranche behilflich sein, ich hatte Einfluss darauf, in welchen Produktionen, welchen Rollen sie zum Einsatz kamen. Doch im Gegensatz zu manch anderen, sogar niederer gestellten Kollegen, die eine Gegenleistung nach der anderen einforderten, nutzte ich meine Stellung nie aus.

Bevor der Krieg, der in Europa und im Pazifik immer brutaler tobte, sich allmählich über die ganze Welt erstreckte und seinen Weg auch nach Mandschukuo fand, brachte er ein paar Jahre lang unsere mandschurische Filmindustrie in Schwung. Vielleicht lag es an diesem Aufschwung, vielleicht auch an den verschiedenen Gräueltaten, von denen ich hörte, dass sie sich draußen im Kriegsgeschehen abspielten, jedenfalls stellte ich einen schleichenden Wandel in mir fest. Nie sprach ich mit jemandem darüber, aber allmählich fühlte ich mich in einem zivilen Unternehmen besser aufgehoben als in einer militärischen Einrichtung. Vielleicht hatte ich resigniert, vielleicht war ich alt und ängstlich geworden? Etwas in mir begann, den Krieg zu fürchten. Ich hatte aufgehört, mich nach den Schlachtfeldern zu sehnen.

Wäre ich zum Frontdienst einberufen worden, ich wüsste nicht, wie ich reagiert hätte. Auch mit unseren Filmstudios unterstützten wir Japan bei seinen Eroberungen, das wusste ich. Und es reichte mir, meinem Land auf diese Weise zu dienen.

Tatsächlich wurde, da nun die Kriegsmaschinerie immer hemmungsloser angekurbelt wurde, auch die mandschurische Filmindustrie aktiver. Unsere Auftragsbücher füllten sich. Wöchentlich wurden neue Schauspieler, Filmregisseure oder Drehbuchautoren, auch unqualifizierte Quereinsteiger, bei mir vorstellig, und die Budgets unserer Eigenproduktionen stiegen. Ich handelte auch mit ausländischen Firmen und brachte deren Filme, sofern sie uns nützlich vorkamen, in Umlauf. Auf Anordnung vermittelte ich Filme der deutschen, von den Nationalsozialisten geschätzten Filmemacherin Leni Riefenstahl an Lichtspielhäuser und Fernsehstationen. In Summe war ich in diesen Kriegsjahren ein gut beschäftigter Mann. Die Arbeit lenkte mich von der moralischen Verwirrung ab, die sich in mir breitmachte. Ich war froh, je weniger ich von den Schlachtfeldern und Trümmerhäufen mitbekam, die sich in Japan und seinen Überseegebieten von Monat zu Monat ausweiteten. Ich denke, ich war so etwas wie ein Feigling geworden. Doch erst heute und niemandem außer mir selbst gegenüber bin ich bereit, das zuzugeben.

Bis zum Schluss ließ ich meine Fassade nicht fallen. Meinem gesellschaftlichen Stand in Shinkyô entsprechend, empfing ich hin und wieder als Gast sogar den letzten chinesischen Kaiser Pu Yi, der, aus der Verbotenen Stadt vertrieben, ebenfalls im mandschurischen Abseits Exil gefunden hatte. Er residierte in Mandschukuo als Kaiser von Japans Gnaden. Er war ein Spielball der politischen Mächte. Sein Wohnsitz war ein als kaiserlicher Hof getarnter Aufbewahrungsort, in dem er eingesperrt war. Er war einflusslos und desillusioniert, eine handlungsunfähige Marionette. Es fiel mir schwer, diesem »Kaiser von Mandschukuo« Respekt entgegenzubringen. Zugleich erkannte ich in seiner gestrandeten Existenz Parallelen zu mir selbst und dem Hadern, das mich ergriffen hatte. Pu Yi strahlte in keiner Weise die Herrlichkeit eines wahren Kaisers aus, was er früher vielleicht einmal gewesen war. Ihm blieb einfach nichts anderes übrig, als den Anschein zu wahren, nach wie vor etwas darzustellen. Mine servierte uns Grüntee und Reiskuchen mit roter Bohnenpaste, die Pu Yi ausdrücklich lobte.

Mittlerweile war der halbe Globus Kriegsschauplatz geworden. In Shinkyô, so weit draußen am Rande des Geschehens, wirkte es, als versteckten wir uns vor der unausweichlichen Eskalation. Der Konflikt mit China forderte immer mehr Opfer, und auch zwischen Japan und Amerika wurden die Kriegshandlungen von Woche zu Woche kompromissloser. Die Gemetzel des Pazifikkriegs spannten sich von Niederländisch-Indien bis Indochina. Von der Großen Mauer bis hinab zur Nordspitze Australiens zogen sich die Schlachtfelder, auf denen sich japanische Soldaten in die Schützengräben, Laufgräben, Bunker warfen. Als Resultat der immer grausameren Auseinandersetzungen vergrößerte sich aber nicht Japans Macht, sondern wurden ab Ende 1944 immer verheerendere Luftangriffe auf unser Land und unsere Hauptstadt geflogen.

Vor einigen Monaten, am 10. März, einem Tag, den Japan nie vergessen wird, tauchten in den frühen Morgenstunden hunderte amerikanische B-29 am Himmel über Tôkyô auf und warfen ihre Brand-, Streu- und Napalmbomben ab. Allein an jenem Morgen starben hunderttausende Japaner im Bombenhagel und in den sich daraufhin ausbreitenden Feuerstürmen. Erneut versank Tôkyô unter Schutt und Asche. War beim Kantô-Beben die Vernichtung aus dem Inneren der Erde emporgestiegen, so prasselte sie nun vom Himmel. Die feindlichen Luftgeschwader machten Japan dem Erdboden gleich. Millionen meiner Landsleute wurden obdachlos, verwundet oder fanden den Tod, und ich beobachtete diese Vernichtung wie ein Zaungast aus der Ferne. Ich war froh, nicht mehr im Zentrum der Macht zu sein, froh über das Exil, in das ich abgeschoben worden war. Bis die Vernichtungswellen Shinkyô erreichten, würde es noch eine Weile dauern. Die Städte unserer Hauptinseln wurden aber jetzt bereits schonungslos aus der Landkarte gelöscht. Waisenkinder irrten ziel- und hoffnungslos zwischen den Ruinen hin und her. Sie trugen weiße Kästchen mit der Asche ihrer verstorbenen Verwandten um den Hals. Sie konnten nicht verstehen, wie all dies geschehen hatte können, all dieses Töten. Wie hatte es so weit kommen können? Niemand verstand es. Niemand fand Worte dafür. Auch ich nicht. Der Krieg zeigte sich als das, was er offensichtlich immer schon war, was ich mein Leben lang jedoch ausgeblendet hatte: als sinnlose Zerstörung, sinnloses Morden, als Ende allen Lebens und aller Kultur.

Anfang des Monats gingen nun als letzter Todesstoß die amerikanischen Atombomben auf Hiroshima und Nagasaki nieder. Spätestens jetzt wurden die mandschurischen Filmstudios völlig sich selbst überlassen. Seit Monaten waren bereits keine Filme mehr realisiert worden, und die noch verbliebenen Mitarbeiter wie ich saßen nur mehr tatenlos in ihren Büros und Werkstätten herum. Dumpf warteten wir darauf, bis das Gemetzel unweigerlich auch hier losgehen würde. In den letzten Wochen waren einige Diensthabende abgezogen worden. Ich hatte beobachtet, wie sie, teils in Uniform, teils in Zivil, in Eile das Gelände verließen. Ich beneidete sie nicht um die möglichen Aufträge, die sie bekommen hatten. Ich hatte innerlich bereits abgeschlossen und verspürte kein Verlangen mehr, mich in irgendeiner Weise am Kriegsgeschehen zu beteiligen. Es war mir recht, dass die Armeeführung mich vergessen hatte. Kein Brief, kein Telegramm, kein Telefonat hatte mich je erreicht. Inzwischen wäre ich auch einer Einberufung nicht mehr nachgekommen. Ich hatte erkannt, wie aussichtslos alles geworden war.

Vor fünf Tagen hat Kaiser Hirohito höchstpersönlich die bedingungslose und absolute Kapitulationserklärung Japans im Radio verlesen. »Wir werden das Unerträgliche ertragen und das nicht Duldbare erdulden«, sagte er in seiner Ansprache.

Es wurde angenommen, dass es etwa eine Woche lang dauern würde, bis sich der Befehl zur Kapitulation an allen Fronten herumgesprochen hätte. In Shinkyô ist die Nachricht inzwischen eingetroffen. Ich habe heute, am 20. August 1945, mein Todes-Haiku auf die Serviette geschrieben.

Gestern hielt ich eine kurze Sonntagsansprache vor dem kleinen Kreis meiner letzten Angestellten. »Japan ist zerstört«, sagte ich zu den paar Männern, die mit mir auf dem Gelände verblieben waren. »Wir haben die Radioansprache des Kaisers gehört. Wie ein Samurai sollte ich mir den Bauch aufschlitzen. Doch ich bin des Ehrentods nicht würdig. Ich verdiene das japanische Schwert nicht.« Weder wagten die Anwesenden zu widersprechen, noch zuzustimmen. Es herrschte betretenes Schweigen.

Dann händigte ich Samtsäckchen mit Edelsteinen aus und wies die Leute an, diese Beutel erst am übernächsten Samstag zu öffnen, dem Gedenktag des großen Kantô-Bebens. Niemand stellte eine Frage. Ich weiß nicht, was in den Köpfen der Männer vorging. Vielleicht hörten sie mir gar nicht richtig zu oder gingen davon aus, dass ich, angesichts unserer hoffnungslosen Lage, den Verstand verloren hatte. Alle aber wussten, dass ich Edelsteine gesammelt hatte. Alle wussten, wie sehr ich sie liebte. Von klein auf hatte mich ihr Glanz fasziniert. Ihr klarer Schliff, die Pracht, die mich an das sublime Strahlen Japans und an das Glänzen der Augen seiner Kinder erinnert hatte. Wie die Kirschblüte die zarte Schönheit unseres Landes verkörpert hatte und der Berg Fuji die Größe und Macht, so hatten sich Edelsteine dazu geeignet, die Stärke und klare Linie zu beschreiben, für die Japan einst gestanden hatte. Alle wussten die Samtsäckchen zu schätzen, die ich aushändigte.

Heute nun, genau jetzt, da dieser Tag anbricht, werde ich ein solches Säckchen öffnen. Auch Mine habe ich eines in unserer Wohnung hinterlegt. Ich hole die Zyankali-Kapsel heraus. In jedes Samtsäckchen habe ich statt eines Edelsteins eine Kapsel gelegt. Mine wird das Zyankali schon geschluckt haben, wie ich sie kenne. Sie versteht schnell, und feig ist sie nie gewesen.

Auch einige meiner Angestellten haben ihre Samtsäckchen wohl bereits geöffnet. Andere werden vielleicht, pflichtbewusst wie sie sind, bis übernächsten Samstag warten, den Gedenktag des großen Bebens. Ich hoffe, das Zyankali kommt nicht zu spät. Die Truppen der Roten Armee könnten jederzeit eintreffen. Allzu großer Pflichtgehorsam wäre jetzt nicht angebracht. Doch darum muss ich mich nicht kümmern. Der Tod ist eines jeden eigene Sache.

Ich habe mich im Ledersessel niedergelassen. Weder Revolver noch Samurai-Schwert trage ich an mir. Doch meine alte Uniform mit all den Orden, Abzeichen und Medaillen, die ich mir im Lauf meiner früheren Karriere verdient hatte, habe ich im Morgengrauen aus dem Wandschrank genommen und angezogen.

Es ist mir seit Jahrzehnten nicht gestattet, die Uniform in der Öffentlichkeit zu tragen. Doch ich will weder nackt noch als Zivilperson aus meinem Leben gehen. Die Uniform passt mir nach wie vor. Die Schnallen, Spangen, Broschen glänzen im Dämmerlicht. Der oberste Messingknopf ist zugeknöpft, das Offizierskäppi in die Stirn gezogen. Ein letztes Mal prüfe ich, dass der Stehkragen meiner Jacke keine Falten wirft und meine Nickelbrille gerade sitzt.

Dann öffne ich den Mund. Ich bin allein, ganz bei mir. Ich weite meinen Rachen. Ich schlucke die Kapsel so schnell wie möglich hinunter. Dann höre ich auf zu denken.

Ich werde mich verkrampfen. Das Gift ist stärker als der Mensch. Kurze Todesqualen. Ein wenig Schaum auf den Lippen. Ich werde ihn mir nicht abwischen können. Ich werde im Sterben nicht alles kontrollieren können. Auch im Leben konnte ich es nicht. Ich konnte mich den Dingen nicht in den Weg stellen, die passierten.

Das Bild Munekazus, wie er auf der Rückbank des Polizeiwagens Platz nimmt. Jetzt sehe ich es ganz deutlich vor mir. Ôsugi zu seiner linken, Itô zu seiner rechten Seite.

Viel lieber würde ich Blumen sehen. Hübsche kleine Wildblumen, wie sie auf den Feldern blühen. Ja, ich hätte gern die Chrysanthemen blühen gesehen, bevor ich gehe.

PERSONENREGISTER

MASAHIKO AMAKASU, Hauptoffizier der kaiserlichen Armee:
geb. 26. Januar 1891, Yamagata; gest. 20. August 1945, Shinkyo
Freitod durch Einnahme von Kaliumzyanid

SAKAE ÔSUGI, politischer Aktivist:
geb. 17. Januar 1885, Kagawa; gest. 16. September 1923, Tokio
Ermordung in Polizeihaft

NOE ITÔ, politische Aktivistin:
geb. 21. Januar 1895, Fukuoka; gest. 16. September 1923, Tokio
Ermordung in Polizeihaft

MUNEKAZU TACHIBANA, Sohn eines Restaurantbesitzers:
geb. 1917, Los Angeles; gest. 16. September 1923, Tokio
Ermordung in Polizeihaft

JUN TSUJI, Lebenskünstler:
geb. 4. Oktober 1884, Tokio; gest. 24. November 1944, Tokio
Tod durch Verhungern

YASUKO HORI, erste Ehefrau Ôsugis:
geb. 1883, Tokio; gest. 17. März 1924, Tokio
Tod durch Nierenversagen

ICHIKO KAMICHIKA, Journalistin:
geb. 6. Juni 1888, Nagasaki; gest. 1. August 1981
Tod durch Altersschwäche

TAKEO ARISHIMA, Schriftsteller:
geb. 4. März 1878, Tokio; gest. 9. Juni 1923, Karuizawa
Freitod durch Erhängen

TETSU NAKAHAMA, politischer Aktivist:
geb. 1. Januar 1897, Kyushu; gest. 15. April 1926, Tokio
Hinrichtung durch Erhängen

KYÛTARÔ WADA, politischer Aktivist:
geb. 6. Februar 1893, nahe Osaka; gest. 20. Februar 1928, Akita
Freitod in Haftanstalt Akita

SHÛSUI KÔTOKU, politischer Aktivist:
geb. 4. November 1871, Nakamura; gest. 24. Januar 1911, Tokio
Hinrichtung durch Erhängen

SUGA KANNO, anarchofeministische Aktivistin:
geb. 1881, Osaka; gest. 25. Januar 1911, Tokio
Hinrichtung durch Erhängen

TAISHÔ-KAISER YOSHIHITO, der 123. Tennô Japans:
geb. 31. August 1879, Tokio; gest. 25. Dezember 1926, Hayama
Tod durch zerebrale Arteriosklerose

SADAKO KUJÔ, Ehefrau des Taishô-Kaisers:
geb. 25. Juni 1884, Tokio; gest. 17. Mai 1951, Omiya
Tod durch Herzinfarkt

SHÔWA-KAISER HIROHITO, der 124. Tennô Japans, Sohn Yoshihitos: geb. 29. April 1901, Tokio; gest. 7. Januar 1989, Tokio
Tod durch Darmkrebs

Geschrieben in der Europäischen Union 2015 bis 2023.

Gewidmet meinem Vater, der 2019 im Alter von 93 Jahren verstarb. Hätte er in einer anderen Epoche, einer anderen Kultur, einem anderen Land gelebt, hätte er der Ich-Erzähler dieses Romans sein können. Als Polizist, später Sicherheitsdirektor für Tirol und Hofrat richtete er sein Leben nach strikt konservativen Werten aus. Er war streng katholisch und durch und durch patriotisch. Dennoch achtete er darauf, Neuem, Fremdem möglichst tolerant und respektvoll zu begegnen. Sein über alles gestellter Anspruch, ein ehrenwertes, anständiges Dasein zu führen, führte zu zahllosen inneren Konflikten. Erst infolge einer gnadenlos fortschreitenden Altersdemenz löste er sich von diesen Zwängen und öffnete sich allen auch noch so unkonventionellen Ideen. Erst dann spielte die tradierte Vorstellung von Richtig und Falsch für ihn keine Rolle mehr.

Alle Figuren, Orte, Daten, Gedichte sind historisch belegt. Die Ereignisse beruhen auf wahren Begebenheiten. Dieser Roman hätte ohne die Inspiration, die Mitarbeit, die Recherchen und Übersetzungen Carl Tokujiro Mirwalds nicht entstehen können. Ohne ihn wäre mir die Taishô-Epoche nicht zugänglich gewesen. Ich danke ihm, mir diese Welt eröffnet zu haben.

Carl Tokujiro Mirwald, geboren und aufgewachsen in Tokio, wohnhaft in München, wo er als Schulleiter einer Montessori-Fachoberschule arbeitet. Seit 1998 betreibt er musikalische Projekte mit Hans Platzgumer, die unter anderem Texte aus der Taishô-Epoche vertonen.
www.shinto.at

Zu Gunsten besserer Lesbarkeit für westliche Leser wurde auf spezifische Genauigkeiten der japanischen Sprache verzichtet, etwa bei Eigennamen oder in je nach Gesprächspartner variierenden Anreden. Städtenamen und andere Bezeichnungen sind teils untypisch ins Deutsche übertragen. Vornamen werden entgegen der japanischen Norm vor dem Nachnamen genannt. Jahreszahlen werden in westlicher Zeitrechnung angegeben (im traditionellen Japan wird nach kaiserlichen Herrschaftsperioden gezählt). Wenn Echigo genannt wird, bezieht sich dies auf den früheren, in traditionellen Kreisen weiterhin gebräuchlichen Namen der Präfektur Niigata.

Im Text genannte Silbenzählungen beziehen sich auf die Moren der in klassischer Form gehaltenen Originalversionen, nicht auf die in deutscher Übersetzung wiedergegebenen Gedichte. »Fünfzehn Yen und fünfzig Sen« auf S. 238 bezieht sich auf die für Koreaner schwer im Tokio-Akzent auszusprechende Phrase »jûgo en gojû sen«, mit der Fremdsprachige überführt wurden. Die beiden historisch ähnlichen Figuren Tetsu Nakahama und Daijirô Furuta wurden literarisch vermengt. Ôsugis Gefängnislied wurde zeitlich verschoben.

Ein Glossar ist online verfügbar:
www.platzgumer.com/glossar

Parallel zum Buch ist das Album (CD/LP/Streams)
»Platzgumer/Tokujiro: Taishô Romantica« erschienen
(Noise Appeal Records, Wien 2023), das Originaltexte der
Protagonisten dieses Romans vertont:
www.platzgumer.com/romantica